KB234136

와서 보라

위빠사나 수행 문답집

와서 보라

위빠사나 수행 문답집

묘원 지음

행복한 숲

차례

머리글

1

『와서 보라』는 상좌불교 한국 명상원 홈페이지의 '위빠사나 수행에 대하여 묻고 답하기'에 있는 글입니다. 그간 많은 수행자들이 수행에 대해 질문한 것 중에서 일부를 발췌하여 책으로 펴낸 것입니다.

'위빠사나 수행에 대하여 묻고 답하기'는 2002년부터 다음카페 위빠사나 수행가이드에서부터 시작하였습니다. 그 뒤 2003년 한국 위빠사나 선원 카페가 개설되어 위빠사나 수행에 대하여 묻고 답하기를 계속하였습니다. 그러다 현재 사단법인 상좌불교 한국 명상원 카페에서 계속 이어가고 있습니다.

2002년 문답을 시작할 당시 수행자들이 위빠사나 수행에 대해 왜곡하고 있는 부분이 많아서 용기를 내어 답변을 시작한 것입니다. 그러나 잘못된 답변이 오히려 부처님의 가르침을 왜곡하지 않았는지 염려가 되기도 합니다.

여기에 실린 내용은 그간 발표된 내용 중에서 일부를 모아서 정리한 것입니다. 그간 수행자들이 질문한 내용은 매우 다양하고 구체적이었습니다. 그러나 책으로 펴내기 위해서 행복한 숲 편집부에서 질문자의 글을 요점만 정리하여 상당부분 생략되었기 때문에 때로는 답변이 애매할 수 있습니다. 이 점을 양해하여 주시기 바랍니다.

수행에 대한 답변이 모든 사람에게 똑같이 적용되는 것은 아닙니다. 일반적으로 수행에 대한 지도는 부족한 부분이 있는 수행자에게는 채워주고, 많은 부분이 있는 수행자에게는 빼줍니다. 그래서 수행자의 근기에 따라서 답변의 내용이 다를 수 있으며, 여기에 있는 글이 모든 사람에게 똑같이 적용되는 내용은 아닙니다. 이것이 이 책의 한계입니다. 그러므로 이 점도 아울러 양해하여 주시기 바랍니다.

아무쪼록 이 책이 수행자들의 길잡이가 되기를 기원합니다. 이 책을 펴내도록 노력해 주신 행복한 숲 편집부의 노고에 감사드립니다.

2

'와서 보라'를 빨리어로 에히빠시꼬ehipassiko라고 합니다. 에히ehi는 오라는 뜻이고, 빠시꼬passiko는 보라는 뜻입니다. 지금 여기에 법이 있으니 '와서 보라'는 요청입니다. 다시 말해 어떤 현상이나 대상이 나타났으니 그것을 법으로 알아차릴 것을 요구하는 것입니다. '와서 보라'는 말은

'스스로 보라'는 말입니다. 이는 자신이 직접 알아차림을 실천하는 것을 말합니다. 이렇게 알아차리는 수행을 할 때는 지혜가 함께 있어야 합니다. 그래서 탐욕으로 보지 말고, 성냄으로 보지 말고, 어리석음으로 보지 말고, 단지 있는 그대로의 대상으로 보아야 합니다.

경전에 나오는 에히빠시꼬 빅쿠ehipassiko bhikkhu라는 말은 '비구여, 오라'는 말로 구족계를 받고 승단에 입단하는 것을 말합니다. 빅쿠니가 승단에 입단할 때도 에히빠시꼬 빅쿠니ehipassiko bhikkhuni라고 하여 '비구니여, 오라'라고 합니다.

법法은 마음의 대상으로, 수행자가 알아차릴 대상입니다. 만일 대상이 있어도 그것을 알아차리지 못하면 법이 아닙니다. 불교에서 말하는 대상은 몸과 마음입니다. 여섯 가지 감각기관과 여섯 가지 감각대상이 만나서 여섯 가지 아는 마음이 일어난 것을 18계라고 합니다. 이것이 불교의 세계관입니다. 이것들이 모두 위빠사나 수행의 알아차릴 대상입니다.

이처럼 수행자가 알아차릴 일차적인 대상은 몸과 마음입니다. 이 몸과 마음을 알아차린 결과로 오온이 가지고 있는 성품인 무상, 고, 무아를 봅니다. 그러므로 법이란 처음에는 알아차릴 대상이지만 나중에는 진리의 법이 됩니다. 이때 몸과 마음의 무엇을 알아차리고, 어떻게 알아차리는가에 따라서 법이 달라집니다.

법에는 관념의 법[俗諦]과 궁극의 법[眞諦]이 있습니다. 관념의 법은 대상의 모양, 명칭, 개념을 대상으로 알아차립니다. 관념은 변하지 않기 때문에 대상과 하나가 되어 번뇌가 올라오지 못하게 억누릅니다. 이것을 선정수행 또는 사마타 수행이라고 합니다. 이 수행은 고요함이 목표이기 때문에 윤회하는 세계를 벗어나지 못하므로 관념적 진리, 속제라고 합니다.

다음으로 궁극의 법은 지금 몸과 마음에서 직접 느끼고 경험하여 인식하는 고유한 특성이 대상입니다. 몸에서는 물질의 특성인 지수화풍 地水火風이라는 사대四大를 알아차리고, 마음에서는 정신적 특성인 탐욕, 성냄, 어리석음, 관용, 자애, 지혜를 있는 그대로 알아차립니다. 이것들은 매순간 변하는 것이라서 대상과 하나가 되지 못합니다. 그냥 나타나는 대로 대상을 객관적으로 알아차려서 사라지는 것까지 지켜봐야 합니다. 이 수행방법은 대상을 분리해서 알아차리는 것이라서 위빠사나 vipassanā 라고 합니다.

위빠사나의 위vi는 분리하다는 뜻이고, 빠사나passanā는 통찰이라는 뜻입니다. 그래서 위빠사나는 대상과 하나가 되지 않고 대상을 분리해서 알아차리며, 대상의 성품을 보아 지혜를 계발하는 수행입니다. 그러므로 통찰지혜가 목표입니다.

위빠사나 수행은 무엇을 바라거나 없애려고 하지 않고 있는 그대로 알아차리기 때문에 대상이 가지고 있는 성품을 통찰합니다. 그 결과로 해탈의 법을 얻습니다.

부처님께서 출현하시기 전에는 대상과 하나가 되어 번뇌를 억누르는 수행만 있었습니다. 그러나 12연기를 처음으로 찾아내신 부처님께서는 모든 것이 원인과 결과로 생멸을 거듭한다는 것을 아시고, 알아차릴 대상을 자신의 몸과 마음으로 전환하셨습니다. 그래서 자신의 몸과 마음을 억누르지 않고 있는 그대로 분리해서 알아차리는 위빠사나 수행으로 궁극의 깨달음을 얻으셨습니다. 이렇게 얻으신 해탈의 법을 45년 동안 가르치셨고, 우리들에게 이 법으로 깨달음을 얻어 모든 괴로움을 불태우라고 설법하셨습니다. 그러므로 이 법을 궁극적 진리, 최승의법最勝義法, 최상의 법이라고 합니다.

수행에는 사마타 수행과 위빠사나 수행이 있습니다. 깨달음을 얻는 과정에서 이 두 가지 수행을 병행할 수도 있고, 아니면 위빠사나 수행만으로 깨달음에 이를 수 있습니다. 이 방법은 부처님께서 몸소 가신 길이며, 이 길만이 유일하다고 선언하셨습니다. 위빠사나 수행은 괴로움을 소멸시키는 사성제四聖諦이며, 팔정도八正道이고, 중도中道입니다.

다음은 법에 대한 예경으로 법의 여섯 가지 덕목입니다.

첫째, 잘 설해져 있습니다.
둘째, 지금 이곳에서 경험할 수 있습니다.
셋째, 시간을 지체하지 않습니다.

넷째, 와서 보라고 할 수 있습니다.

다섯째, 열반으로 이끌어줍니다.

여섯째, 현명한 사람에 의해 직접 체험됩니다.

첫째, 법은 부처님에 의해서 매우 잘 설해져 있습니다. 일체지자로서 최고의 지혜로 하신 말씀이라서 일점의 의혹도 없습니다. 위빠사나 수행의 모든 과정은 일곱 가지 청정과 열여섯 단계의 지혜로 자세하게 설해져 있습니다. 그래서 수행자가 무명의 어둠을 헤치고 목적지에 도달할 수 있는 등불의 역할을 합니다.

둘째, 법은 현재 여기에 있는 몸과 마음이 대상이라서 직접 경험할 수 있습니다. 관념은 과거나 미래에 대한 상상이라서 직접 경험할 수 없는 법으로 통찰지혜가 나지 않습니다. 부처님께서는 "나는 누구나 경험할 수 있는 것을 말한다"고 하셨습니다. 몸과 마음은 여기에서 누구나 직접 경험할 수 있기 때문에 언제나 증명할 수 있어서 궁극의 법에 이릅니다.

셋째, 법은 시간을 지체하지 않고 지금 여기에 현전합니다. 괴로움은 지금 여기에 있는 실재하는 법입니다. 괴로움은 머리에 붙은 불과 가슴에 박힌 화살처럼 절실한 것이며, 수행자가 그것을 법으로 알아차리면 시간을 지체하지 않고 순간적으로 소멸합니다. 마음은 한순간에 하나밖에 없기 때문에 법을 알아차리는 마음에 번뇌가 들어올 틈이 없습니다.

넷째, 법은 와서 보라고 나타났습니다. 누구나 와서 보면 번뇌에서 벗어납니다. 그러나 나타난 법을 있는 그대로 알아차리지 않고 좋아서 붙잡거나 싫어서 없애려고 하면 다시 새로운 괴로움이 나타납니다. 와서 보라고 나타난 법을 있는 그대로 알아차리면 그것은 올 만한 것이라서 온 것이며, 왔으면 단지 알아차릴 대상에 불과한 것입니다. 어떤 괴로움도 일단 알아차릴 대상으로 바뀌면 고통이 지혜가 됩니다. 와서 보라는 것은 무엇이 나타나거나 그것을 대상으로 알아차리는 수행을 하라는 말입니다.

다섯째, 이러한 과정을 거쳐야만 지고의 행복인 열반에 이를 수 있습니다. 열반은 탐욕, 성냄, 어리석음이란 번뇌가 불탄 것입니다. 번뇌가 불타면 다시 태어날 업을 일으키지 않아 다시 태어나는 괴로움이 없습니다.

여섯째, 이 법은 현명한 사람에 의해 직접 체험되는 것으로, 바라지 않고 없애려고 하지 않는 마음의 조건이 성숙한 수행자가 할 수 있습니다. 즉, 조건이 성숙된 현명한 사람들이 직접 체험을 통해서 지혜를 얻을 때 해탈의 자유를 얻습니다. 그러나 지혜를 얻을 만한 조건이 성숙되지 않으면 아무리 좋은 법이 있어도 소용이 없습니다. 이 법은 지금 여기서 직접 체험할 수 있는 실재하는 법이라서 사성제의 진리를 통찰합니다.

묘원 올림

제1장
위빠사나란 무엇인가

붓다의 깨달음

문 ‖ 누구나 부처가 되고 싶어 하고 성불을 말합니다. 그러나 어떻게 하면 부처가 되는지 구체적으로 말하고 있지는 않습니다. 부처님께서는 어떻게 깨달음을 얻어 부처가 되셨는지 알고 싶습니다.

♣ ♣ ♣

답 ‖ 부처님께서 깨달음을 얻은 것은 세 가지 조건이 충족되었기 때문입니다.

첫째는 선업의 조건이 성숙하였습니다.
부처님께서 깨달음을 얻고 부처가 되신 것은 오랜 세월 동안 구도자의 삶을 살면서 선업을 쌓은 선과보입니다. 수행을 시작하고 6년 동안 고행을 한 것은 전생에 있었던 불선의 과보 때문이었습니다. 불선업의 과보가 끝나자 구름이 달을 가릴 수 없는 것처럼 지혜의 둥근 달이 빛난 것입니다.

여기에서 늘 중요한 것은 선하고자 하는 마음입니다. 무슨 일이나 선하고자 하는 마음이 있으면 선업의 과보가 도래하여 조건이 성숙합니다. 선한 마음은 선한 과보를 만나 일을 성사시키고, 선하지 못한 마음은 불선의 과보를 만나 좋지 못한 일을 만들어 냅니다. 그러므로 어떤 일이라도 우연히 되지 않으며, 이런 조건이 갖추어져서 일어나는 것입니다.

둘째는 대상의 선택입니다.

부처님은 자연현상계를 보고 깨달음을 얻지 않으셨습니다. 수행의 대상이 오직 자신의 몸과 마음이었습니다. 먼저 자신의 내면으로 관심을 돌려서 몸과 마음을 알아차린 결과, 몸과 마음의 실재하는 성품을 알아 무상, 고, 무아의 법칙을 깨달았습니다.

이렇게 하여 고집멸도라는 사성제를 완성하였습니다. 산다는 것이 구조적으로 불만족인 줄 알았고, 그 원인이 갈애인 것을 알았습니다. 그리고 알아차림을 통하여 계정혜 삼학을 완성하여 열반에 드셨습니다. 이런 과정을 거쳐 지혜가 완성되었습니다.

이런 것을 모르기 때문에 탐욕, 성냄, 어리석음의 번뇌 속에서 산다는 것을 알았다는 말입니다. 이렇게 모르는 것이 어리석음이고 무지입니다. 알았다는 것은 탐욕, 성냄, 어리석음의 번뇌를 불살라 버렸다는 말입니다.

셋째는 대상을 알아차리는 방법입니다.

대상을 알아차릴 때, 여태까지는 깊이 집중하여 대상과 하나가 되는 방법뿐이었습니다. 그러나 부처님은 최초로 대상과 그것을 보는 마음을 분리해서 주시하기 시작했습니다. 육근이 육경과 부딪쳐서 느낌이 일어날 때 대상에 빠지지 않고 마음을 육문에 두고 가만히 알아차렸습니다.

여기에 필요한 것이 있는 그대로 알아차린다는 것과 대상을 분리해서 본다는 것입니다. 이때 알아차린다는 것을 빨리어로 사띠sati라고 합니다. 따라서 위빠사나는 대상을 분리해서 알아차리는 것을 말합니다.

이러한 조건으로 아는 자, 깨달은 자, 부처가 되신 것입니다. 믿음과 노력과 알아차림과 집중이 어우러져 지혜가 성숙한 결과입니다. 그러므로 깨달음이라고 하는 것은 여러 가지 조건이 복합적으로 작용해서 그 결과로 나타납니다.

성불은 부처가 되겠다는 것으로 불성을 얻겠다는 것입니다. 불성은 다른 것이 아니고 원인과 결과가 사라진 마음을 말합니다. 이것을 무인작용심이라고 하는데, 단지 작용만 하는 마음만 있을 뿐이라서 원인과 결과가 끊어진 마음입니다. 그래서 받을 것이 없어 다시 태어나지 않습니다. 이렇게 되려면 느낌을 알아차려서 갈애가 끊어져야 합니다. 이것이 해탈이며, 깨달음입니다.

위빠사나는 어떤 수행인가

문 ‖ 저는 위빠사나 수행을 조금 배웠습니다. 얼마 전에 진로 문제와 사회생활에 대한 도움 말씀을 구하려고 은사님을 찾아뵈었습니다. 그런데 선생님은 제가 하는 말은 건성으로 듣고, 당신이 다니는 교회 얘기만 하셔서 저는 그 말을 듣다가 할 말도 다 못하고 나왔습니다. 그 일이 있은 후, 저도 위빠사나를 저런 식으로 말하고 있지는 않은가 생각해 봤습니다. 위빠사나 수행은 무엇이 다르며, 또 어떻게 전하는 것이 좋은지 알고 싶습니다.

♣ ♣ ♣

답 ‖ 어려운 질문입니다. 자기가 아는 것을 말하다 보면 본의 아니게 다른 것을 비판할 소지가 있습니다. 혹시 그런 내용이 될까 봐서 말하기가 거북합니다. 비판으로 듣지 않기를 바랍니다.

자기가 아는 것만 옳다고 주장하면 독선이 되기 쉽습니다. 특히 종교라는 이름이 붙으면 이런 함정에 빠지기 쉽습니다. 왜냐하면 종교는 절대적인 믿음을 내세우기 때문입니다. 그러나 위빠사나 수행에서는 그렇지 않습니다. 언제나 치우침이 없는 중도를 말합니다. 진리는 보편 타당해야 하며 누구나 이해하고 받아들일 수 있어야 합니다. 그렇지만 위빠사나를 일방적으로 강요한다면 이도 다를 것이 없습니다.

모든 것에는 양면성이 있습니다. 어떻게 쓰느냐에 따라 그 결과는 순기능과 역기능으로 나타납니다. 아무리 좋은 것이라도 잘못 활용하면 좋지 못한 결과가 생깁니다. 그러나 잘못된 것도 잘 받아들이면 순기능의 효과가 있습니다.

그래서 무엇을 할 때는 항상 지금 내가 탐심으로 이것을 하는지 또는 미워하거나 화를 내면서 하는지를 알아차려야 합니다. 지금 욕심 부리고 화를 내면서도 그것을 알아차리지 못하는 것이 무지입니다. 이것 이 바로 어리석음입니다. 그냥 알아차리기만 해도 좋습니다. 이것이 마음을 알아차리는 수행입니다. 알아차려서 무엇을 얻으려 하면 얻을 수 없지만, 그냥 알고 말면 이것이 모여서 나중에는 매우 큰 효과를 낳습니다. 이것이 위빠사나 수행입니다.

위빠사나는 먼저 자신의 몸과 마음을 알아차립니다. 그러고 나서 다른 사람의 몸과 마음도 알아차립니다. 이런 과정을 거쳐 다시 나와 남을 함께 알아차립니다. 이것을 경전에서는 안을 보고 밖을 보고 다시 안팎을 본다고 합니다. 균형 감각을 갖기 위해서는 이렇게 하는 것이 꼭 필요합니다. 물론 여기에는 단계적인 알아차림이 요구됩니다. 이런 과정을 몸과 마음을 대상으로 탐구한다고 합니다. 그러고 나서 확신에 찬 믿음을 가질 것을 권합니다.

자칫 잘못하면 종교라는 이름으로 자기 종교에 집착하게 될 수도 있습니다. 사실 종교가 아니라도 좋은 것은 자꾸 말하고 싶고 남에게 전하고 싶어집니다. 그리고 아류를 만들고 싶어 합니다. 이것이 세력을 펴려는 인간의 보편적인 심리입니다. 그러나 좋은 것이 독이 될 수도 있음을 알아야 합니다. 종교도 인간이 만든 것이라서 인간적인 속성을 벗어날 수 없습니다.

위빠사나 수행은 좋은 것을 집착하지 못하도록 알아차립니다. 괴로 움도 마찬가지입니다. 좋은 것을 좋아하면 감각적 쾌락에 빠지고, 자기 것만 주장하는 독선에 함몰되어 남의 것을 배척합니다. 사실은 여기에서 괴로움이 더 크게 싹틉니다. 왜냐하면 항상 좋을 수만은 없기 때문입니 다. 그러므로 이런 상태에서는 진정한 평화와 행복이 없습니다.

그러나 위빠사나 수행은 어떤 것도 배척하지 않고 그대로 수용하여 알아차립니다. 옳고 그름을 따지지 않고 그것이 있음을 그대로 두고 알아차립니다. 각자의 존재를 존중하고, 각자의 역할에 의미를 부여하 며, 다만 스스로 알아차리라고 말합니다. 그러므로 선악을 구별하지 않고 모든 것을 알아차릴 대상으로 삼습니다. 선하지 못한 것도 실재하는 것이므로 알아차릴 대상입니다.

좋은 것을 좋아하지 않고 어떻게 살아가느냐고 말할 수 있습니다. 이렇게 산다면 무슨 재미가 있겠느냐고 묻기도 합니다. 그러나 세상을 재미로만 보는 것에는 한계가 있습니다. 이런 관점은 세속의 관점입니다. 바로 좋은 것이 괴로움인 줄 모르는 무지 때문에 사실을 사실대로 보지 못합니다.

좋은 것을 좋아하지 않고 알아차리는 것은 출세간의 삶의 방식입니다. 이것은 괴로움에 대한 자각이 먼저 있고 나서야 알 수 있는 의식의 세계입니다. 좋은 것을 좋아하지 않고 알아차리면, 세속의 관점이 아닌 출세간의 관점에서 더 좋은 정신적 기쁨을 얻습니다. 그러나 여기에는 믿음이 전제가 되어야 합니다. 이런 믿음을 주려고 부처님은 몸소 실천적인 삶을 사셨습니다.

위빠사나의 특징은 스스로 알아차려서 지혜를 얻는 것입니다. 이 지혜로 괴로움을 해결합니다. 원래 있는 괴로움을 그대로 받아들여서 괴로움을 녹여버립니다. 이것은 위빠사나에만 있는 방법으로 괴로움을 해결하는 유일한 길입니다. 오직 이 길로만 열반에 이를 수 있습니다.

그런 은사님에 대해 갈등이 생길 수 있습니다. 그럴 때 '내가 갈등을 느끼고 있구나' 하고 그 갈등을 알아차릴 대상으로 삼으면 오히려 정신적으로 고양되는 기회가 될 수 있습니다. 문제가 생겼을 때는 제일 먼저 자신의 몸과 마음으로 돌아와서 알아차리는 것이 필요합니다.

마음이 상대에 가 있으면 시비분별이 일어납니다. 그러나 이렇게 자신의 몸과 마음을 알아차렸을 때는 번뇌가 오히려 의식을 건강하게 합니다. 그러면 나도 편하고, 은사님께서도 이런 나를 더욱 좋아하실 겁니다.

언제나 이렇게 모두에게 이익이 있는 것, 모두가 좋아하는 것을 하시기 바랍니다. 이것이 바로 행복이며 지혜입니다.

위빠사나는 지혜수행이다

문 ‖ 저는 마음이 한순간도 머물지 못하고 여기저기 방황하는 것 때문에 괴롭습니다. 명상이란 한 대상에 마음을 두고 알아차림을 놓치지 않는 것이라고 생각해 왔습니다. 그런데 선생님께서는 호흡을 알아차리면서도 다른 손님이 오면 오는 손님을 맞으라고 하셨는데, 그처럼 여기저기 왔다 갔다 하면 평상시 알아차림 없이 망상으로 온갖 생각을 하는 것과 별반 다른 점이 없다는 생각이 듭니다. 여기저기 날뛰는 마음을 내 안으로 불러들여 내 몸에 묶는 것을 목표로 할진대, 좌선만 하려고 앉으면 망상과 졸음이 몰려옵니다. 차라리 경행을 하면서 발바닥에 마음을 두는 것이 덜 괴롭지만, 결국 들락거리는 생각 때문에 괴롭기는 마찬가지입니다. 마음은 역시 한순간도 가만히 있지 않는다(무상함)는 것을 충분히 알았습니다. 그러면 그다음 단계는 무엇입니까?

♣ ♣ ♣

답 ‖ 위빠사나 수행은 무엇을 얻으려고 하는 것이 아닙니다. 위빠사나의 기본은 알아차림인데, 이것은 철저하게 대상에 개입하지 않는 마음으로 수행에 임하는 것을 말합니다. 바라는 것 없이, 없애려는 마음 없이 출발하기 때문에 처음에는 약간 혼란이 따르기 마련입니다. 왜냐하면 이런 일은 지금까지 별로 해보지 않았기 때문입니다. 그러므로 위빠사나 수행은 단지 작용만 하는 마음을 가져야 하므로 수행자의 마음가짐이 여느 수행들과는 다르다는 것을 이해해야 합니다.

예를 들어 도우님이 말한 "마음이 한순간도 머물지 못하고 방황하는 것 때문에 괴롭다는 것"만 해도 그렇습니다. 왜 마음을 한곳에 머물게 하려고만 합니까? 잘 안 되면 안 되는 것을 알면 됩니다. 위빠사나 수행은 정定을 얻으려고 하는 수행이 아닙니다. 알아차린 결과로 정이 얻어지는 수행입니다. 정을 얻을 수 없는 것에는 이유가 있을 것입니다. 마음이 계속 집중이 안 된다는 것입니다. 거꾸로 생각하면, 바로 이때 마음이 무엇인지를 알 수가 있습니다.

마음은 상상도 못할 만큼 빠르게 일어났다가 사라집니다. 우리는 자신의 마음이 얼마나 빠르게 움직이는지 잘 모릅니다. 그러나 수행을 하면 마음이 한순간도 어느 한곳에 머물지 않는다는 것을 알게 됩니다. 이것이 마음의 속성이고, 이것을 아는 것이 수행입니다. 마음은 끊임없이 무엇을 탐색하며 가질 것이 없는지, 아니면 미워할 것이 없는지를 찾아서 방황합니다. 좋으면 좋아서 가지려 하고, 좋지 않으면 싫어서 없애버리려고 합니다. 이것도 아니면 게으르고 무지한 마음으로 미혹에 빠져 있습니다.

마음이 한곳에 머물지 않아서 괴로운 것은 마음의 속성을 모르고 지금까지 살아온 습성으로만 마음을 대하고 있기 때문입니다.

지금 수행이 잘 되기를 바라는 탐심 때문에 수행이 잘 안 되는 것에 대해 화를 내고 있는 것입니다. 이것은 탐심을 없애려는 위빠사나 수행을 하면서 오히려 탐심을 불러들이고 화까지 내는 모습입니다.

이때 마음이 달아나면 달아난 것을 알아차리는 것이 위빠사나 수행입니다. 집중이 안 되어서 마음이 괴로우면 괴로운 것을 알아차립니다. 그리고 마음이란 이렇게 빠르게 일어났다가 사라지는 것을 알아차립니다. 무엇을 얻으려고 아는 것이 아니고 그냥 그런 현상이 있어서 알 뿐입니다. 이렇게 바라지 않고 알아차리면 나중에 좋은 선물이 생깁니다. 바로 대상의 성품을 아는 지혜가 열리는 것입니다. 그래서 위빠사나를 지혜수행이라고 합니다.

다시 말하면 위빠사나 수행은 대상의 성품이 무엇인지를 알기 위해 하는 것이지 대상을 어떻게 의도한 대로 하려고 하는 것이 아닙니다. 그러므로 망상이 들어오면 들어올 때마다 알아차리고, 졸리면 졸린 것과 싸우지 말고 졸린 것을 알아차리고, 통증이 생기면 통증이 생긴 것을 그냥 알아차립니다. 그냥 이렇게 알아차리면 나중에 지혜가 나서 법을 알게 됩니다. 이런 알아차림을 비작용이라고 합니다. 그러나 바라거나 없애려는 것은 목적이 있는 작용으로, 이 작용은 반드시 반작용을 수반하기 때문에 근본 해결법이 아닙니다.

“좌선만 하려고 하면 망상과 졸음이 온다”고 괴로움을 토로했는데, 여기서도 마찬가지입니다. 처음에 좌선을 하려고 앉으면 망상이 들어오고, 졸리고, 통증이 있는 것은 지극히 정상적인 것입니다. 많은 사람들이 이렇게 잘 안 되는 상황 속에서 수행을 시작합니다. 그래서 누구나 좌선을 하는 시간에 이것저것을 빼고 나면 온전하게 알아차리고 집중하는 시간은 극히 적습니다. 어찌 보면 좌선을 한다는 것은 바로 이런 현상이 나타나는 것을 알아차리기 위해서 하는 것일 수도 있습니다.

그러나 언제까지나 그렇지는 않습니다. 어느 정도 수행을 하다 보면 집중력이 생겨서 고요함이 오고 하나의 대상을 주시할 수 있게 됩니다. 그러기까지 부단한 인내를 가지고 노력했는가 하는 것이 문제입니다. 노력하면 반드시 됩니다. 그러나 적당히 노력하면 꼭 그렇게 된다고 확신할 수 없습니다.

이렇게 노력을 했는데도 안 된다고 하면, 이때는 사마타 수행을 하는 것이 효과적입니다. 사마타 수행은 선정 능력을 키워 고요함을 얻는 데 좋습니다. 사마타 수행은 이런 장애를 극복하기 위해서 하나의 대상에 강력하게 집중하여 선정을 얻습니다. 이것도 때에 따라서는 필요합니다.

도우님은 “차라리 경행을 하면서 발바닥에 마음을 두는 것이 덜 괴롭지만, 결국 들락거리는 생각 때문에 괴롭다”라고 했고, 또 “좌선을 하려고 앉으면 졸음과 망상 때문에 괴롭다”고 했습니다. 사실 이 세상은 괴롭지 않은 것은 아무것도 없습니다. 모두 괴로움뿐입니다. 어떤 것도 마음대로 되지 않습니다.

서면 앉고 싶고, 앉으면 눕고 싶고, 누우면 자고 싶고, 자고 나면 일어나고 싶고, 이렇게 끝없이 하고 싶은 것밖에 없는 것이 우리 마음입니다. 그래서 하고 싶은 대로 하는 것보다 한 가지를 하면서 지켜보는 것이 효과적입니다. 이런 상황에서 부처님께서는 물러서지 말라고 말씀하셨습니다. 물러나면 계속 바꾸려 하기 때문입니다. 그러면 끝이 없습니다.

또 도우님은 "마음은 역시 한순간도 가만히 있지 않는다는 것을 충분히 알았습니다. 그러면 그다음 단계는 무엇입니까?"라고 물었습니다.

이때 알게 된 무상이 과연 지혜인지 생각으로 안 것인지 분명하지 않아 보입니다. 그러나 무엇이 되었건 간에 알면 그것으로 끝입니다. 다음 단계가 무엇인가를 알려는 것은 성급한 것입니다. 이것이 바라는 마음입니다. 지혜는 한번으로 완성되지 않습니다. 계속해서 지혜가 나면 언젠가 이런 지혜가 더 큰 지혜로 발전합니다.

수행을 할 때는 망상도 알아차릴 대상이고, 지혜도 똑같이 알아차릴 대상입니다. 지혜는 짧은 순간에 전광석화처럼 나타났다가 사라집니다. 그러나 지혜가 나면 기분이 좋아서 사유에 빠집니다. 그래서 지혜가 나면 그 순간 지혜가 난 것을 알아차려야 합니다. 이때 알아차림이 없으면 좋아하기 때문입니다. 수행에서 좋아하면 알아차림을 놓친 것이고, 그러면 수행의 수준이 떨어집니다.

무상을 알면 그냥 무상한 것을 알 뿐입니다. 다음에 무엇을 찾으려는 것은 알아차림이 아니고 관념적인 사유입니다. 무상을 그냥 무상으로 알면 자연스럽게 무상하므로 괴로움이란 지혜가 성숙합니다. 무상이 두려움을 주기 때문입니다. 변한다는 것은 소유의 개념에 반하는 것이고 죽음과도 바로 연결되기 때문에 두렵습니다. 그래서 괴로움의 지혜가 성숙합니다.

더 나아가 괴롭지 않으려고 해도 괴롭지 않을 수가 없는 본질적인 문제를 발견합니다. 즉, 내가 생로병사를 조절할 수 없고, 오직 조건뿐이라는 것을 압니다. 이런 알아차림을 통해 차츰 무아의 지혜가 성숙합니다. 그러나 이런 지혜의 성숙과정은 사람마다 다를 수 있습니다.

무상, 고, 무아의 지혜는 보통 연관되어 성숙하지만, 각기의 법 하나로도 지혜가 충분히 성숙할 수 있습니다. 가령 무상無常 하나를 충분히 알아도 지혜가 생깁니다. 또 고苦 하나를 통해서도, 무아無我 하나를 통해서도 지혜가 완성될 수 있습니다. 또 세 가지의 지혜 중에서 특별히 하나의 지혜가 더 깊게 날 수도 있습니다.

지혜의 결과는 인식의 전환입니다. 한마디로 집착이 끊어진다는 것입니다. 이러한 지혜가 지속되면 일상생활을 할 때 꼭 알아차림을 하지 않는다 해도 세상을 보는 시각이 달라져서 집착이 덜하기 때문에 괴로움이 적어집니다. 그리고 남을 이해하는 관용이 생깁니다. 이러한 관용은 자애로 발전하여 스스로 편안하고 남도 편안하게 해줍니다. 바로 이것을 의식이 고양되었다고 하는 것입니다.

내 문제는 다른 사람의 문제와 항상 함께 있습니다. 그래서 모든 것은 자신의 문제이지만, 내 문제는 바로 이 세상의 문제와 직결됩니다. 나의 평화는 세상의 평화이고, 내 괴로움은 세상의 괴로움입니다. 나의 문제는 우선 가까운 가족, 형제, 사회의 문제와 무관하지 않습니다. 그래서 수행은 자신의 이익으로만 그치지 않습니다. 이런 이유로 수행을 인류의 가장 보편적인 진리라고 합니다.

마음의 특성과 지혜

문 ‖ 마음은 하나라고 들었는데, 저의 경우 머릿속에서 표상과 언어가 동시에 떠오릅니다. 그렇다면 마음의 기능이 두 가지를 동시에 하고 있는 것은 아닌지 의심이 듭니다.

♣ ♣ ♣

답 ‖ '마음은 하나'라는 말은 마음은 한순간에 하나뿐이라는 뜻입니다. 이 말은 마음이 한순간에 하나의 대상만 안다는 것입니다. 마음은 반드시 대상이 있어야 일어나고, 그 대상이 사라지면 마음도 함께 사라집니다. 표상과 언어가 함께 떠오를 때, 먼저 표상을 일으키는 마음이 일어났고, 그다음 순간 표상을 일으킨 마음이 사라진 뒤에 다시 언어를 떠올리는 마음이 일어난 것입니다.

좌선 중에 호흡을 보고 있는데 갑자기 망상을 하고 있는 것을 알아차렸다면, 호흡을 대상으로 보는 마음이 사라졌고, 다시 생각을 대상으로 아는 마음이 일어난 것입니다. 이때 수행자가 호흡과 생각을 다 알아차렸다고 말하는 것은, 실제로 마음이 빠르게 한 찰나 동안만 지속되고 다음 찰나에 사라졌는데 마음의 생멸을 보지 못하기 때문에 한순간에 마음이 두 개의 대상을 보는 것이라고 착각한 것입니다. 그래서 먼저 마음은 한순간에 하나라는 마음의 특성을 이해해야 합니다.

또 마음은 한 찰나 동안만 존재하고 사라진다는 것입니다. 대상이 있어 그것을 아는 마음이 일어났지만, 이 마음은 두 찰나 동안 지속될 수 없고, 일어난 그 자리에서 한 찰나 만에 소멸합니다. 다시 새로운 조건에 의한 마음이 일어나고, 또 그 마음도 그 자리에서 소멸합니다.

이렇게 마음이 일어났다 사라지는 시간 단위를 한 찰나라고 합니다. 우리가 영원할 것처럼 여기는 마음이 사실은 두 찰나도 지속하지 못하고 매 순간 조건에 의해 찰나생 찰나멸을 반복하면서 계속 마음이 물질과 함께 이 순간에서 다음 순간으로 윤회하는 것이 마음의 특성입니다.

이렇게 조건에 의하여 계속 생멸하는 마음은 우리가 내 것이라고 알고 있습니다만, 내 마음이 아닙니다. 어떤 실체(자아)가 있어서 마음을 생멸하도록 조절할 수도 없는, 오직 조건에 의해 생멸하는 마음은 실체가 없기 때문에 무아입니다. 이와 같이 어떤 색, 수, 상, 행, 식도 내가 아니며, 내 것이 아니며, 나의 자아가 아닙니다. 자신의 몸과 마음을 나와 동일시해서 집착하지 말라는 것이 부처님의 가르침입니다.

"마음은 시간이 흐르는 것처럼 한순간도 멈추지 않고 매 찰나마다 새로운 마음이 일어나고 사라지면서 계속 흘러갈 뿐 거기에는 나라고 할 만한 실체는 없다. 그러므로 몸과 마음을 일어나고 사라지는 대로 바르게 보아서 몸과 마음을 나라고 집착하지 마라"라는 부처님의 가르침을 듣는 것이 문혜聞慧입니다.

수행자는 이런 부처님의 말씀에 대해 자주 숙고하면 어느 정도 이해가 될 것입니다. 그런 뒤에 대상을 겨냥해서 알아차려야 사혜思慧가 생깁니다. 사혜는 생각하는 것으로 그치지 않고 대상에 마음을 보내서 알아차리는 것을 말합니다. 사혜는 팔정도의 정사유와 같은 것으로 마음을 대상에 보내는 지혜를 말합니다.

수행자는 이럴 때 자신의 집착을 보고, 즉시 그 순간의 몸과 마음으로 돌아와 실재하는 것을 알아차리고, 또다시 집착을 하면 즉시 반복하여 몸과 마음을 알아차려야 합니다. 이런 노력의 결과로 수행자에게 알아차리는 힘이 쌓이면, 몸과 마음에서 오온의 생멸을 직접 통찰합니다. 이제 수혜修慧가 하나 생긴 것입니다.

그러나 이런 수혜도 성숙된 조건에 의해 일어나는 한순간의 지혜일 뿐 내 것이 아닙니다. 수행자는 다시 수혜가 생겼다 사라진 것을 알고, 다시 알아차리는 수행을 이어가야 합니다. 수행자가 이런 과정의 반복으로 수혜가 수없이 쌓여 대상을 바르게 보면, 이제는 어떠한 현상에도 집착하지 않을 수 있고, 번뇌거리를 만들지 않는 밝은 안목이 생깁니다. 이것이

수행자가 문혜와 사혜의 과정을 거쳐 수행으로 수혜를 얻어야 하는 이유입
니다.

이제 직접 수혜를 쌓아가기 위해 생각을 하기보다는 생각하고 있는
자신을 알아차리는 일을 먼저 해야 합니다. 세속에서는 생각을 잘하는
것이 현명하게 사는 것이고 지혜라고 말하지만, 수행의 세계에서는 생각
은 현재의 알아차림을 놓치고 과거 미래로 가서 관념의 유희를 즐기는
망상(헛된 생각)일 뿐 지혜가 아닙니다. 모든 관념의 틀을 벗어나 있는
그대로 보는 지혜가 곧 위빠사나의 지혜입니다.

도우님은 이제 궁금하면 '궁금해 하네'라고 알아차리고, 마음이 한순
간에 두 개 같다고 생각되면 '마음이 한순간에 두 개 같다고 생각하고
있네'라고 알아차리십시오. 의문이 생기면 '의심하고 있네'라고 알아차
리십시오. 이렇게 알아차린 뒤에 즉시 몸의 실재하는 느낌으로 돌아와
몸과 마음을 계속 알아차리기 바랍니다. 이제 문혜를 바탕으로 대상을
바르게 겨냥하는 사혜를 통하여 무상, 고, 무아를 아는 수혜를 얻게
되길 바랍니다.

안타깝게도 이 게시판에 올라오는 글을 읽어서 아는 이해는 문혜밖
에 되지 않습니다. 이제 문혜를 바탕으로 사혜의 숙성과정을 거쳐 직접
자신의 몸과 마음을 알아차려 생기는 수혜를 만드는 작업에 들어가길
바랍니다.

부처님의 말씀을 한마디로 요약하면

문 ‖ 불교의 핵심이 무엇인지 알고 싶습니다.

♣ ♣ ♣

답 ‖ 저의 스승이신 쉐우민의 우 꼬살라 사야도께서는 항상 이렇게 말씀하셨습니다.

"부처님께서는 사람들의 근기에 따라 8만4천 법문을 설하셨다. 그것을 줄이면 37조도품이고, 또 37조도품을 줄이면 8정도다. 8정도를 줄이면 계정혜 3학三學이고, 다시 그것을 줄이면 알아차림sati 하나다. 부처님의 말씀을 한마디로 요약하면, 알아차림 하나다. 알아차림은 불사不死의 문으로 가는 표다. 이 표를 잃어버리지 마라. 이 표를 잃어버리면 공동묘지로 가서 영원히 나고 죽는 것을 계속하며 고통을 받는다."

상좌불교의 교리 중에서 알아차림이란 말이 대승불교에 정확히 소개되지 않아 알아차림을 기억으로만 이해하는 경향이 있습니다. 알아차림을 한문으로는 염念이라고 하는데 이 말은 단순하게 기억으로 이해하면 안 됩니다. 이 말은 깨어 있는 상태를 말하며, 대상에 마음을 보내는 행行에 속하는 말로 수행에서 중요한 의미를 갖고 있습니다.

경전에서 보면 많은 숫자를 나타낼 때 8만4천이란 단어를 사용하고 있습니다. 사실 이 말은 많다는 의미로 사용되고 있기도 합니다.

상좌불교에서는 부처님께서 설하신 법문이 8만이고, 사리불 존자가 설한 법문이 2천이고, 목련 존자의 법문이 2천이어서 8만4천 법문이라고 말하기도 합니다.

알아차림이란 말이 불교 수행의 핵심 주제라면, 이 중요한 단어가 대승불교에 단순히 기억으로 잘못 전해진 것은 매우 안타까운 일이라고 생각됩니다.

어쨌거나 위빠사나 수행에서 말하는 알아차림은 불교 수행의 전부입니다. 오직 유일하게, 알아차림은 아무리 많아도 부족합니다. 즉 알아차림은 많을수록 좋습니다. 알아차림에 대한 얘기는 수행을 하는 동안 내내 계속될 것입니다.

부처님께서는 6년 동안 고행을 하신 뒤에 제일 먼저 12연기를 통찰하셨습니다. 이렇게 오온의 원인과 결과를 아신 뒤에 존재하는 것들이 속성인 무상, 고, 무아를 아셨습니다. 여기서 완성된 것이 고, 집, 멸, 도라는 네 가지 성스러운 진리입니다. 이것이 사성제입니다. 깨달음을 얻으신 뒤에 『아비담마』를 완성하시고 마지막으로 12연기의 완전한 법을 정리하셨습니다. 사성제는 성스러운 진리라는 뜻도 있지만 열반을 성취한 성자들만이 온전하게 아는 진리라는 의미도 포함합니다.

불교를 요약하자면 12연기로 시작해서 사정제로 완성한 뒤에 마지막으로 12연기로 마무리하셨습니다. 처음 12연기는 고제와 집제인 일어나는 12연기를 보셨고, 마지막 12연기는 멸제와 도제인 소멸하는 12연기를 완성하셨습니다.

그래서 불교의 교리는 12연기와 사정제입니다. 사성제 중에서 도성제가 팔정도이며, 팔정도가 위빠사나 수행입니다.

위빠사나의 지혜와 사마타 지혜

문 ‖ 위빠사나Vipassanā의 지혜와 사마타Samatha의 지혜가 어떻게 다른가요? 사마타 수행을 하면 지혜가 생기나요?

♣ ♣ ♣

답 ‖ 위빠사나란 무상, 고, 무아를 확실하게 구분해서 볼 수 있기 때문에 위빠사나라고 부릅니다. 여기서 확실하게 구분해서 본다는 것은 일어나는 대상을 확실하게 구분해서 알아차린다는 의미입니다.

이것은 마음과도 관계가 있습니다. 바로 확실하게 보는 마음입니다. 확실하게 구분해서 보는 마음이 없으면 알아차리는 지혜가 없고, 확실하게 구분해서 보는 마음이 있으면 알아차리는 지혜가 있습니다.

위빠사나에서 마음이란 평범한 마음이 아니라 알아차림, 노력, 지혜가 있는 확실하게 두드러진 마음입니다. 일어나는 대상마다 바르게 볼 수 있는 확실하게 두드러진 마음입니다. 이것을 일어나는 대상의 본성질이라고 할 수 있습니다.

지혜가 있는 마음을 위빠사나의 마음이라고 부릅니다. 위빠사나 지혜[洞察智]와 만난 알아차림을 위빠사나 지혜라고 부르며, 위빠사나 지혜와 만난 집중력을 위빠사나 집중력(찰나삼매)이라고 부릅니다.

사마타란 무엇입니까? 사마타란 마음을 조용히 고요하게 하는 것을 말합니다. 그리고 아주 집중해서 본다는 뜻입니다.

위빠사나에서는 일어나는 대상이 있어야 하고, 그것을 아는 확실한 마음도 있어야 합니다. 그리고 가장 중요한 것이 지혜입니다. 그러나 사마타는 고요한 마음의 상태를 말합니다. 대상은 그리 중요하지 않고 대상 하나에 강력하게 집중만 하면 됩니다.

사마타의 집중력이 생기는 것을 사마디Samadhi 마음이라고 부르며, 사마타로 인해 생기는 지혜를 사마디 지혜라고 부르며, 사마타로 생기는 알아차림을 사마디 알아차림이라고 부릅니다.

위빠사나는 대상을 분리해서 알아차림으로써 지혜를 얻고 이를 위빠사나 지혜라고 부릅니다. 사마타는 대상과 하나가 되어 알아차림으로써 선정의 지혜를 얻고 이를 사마타 지혜라고 합니다.

위빠사나는 믿음, 노력, 알아차림, 집중의 균형으로 지혜가 생깁니다. 이렇게 생긴 지혜가 앞에서 믿음과 함께 수행을 이끕니다. 그러나 사마타는 사마디가 먼저 온 뒤에 사마타 지혜가 뒤따라오는 차이가 있습니다.

비유한다면, 우리 집에 친구들이 놀러 오면 내가 우두머리가 되고, 내가 친구 집에 놀러 가면 친구가 우두머리가 되듯이, 위빠사나의 집에서는 통찰지혜가 주인이 되고, 사마타의 집에서는 집중의 고요함이 주인이 되는 것입니다.

윤회를 끝내는 수행을 하기 위해서는 이 두 가지가 조화를 이루면서 할 수도 있고, 아니면 위빠사나 수행 하나만 해도 됩니다. 이것은 전적으로 어떤 수행을 지도하는 스승을 만나느냐에 따라 결정됩니다. 물론 수행은 자신이 선택하는 것입니다. 그러나 수행은 스승의 가르침이 있어야 하기 때문에 자신의 선택의 폭이 그리 넓지 않습니다.

열반(닙바나)이란 무엇인가

문 ‖ 열반 혹은 깨달았다는 현상은 뇌의 특정부위가 자극되어 나와 나 아닌 것이 경계가 없어져서 우주와 내가 하나라고 생각하게 되는 현상이 아닌가 하는 의문이 듭니다. 즉, 열반이라고 하는 것은 뇌의 생리적 현상에서 생긴 정신적 상태가 아닌지요?

♣ ♣ ♣

답 ‖ 열반은 원인과 결과가 끊어진 초세속적인 상태입니다. 그래서 세속의 관점으로는 말할 수 없으며 알 수도 없습니다. 열반은 단순한 정신적인 상태가 아니고 법을 통찰하여 집착이 끊어진 정신적 상태입니다. 그러나 이러한 정신적 상태가 육체에 미치는 영향은 당연히 있을 것입니다.

몸과 마음은 함께 있지만 상호작용하여 영향을 주고받습니다. 위빠사나 수행은 이것을 아는 것으로부터 시작합니다. 그래서 처음에는 마음이 몸에 있는 호흡을 대상으로 알아차리기 시작합니다. 몸과 마음이 함께 있지만 이것을 분리해서 보기 시작합니다. 그러므로 열반은 정신적인 상태가 육체적인 상태에 영향을 주었다고 보는 것이 바른 견해입니다. 왜냐하면 마음이 모든 것을 하기 때문입니다.

불교에서 말하는 부처님의 깨달음이란 어떤 경우든지 무상, 고, 무아를 아는 것입니다. 이 과정에서 자신의 몸과 마음을 통하여 12연기를 알고 사성제인 고, 집, 멸, 도를 알아 나갑니다. 이것을 알면 집착이 끊어지고, 그 결과로 자연스럽게 열반에 이르는 것입니다.

깨달음의 실체란 이러한 전 과정을 거쳐야 비로소 이루어집니다. 흔히 견성을 하였다는 세간의 이야기는 다소 막연합니다. 근거도 불확실하고 스스로가 그렇다고 말하는 경우도 있습니다.

깨달음에는 수다원의 깨달음과 사다함의 깨달음이 있고, 아나함, 아라한의 깨달음이 있습니다. 지혜의 정도에 따라 단계가 달라집니다만 모두 탐욕, 성냄, 어리석음으로 인한 집착이 얼마나 없어지느냐에 따라 구별됩니다. 아라한은 탐욕, 성냄, 어리석음이라는 번뇌가 완전히 불타버린 상태를 말합니다.

깨달음은 어떤 신통한 능력을 얻는 것이 아닙니다. 깨달음을 얻으면 우주와 내가 하나가 된다는 것은 사마타 수행에서 말하는 상태입니다. 단적으로 말하면 이 방법은 깨달음과는 무관합니다. 이 방법으로는 번뇌를 소멸할 수 없으므로 깨달음이라고 말할 수 없습니다. 이것은 선정이라고 하는 정신적 집중 상태입니다.

선정에는 고요함이 있습니다. 이 고요함에 이르는 과정에서 약간의 신비로운 현상이 생기면, 이것을 깨달음이라고 확신하는 경우가 많습니다. 누구나 스스로는 깨달음의 전 과정을 알 수가 없습니다. 스스로 알 수 있는 사람은 부처님뿐입니다.

그런데 많은 사람들이 가야 할 길은 멀고 넘어야 할 산이 많은데도 초입에 불과한 곳에서 무엇을 얻었다고 자만합니다. 이는 자신의 허물이지만 스승을 만나지 못한 탓이기도 합니다.

부처님께서 출가하여 바로 무색계 3선정과 4선정까지 얻으셨지만 번뇌를 소멸할 수 없어 다시 6년간을 고행하셨습니다. 그래도 성과가 없자 해오던 수행방법을 포기하기에 이릅니다. 그 후에 자신의 몸과 마음을 통찰하는 위빠사나라는 수행방법을 스스로 찾아내어 완전한 깨달음을 얻으셨습니다. 그래서 스스로 깨달음을 얻었다고 해서 붓다 Buddha라고 하는 것입니다.

그러나 깨달음은 있어도 깨달음을 얻은 자는 없습니다. 깨달음은 지혜라는 정신적 상태이고 내가 없다는 것을 안 뒤의 일이기 때문에 그것을 얻은 자는 없습니다. 또 열반에 이르기는 해도 들어갈 수가 없습니다. 왜냐하면 열반의 상태에서는 지각이 일어나지 않습니다. 그러므로 열반에 대해 말하는 것은 변죽을 울리는 말뿐입니다.

위빠사나는 보는 대상과 아는 마음이 항상 분리되어 있습니다. 이런 상태라야 사물의 성품을 볼 수 있어 지혜가 나기 때문입니다. 그러나 수행은 위빠사나만 있는 것이 아닙니다. 하나의 대상과 개념에 집중하는 사마타 수행도 수행의 과정에 필요한 것입니다. 그러므로 처음에 무슨 수행방법을 가지고 하느냐에 따라 말하는 것도 달라질 수 있습니다.

우리가 깨달음을 얻기 위해 선택해야 할 대상은 반드시 몸과 마음이어야 합니다. 부처님께서는 자연계의 현상에서 지혜를 얻지 않고 자신의 몸과 마음을 보고 법을 얻으셨습니다. 그래야 온전하게 내가 누구인지를 알 수 있기 때문입니다. 자신의 몸이 아닌 다른 것을 볼 때는 관념에 빠지기 쉽고, 또 내가 있다는 유신견을 가지고 보기 때문에 실재를 보지 못합니다.

가만히 생각해 봅시다. 우리가 무엇을 극복했다는 것은 결국 자신을 극복했다는 것입니다. 그렇다면 결국 우리가 알아야 할 대상은 자신의 몸과 마음밖에 없다는 결론에 도달하게 됩니다. 알아야 할 대상은 밖에 있는 사물이 아니고 그 사물과 부딪치는 자신의 여섯 가지 감각기관입니다.

깨달았다는 것은 삼법인의 지혜가 성숙되어 사물의 이치를 꿰뚫어

보았다는 것인데, 이것은 집착이 끊어지고 탐욕과 성냄과 어리석음이라는 번뇌가 소멸하였다는 것입니다. 이것이 열반입니다. 열반은 탐욕, 성냄, 어리석음이 소멸하여 얻는 지고의 행복입니다.

큰 깨달음까지 가지 않더라도 수행을 하면 생기는 집중이라는 정신적 상태도 몸에 영향을 줍니다. 집중력이 생기면 몸이 가벼워지거나 통증이 사라지기도 합니다. 의학적으로 보면 엔도르핀이 나오기 때문입니다. 이때는 뇌의 상태가 보통 때와는 다르겠지요.

마음은 몸에 영향을 주고, 몸도 마음에 영향을 줍니다. 이처럼 몸과 마음은 서로 영향을 주면서 결합되어 있지만 서로 다른 별개의 것으로 각자의 영역이 있습니다. 그러나 어떤 경우에도 서로 영향을 주고받는 상관관계를 유지합니다.

깨달음이라고 하는 것은 몸과 마음을 통해서 얻는 정신적 상태인데, 이것을 유위법有爲法이라고 합니다. 원인과 결과에 의해 이루어진다는 말입니다. 이것은 마음과 마음의 작용과 몸에 있는 그대로의 성품을 보았다는 것입니다. 이것은 마음과 마음의 작용과 몸과의 관계에서 생긴 조건 지어진 실재이므로 유위법이라고 합니다. 이것은 조건에 따라 일어났다가 조건에 의해 사라지므로 무상하며 원인과 결과가 있는 것입니다.

그러나 열반이라고 하는 것은 조건 지어지지 않은 단 하나의 근본법이므로 무위법無爲法이라고 합니다. 이것은 원인과 결과가 없다는 말입니다. 이 상태에 이르면 원인과 결과라는 조건이 끊어져 버립니다. 그래서 윤회가 끊어지는 절대적이고 강력한 것입니다. 그러므로 열반은 깨달음이란 탐욕, 성냄, 어리석음이 끊어진 상태 뒤에 오는 정신과 물질에 미치는 특수한 현상입니다. 깨달음과 열반은 서로 다른 개념이며, 깨달음이 있고 그 결과로 열반에 이르게 되는 것입니다.

어쨌거나 우리는 평소에도 크고 작은 많은 깨달음을 얻습니다. 그러나 이것은 깨달음이라고 보기보다 지혜라고 하는 편이 좋겠습니다. 깨달음은 열반이 수반된 것이라야 온전한 것이라고 할 수 있습니다.

열반은 아무리 얘기해도 말을 다 못합니다. 정신적·육체적 특수한 상황이므로 마치 우유 맛을 보지 않은 사람에게 우유 맛을 설명하는 것과 같습니다. 다만 설명할 수 있는 것은 기록에 의한 것입니다.

열반에 한번이라도 들면 무조건 수다원과를 성취하는 것입니다. 열반은 길고 짧게 시간의 차이에 따라 무수히 들어갑니다. 그러나 아라한의 경우는 두 종류의 열반을 경험합니다. 유여의 열반과 무여의 열반이 있습니다. 무여의 열반은 윤회가 끊어지는 반열반이라고 합니다. 유여의 열반은 살아서 열반에 들어갔다가 나왔다 하는 열반입니다.

열반은 필요한 조건이 충족되었을 때 일어납니다. 세속에서는 감각에 의해 경험되는 행복은 만족이 없고 끝이 없기 때문에 그것 자체가 불만족이고 괴로움이지만, 열반은 감각에 의해 경험되는 행복이 아니기 때문에 지고의 행복이라고 합니다.

열반은 단 하나의 근본법이고 원인과 결과가 없는 무위법입니다. 열반이라는 법은 우리 인류사에서 오직 부처님에 의해 처음 밝혀졌습니다. 부처님께서는 최고의 바라밀 공덕의 과보로 부처가 되셨습니다. 그리고 위빠사나라는 방법으로 무아를 알아 열반에 들어가는 것을 알려주실 목적으로 이 세상에 출현하셨습니다. 부처가 되려면 너무나 많은 오랜 세월이 걸리므로 쉽게 아라한이 되어 자기처럼 윤회를 끝내는 방법을 알려주시려는 자비로운 마음으로 사셨습니다.

정법시대란 부처님의 팔정도가 구현되는 시기입니다. 팔정도는 계, 정, 혜 삼학이 살아 있는 시대입니다. 계, 정, 혜가 있다는 것은 알아차림이 있다는 것이고, 이것은 위빠사나가 있다는 것입니다. 위빠사나에 의해서만 열반에 들어갈 수 있기 때문에 위빠사나가 있는 시기가 정법시대입니다.

우리나라에 위빠사나가 소개된 것이 1988년인데, 인연이란 참으로 아슬아슬합니다. 지금 위빠사나를 배울 수 있는 여러분은 좋은 선업을 쌓은 것입니다. 부처님이 생존해 계실 때 태어나서 제자가 되어 열반을 얻는 것이 가장 큰 선업의 과보입니다. 그리고 위빠사나가 있는 정법시대에 태어나서 열반을 얻는 것이 그다음 선업의 공덕입니다.

인류사에 정법이 있는 시대는 그렇게 길지 않습니다. 정법이 끊어지면 오랜 암흑의 시대가 옵니다. 언제 부처님이 출현할지는 알 수가 없습니다. 상상을 할 수 없을 정도로 오랜 세월 뒤에 있는 일입니다. 그때 부처님은 똑같은 위빠사나를 가지고 이 세상에 오십니다. 지금은 정법이 있는 시대입니다. 그러므로 위빠사나를 배울 수 있는 시대를 놓치지 마십시오. 기회는 항상 오는 것이 아닙니다.

수행자의 최종 목표는 열반이지만 스승은 처음부터 열반을 말하지 않습니다. 또한 어떤 경우에도 입으로 열반이라는 단어를 말하지 않습니다. 다만 법문을 할 때는 열반을 말하지만 한 개인의 수행에 있어서는 열반을 입에 올리지 않습니다. 이것은 인가될 수 없는 정신적 상태입니다. 또 열반을 얻었다고 인가를 한다면 자신이 열반을 얻었다는 것을 과시하는 것이 되므로 함부로 말할 수도 없습니다.

수행을 한다는 것은 결국 나라고 하는 아상我想이 한 방울이라도 남아서는 안 되는 것이기 때문에 아상에 관계된 모든 것을 극도로 자제합니다. 그래서 수행자들은 자만심이 생기지 않도록 조심하고 또 조심하면서 이것을 알아차려야 합니다.

일곱 가지 청정과 열여섯 단계의 지혜

문 ‖ 위빠사나 수행은 일곱 가지 청정과 열여섯 단계의 지혜로 되어 있다고 들었습니다. 이에 대한 좀 더 구체적인 말씀을 듣고 싶습니다.

♣ ♣ ♣

답 ‖ 부처님께서 『대념처경』에서 말씀하시기를, 열반에 이르는 길은 사념처 수행 단 하나밖에 없다고 하셨습니다. 이 사념처 수행이란 몸, 느낌, 마음, 법(마음의 대상)을 말합니다. 여기서 법이라고 하는 것은 알아차릴 대상을 말합니다.

그러므로 알아차릴 대상은 몸과 마음인데 이것들의 느낌을 알아차리라는 말씀입니다. 사실은 알아차릴 대상이 오온인데, 이때 법이라고 하는 것은 다음과 같은 두 가지의 내용을 담고 있습니다. 하나는 알아차릴 때 모양과 개념으로 알아차리는 방법이 있고, 다른 하나는 실재하는 성품을 알아차리는 방법이 있습니다.

네 가지 대상을 알아차릴 때 모양을 대상으로 하는 수행이 사마타 수행입니다. 그리고 실재하는 성품을 대상으로 하는 수행이 위빠사나 수행입니다. 여기서 사마타 수행은 부처님 이전부터 있어 온 수행방법입니다. 그러나 부처님께서 깨달음을 얻으신 위빠사나는 부처님에 의해 최초로 공개된 수행입니다.

이처럼 사마타 수행과 위빠사나 수행을 모두 담은 것이 사념처입니다. 그러나 열반에 이르기 위해서는 반드시 위빠사나가 포함되어야 합니다. 이때 사마타 수행을 하고 위빠사나를 해서 열반에 이르는 방법이 있고, 사마타 없이 위빠사나만으로 열반에 이르는 방법이 있습니다. 그러므로 사마타 수행은 필요하기도 하지만 절대적이지는 않습니다. 다만 위빠사나가 빠지면 열반에 이를 수가 없습니다.

말씀하신 열여섯 단계는 위빠사나 수행을 하면서 지혜가 성숙되는 과정을 말합니다. 누구나 이런 지혜의 과정을 거쳐야 합니다. 다만 빠르고 늦고의 차이는 있습니다. 이런 지혜의 단계는 그냥 되는 것이 아니고 청정함이 있어야 됩니다. 그래서 청정과 지혜가 함께 조화를 이루면서 단계가 향상됩니다.

열여섯 단계의 지혜는 원래 열 단계로 부처님께서 분류하셨는데, 이 열 단계의 지혜를 마하시 사야도가 좀 더 세분화한 것이 열여섯 단계입니다. 지혜의 과정이 진행되면서 온갖 장애가 다 나타납니다. 이 장애는 지혜를 나게 하는 대상들입니다. 이처럼 열반에 이르는 길은 반드시 일정한 과정을 거쳐 지혜가 성숙되어가야 합니다. 그래서 위빠사나 수행에서는 세상에서 말하는 삿된 이론이 용납될 수 없습니다.

이와 같이 수행에 관한 모든 것이 부처님에 의해 이미 완벽하게 밝혀져 있습니다. 지혜는 어느 날 하늘에서 갑자기 떨어지는 것이 아닙니다. 그동안 우리는 이런 것이 있는지를 몰랐습니다. 그러나 이제 이것을 알았고, 그래서 위빠사나 수행을 하는 사람은 행복한 줄 알아야 합니다. 그러므로 믿음을 갖고 열심히 수행을 해야 합니다.

위빠사나 수행을 통하여 도과道果에 이르러 열반을 성취하기 위해서는 지혜가 성숙되어야 합니다. 이 지혜는 열 가지(혹은 열여섯 가지)의 단계를 거쳐 성숙되는데, 여기에 필요한 것이 청정함입니다.

청정함에는 일곱 가지가 있으며, 청정함은 지혜를 얻는 통찰력을 생기게 합니다. 그래서 지혜와 청정함은 함께 가야 합니다. 이 일곱 가지 청정함 중에서 지계의 청정[戒淸淨, sīla visuddhi]은 기초가 되는 것으로 첫 번째 청정함에 속합니다. 계sīla를 지키는 것에는 재가자의 계와 출가자의 계가 있습니다.

일곱 가지 청정은 다음과 같습니다.

1. 지계의 청정[戒淸淨]
2. 마음의 청정[心淸淨]

3. 견해의 청정[見淸淨]

4. 의심에서 벗어나는 청정[渡疑淸淨]

5. 바른 길을 아는 청정[道非道智見淸淨]

6. 수행 과정의 지혜와 통찰에 의한 청정[行道智見淸淨]

7. 지혜 통찰의 청정[智見淸淨]

일곱 가지 청정과 열여섯 가지의 지혜는 다음과 같이 계발됩니다.

1. 지계의 청정Sīla Visuddhi

2. 마음의 청정Citta Visuddhi

   1) 정신과 물질을 구별하는 지혜Nāma Rūpa Pariccheda Ñāṇa

3. 견해의 청정Diṭṭhi Visuddhi

   2) 원인과 결과를 식별하는 지혜Paccaya Pariggaha Ñāṇa

4. 의심에서 벗어나는 청정Kankhā-vitaraṇa Visuddhi

   3) 현상을 바르게 아는 지혜Sammasana Ñāṇa

   4) 생멸(일어나고 사라지는 현상)의 지혜Udayabbaya Ñāṇa

5. 바른 길을 아는 청정Maggā-maggañāṇa-dassana Visuddhi

6. 수행 과정의 지혜와 통찰에 의한 청정Paṭipadā ñāṇadassana Visuddhi

   5) 소멸의 지혜Bhanga Ñāṇa

   6) 두려움에 대한 지혜Bhaya Ñāṇa

   7) 고난의 지혜Ādīnava Ñāṇa

   8) 혐오감에 대한 지혜Nibbidā Ñāṇa

   9) 해탈을 원하는 지혜Muñcitukamayatā Ñāṇa

위빠사나 수행과 건강

문 ∥ 제가 하는 일이 좀 힘든 일이다 보니 몸이 몹시 피곤하고 건강하지
못합니다. 특히 관절이 좋지 않아 좌선자세를 오래도록 유지할 수 있을지
걱정됩니다. 위빠사나 수행이 마음은 물론 육체적인 건강에도 도움이
되는지 알고 싶습니다.

♣ ♣ ♣

답 ∥ 위빠사나 수행의 목표에 대하여

위빠사나 수행의 목적은 탐욕과 성냄과 어리석음으로부터 해방되
는 것입니다. 탐욕과 성냄과 어리석음은 선하지 못한 마음입니다. 인간
은 이런 선하지 못한 마음 때문에 괴로움을 겪습니다.

선하지 못한 마음을 알아차리기 위해서는 먼저 자신의 몸과 마음을
알아차립니다. 그러면 탐욕과 성냄과 어리석음이 관용과 자애와 지혜로

바뀝니다. 그래서 선한 마음이 되어 행복을 얻습니다. 이러한 행복을 얻기 위해서는 다음과 같은 조건이 구비되어야 합니다.

첫째, 능력 있는 스승에게서 수행을 배워야 합니다.
둘째, 믿음, 노력, 알아차림, 집중, 지혜라는 다섯 가지 요소[五根]가 균형을 이루어야 합니다.
셋째, 알아차릴 대상으로 몸과 마음을 선택해야 합니다.
넷째, 팔정도八正道를 생활화해야 합니다.

팔정도는 도에 이르는 과정이며, 어떻게 살 것인가를 말하는 것입니다. 여덟 가지 바른 길은 바른 견해, 바른 생각, 바른 언어, 바른 행위, 바른 생활, 바른 노력, 바른 알아차림, 바른 집중을 말합니다. 팔정도는 계율을 지키는 행위이며, 이로 인해 고요함을 얻어 지혜가 나는 과정을 말합니다. 이것을 줄여서 계정혜戒定慧 삼학三學이라고 합니다. 다시 계정혜를 줄인 것이 알아차림입니다.

위빠사나 수행의 결과에 대하여

위빠사나 수행은 바라는 마음 없이, 없애려는 마음 없이 하는 수행입니다. 이것이 위빠사나 수행에서 말하는 알아차림의 기본 수칙입니다. 우리가 없애야 할 것이 탐욕, 성냄, 어리석음인데 이것을 없애기 위해서 다시 탐욕과 성냄을 사용해서는 안 됩니다.

수행에서도 동기는 있어야 합니다. 이것은 오직 선한 마음을 위한 것이어야 합니다. 그러나 실천함에 있어서는 어떤 목표도 없어야 합니다. 그래야 마음이 편안한 상태에서 수행을 할 수 있습니다. 바라는 것이 있어서 수행을 한다면 세속의 방법들과 전혀 다를 것이 없습니다. 위빠사나 수행의 궁극적 결실은 열반에 들어 윤회하지 않는 것인데, 바라는 마음으로 하면 결코 이를 수 없습니다. 그래서 위빠사나를 진정한 도道라고 말합니다.

몸을 치유하기 위해서 수행을 할 수는 있습니다. 그러나 치유는 바라는 것 없이 했을 때 주어지는 결과입니다. 처음부터 몸을 치유하고자 하는 목적이 있으면 결코 좋은 결과를 얻을 수 없습니다. 몸과 마음의 영향을 받는 것이므로 어떤 형태로든 마음을 편하게 하는 것이 중요합니다. 이것이 수행의 효과입니다. 설령 바라는 마음으로 수행을 해서 몸이 치유되었다 해도 이것은 아직 바라는 마음이 치유되지 않았기 때문에 완전한 치유라고 볼 수 없습니다. 그래서 다시 나빠질 개연성을 가지고 있습니다. 그러므로 마음이 중요한 것입니다.

가령 위빠사나 수행이 몸의 병을 치유하는 효과가 있다고 말씀을 드린 것으로 가정해 봅시다. 이때 본인이 충분한 시간을 갖고 노력하는, 즉 조건을 성숙시키는 노력이 없이 병이 치유되기를 바라기만 했을 때는 치유가 되지 않을 것이며, 그런 결과로 정법을 비판하게 될 것입니다. 이것은 또 다른 형태의 불선업을 만드는 행위가 됩니다. 우리가 흔히 보는, 신에 대해서 갖는 불경함도 이와 같습니다. 신이 원하는 것을 안 주니 토라지는 것입니다.

그렇지만 바라는 것 없이 수행을 하면 최고의 효과를 얻을 수 있습니다. 이것이 바로 법의 치유 효과입니다. 부처님께서 사념처 수행 이상의 치료방법은 없다고 말씀하셨습니다. 이것은 몸과 마음을 알아차림으로써 최상의 조건을 만들게 하기 때문입니다. 모든 것은 자신의 몸과 마음을 통해서 일어나는 것이기 때문입니다.

수행자가 건강한 사람일 수도 있고 환자일 수도 있습니다. 위빠사나 수행은 어떤 상황에서나 각자가 알맞은 자세와 조건 하에서 수행을 합니다. 바닥에 앉기가 어려우면 의자에 앉아서 수행을 할 수도 있으며, 그도 안 되면 누워서도 할 수 있습니다. 또한 수행이라는 것이 일상생활의 모든 것을 포함하므로 특별한 조건에서만 하는 것이 아닙니다.

위빠사나 수행에서 몸을 사용하지만 정작 모든 것은 마음으로 합니다. 알아차림이라는 것은 마음이 깨어서 대상을 주시하는 것이지 몸의 힘으로 하는 것이 아닙니다. 그래서 안 좋으면 안 좋은 것을 알아차리고, 좋을 때는 좋은 것을 알아차려서 평등심을 얻는 수행입니다.

그러므로 누구에게나 고요함과 지혜를 주는 수행이므로 가까운 선원에 가서 배워 보기 바랍니다. 건강이나 피로가 풀리는 것은 그 뒤에 자연스럽게 오는 것들입니다.

선한 마음으로 바꾸는 수행

문 ‖ 위빠사나는 오래된 수행이라고 알고 있습니다. 하지만 많은 사람들이 수행법에 대한 설명을 듣고도 아리송해 하면서 이해에 어려움을 겪고 있는 것 같습니다. 그토록 오래된 학문인데, 왜 아직도 쉽게 설명되지 못하고 있는 건가요?

♣ ♣ ♣

답 ‖ 위빠사나 수행은 알아차림으로 선하지 못한 마음을 선한 마음으로 바꾸는 수행입니다. 그런데 누구나 선하지 못한 마음이 많아서 수행이 쉽지가 않습니다. 위빠사나는 학문이 아닙니다. 수행입니다. 수행은 실천하는 것입니다. 실천하는 것이란 노력하는 것을 말합니다. 수행이 어렵다면 노력하지 않았기 때문입니다. 무엇이든 노력을 하지 않고 저절로 얻을 수는 없습니다. 위빠사나 수행이 오래되었다고 하는 것과 수행을 하는 방법이 쉽다는 것과는 아무런 관련이 없습니다.

사람들은 어느 날 자연스럽게 좋은 것이 나타나기를, 깨달음이 나타나기를 막연하게 기다립니다. 백마 탄 기사는 동화 속에나 나오는 얘기입니다. 이것을 탐욕이라고 합니다. 노력도 하지 않고 바라는 이러한 탐욕을 무지라고 말합니다. 이 탐욕과 무지는 하루아침에 바뀌지 않습니다. 충분한 조건이 성숙되도록 노력을 해야 하는데, 처음부터 노력한다는 것이 어렵습니다. 선한 일을 많이 해야 그 공덕의 힘으로 노력하려는 의지가 생깁니다.

노력을 못하는 것은 선한 행위로 인한 과보가 적다는 것입니다. 만약 이런 말을 어렵다고 생각하거나 이해하지 못해서 귀찮게 여긴다면 아직 진지한 자세가 아닙니다. 몰라도 먼저 이해하려는 의지가 있어야 합니다. 이것이 수행자의 자세입니다. 수행자가 되고 싶으면 이런 자세부터 갖추어야 합니다. 어렵다고 투정을 하는 것과 어려워도 배워 보려는 진지한 자세를 갖는 것의 차이로 수행이 되기도 하고 안 되기도 합니다.

위빠사나 수행은 매우 쉽고 단순한 것입니다. 단지 대상을 있는 그대로 알아차리는 것뿐입니다. 그럼에도 불구하고 어렵다고 느끼는 것은 자신이 이렇게 살아 본 적이 없기 때문입니다. 위빠사나 수행은 누구나 갈 수 있는 길입니다. 그러나 누구도 갈 수가 없는 길입니다. 이는 선업의 조건들이 성숙되어야 하기 때문입니다. 수행은 경험하지 않은 정신세계를 가는 길이라서 동굴 탐험과 같습니다. 그러므로 어려운 것이 당연합니다. 만약 수행에 대한 설명이 어렵다면 자기가 아는 만큼만 이해해야 합니다. 처음부터 모든 것을 알 수는 없습니다. 바로 이것이 지혜입니다.

　위빠사나 수행은 축적된 성향을 새로운 성향으로 바꾸는 과정입니다. 오랫동안 살면서 생긴 축적된 성향을 바꾸는 것은 매우 어려운 일입니다. 그래서 축적된 성향을 바꿀 수 없다고 말하기도 합니다. 이렇게 어려운 축적된 성향을 바꾸기 위해서는 지혜를 얻어야 합니다. 지혜를 얻기 위해서는 일곱 가지 청정과 함께 성숙되는 열여섯 단계의 지혜가 있습니다. 이 과정 하나하나가 모두 가시밭길입니다. 이 길이 가시밭길임에도 불구하고 계속할 수 있는 것은 바로 선업의 공덕과 스승의 지도로 되는 것입니다.

　지금 질문하신 수행자가 과연 누구에게 얼마나 바른 수행을 배우고, 바른 마음가짐으로 열심히 노력했는지 반문해 보기 바랍니다. 누구나 생각으로는 돈을 많이 벌고, 높은 지위를 얻고, 행복한 가정에서 부귀영화를 누리고 싶습니다. 그러나 그것은 생각입니다. 항상 생각하는 것으로 그치지 않았는지 살펴보기 바랍니다.

　수행도 마찬가지입니다. 생각으로는 안 됩니다. 하나하나 계단을 밟아 가야 합니다. 몸에서 일어나는 호흡을 과연 몇 분이나 계속해서 알아차릴 수 있는지 살펴보십시오. 자기 마음 하나를 이렇게 붙잡기 어려우니 수행이 어려운 것입니다. 그러므로 어려워서 수행을 못하겠다고 한다면 아직 수행과 인연이 없는 것입니다. 위빠사나 수행은 선업의 조건이 성숙된 사람만 가는 소수의 한정된 길입니다. 위빠사나 수행은 아무나 못합니다. 오직 지혜를 얻으려는 사람만 가는 길입니다.

책이나 글에서는 다양한 수행방법을 말합니다. 왜냐하면 사람들의 근기가 다르기 때문에 다양한 방법을 설명하는 것입니다. 그래서 모든 말이 자신에게 전부 해당되는 것은 아닙니다. 그렇기 때문에 책이나 글을 읽는 것보다 직접 지도를 받아서 자신에게 맞는 방법을 찾아야 합니다. 이것이 면담입니다.

수행법이 최고라고 해서 많은 사람들이 하는 것이 아닙니다. 수행법이 오래되었다고 해서 많은 사람들이 하는 것이 아닙니다. 수행법이 최고라고 해서 많은 사람들이 알 수 있는 것이 아닙니다. 이것들은 모두 관념입니다.

진리는 항상 그 자리에 그냥 있습니다. 진리는 바라밀 공덕이 있는 사람들의 선업과 근기에 의해 발견되고 계발됩니다.

염불 수행과 위빠사나 수행

문 ‖ 위빠사나 수행을 돕는 방법으로 염불을 병행하는 것은 괜찮나요?

♣ ♣ ♣

답 ‖ 저는 사마타 수행을 하지 않고 위빠사나 수행만 하는 순수 위빠사나 수행자라서 염불 수행에 대해서 잘 모릅니다. 염불 수행도 나름대로 효과가 있을 것입니다. 그래서 제가 아는 위빠사나 수행에 대해서 말씀드리겠습니다.

관세음보살이나 아미타불 염불은 관세음보살이나 아미타불이라는 관념적 대상에 마음을 집중해서 마음의 편안함이나 고요함을 얻으려는 사마타 수행입니다. 이렇게 염불에 집중하고 있는 순간에는 위빠사나 수행을 할 수 없습니다.

위빠사나 수행은 몸과 마음이 본래 가지고 있는 성품을 통찰하여 몸과 마음에 대한 집착을 놓을 수 있는 지혜를 키우는 수행입니다. 그래서 하나의 대상을 설정하지 않고 몸과 마음에서 일어나는 실재實在하는 모든 현상에 마음을 기울여 그런 현상들을 지켜보는 것입니다.

그러나 염불 수행으로 마음 집중이 되어 마음이 고요해지고 편안해졌을 경우 그런 마음 상태에서 몸과 마음의 실재하는 현상을 대상으로 알아차릴 수는 있습니다. 이것은 사마타 수행을 하다가 위빠사나 수행으로 넘어온 것입니다. 예를 들면 염불하면서 염불을 하고 있는 자신의 목소리나 몸의 느낌에 마음을 기울여 알아차리면 그 순간은 위빠사나 수행이라고 할 수 있습니다.

그런데 사실 이렇게 해보면 마음이 바쁩니다. 마음이 염불도 해야 하고, 염불 소리나 몸의 느낌을 알아차리기도 해야 하므로 마음의 고요함이 깨지고 바빠집니다. 차라리 염불을 하지 않고 그냥 몸의 느낌이나 호흡을 보는 것이 몸과 마음의 성품을 더욱 잘 볼 수 있게 한다는 것을 느끼게 되면 염불을 꼭 해야 할 필요성을 느끼지 못합니다.

그러므로 위빠사나 수행을 돕는 방법으로 염불을 하는 것은 그렇게 효율적인 것은 아닙니다. 지혜를 일으키는 위빠사나 수행을 하려면 그냥 바라는 마음 없이 몸과 마음의 현상을 직접 알아차리기를 추천합니다.

느낌이란 무엇인가

문 ‖ 법문을 하시면서 선생님은 느낌을 알아차리는 수념처 수행과 마음을 알아차리는 심념처 수행을 강조하시는 것 같습니다. 더구나 12연기에서 연기의 사슬을 끊을 수 있는 것이 바로 느낌이라는 것에 대해 깊게 감명을 받았습니다. 느낌이 무엇인지 좀 더 구체적으로 말씀해 주시면 감사하겠습니다. 그리고 이 느낌을 어떻게 해야 하는지에 대해서도 말씀해 주시기 바랍니다.

♣ ♣ ♣

답 ‖ 일상생활에서 생기는 괴로움은 단순한 느낌이 차츰 변화되어 나타나는 현상입니다. 느낌은 인간이 생존해 있다는 것을 알게 하는 것이며, 모든 것은 느낌이라는 과정을 통해 의식됩니다. 느낌은 마음에 의해 일어나는 마음의 작용이며 이것을 아는 것도 마음입니다. 그래서 느낌은 마음의 한 부분입니다. 그렇기 때문에 생존한다는 것은 느낌이 있기 때문이라고 알아야 합니다. 또한 생존의 가치를 향상시키기 위해서 필요한 것도 바로 느낌입니다. 이러한 느낌을 감각이라고 말하기도 합니다.

여섯 가지 감각기관인 육근이 여섯 가지 대상인 육경과 부딪치면 즉시 느낌이 일어납니다. 이것이 맨느낌입니다. 이 맨느낌이 즐겁거나 괴로운 육체적인 느낌으로 발전합니다. 이 육체적인 느낌이 다시 정신적인 느낌으로 발전합니다. 이런 과정을 거쳐서 느낌이 괴로움을 일으킵니다.

처음에는 시작된 맨느낌이 갈애를 일으킵니다. 이 갈애로 인해 집착하는 마음이 생겨서 괴로움이 시작됩니다. 그러므로 느낌이나 갈애 자체는 괴로움이 아닙니다. 집착을 하기 때문에 괴로움이 생기게 됩니다. 이런 원리가 12연기에 나타납니다.

12연기는 삶의 본질적 조건들을 분석한 것입니다. 생명은 무지라는 원인이 있어서 생긴 행의 결과이고, 결과가 다시 원인이 되어 연속되는 것을 말합니다. 이것을 굴러가게 하는 것이 원인과 결과이며 조건들입니다. 마음이 그 역할을 합니다. 이런 연기의 사슬에서 벗어나는 것이 느낌의 구속으로부터 자유로워지는 것입니다. 곧 욕망의 느낌을 일으키지 않는 것이 지고의 행복을 얻는 것입니다. 그래서 삶은 느낌으로 시작해서 느낌으로 끝을 맺는 것입니다. 일체사가 느낌이기 때문입니다.

좋은 일을 할 때도 좋은 일을 하도록 시키는 것이 바로 느낌입니다. 느낌이 갈애를 낳기 때문에 좋은 느낌을 얻기 위해 행위를 하게 됩니다.

아울러 나쁜 일을 자꾸 하는 것도 나쁜 일을 했을 때 생기는 짜릿한 쾌감의 느낌 때문입니다. 그래서 선한 것도 느낌을 통하는 것이고, 선하지 못한 것도 느낌을 통하는 것입니다. 담배나 술, 도박, 사랑, 돈, 명예, 재산, 지위 등등 모두 느낌이 일으키는 갈애 때문에 집착하는 것입니다.

이러한 느낌들은 모두 일정한 단계를 거쳐 변화됩니다. 또 느낌은 매우 짧은 순간에 일어나서 사라지고 다시 일어납니다. 그러므로 느낌의 단계적 변화와 한순간에만 존재하는 것이라는 느낌의 성품을 알면 비로소 느낌이 무엇인지, 어떻게 하면 느낌을 조절할 수 있는지를 알게 됩니다.

일정한 단계를 거쳐 변화된 느낌은 역시 일정한 단계에 의해 소멸될 수도 있습니다. 그래서 느낌은 일어나게 할 수도 있고, 또한 사라지게 할 수도 있습니다. 선한 느낌을 일으키고 선하지 못한 느낌을 사라지게 하는 것이 위빠사나 수행입니다.

누구나 짧은 순간의 선하지 못한 느낌을 얻기 위해 무한한 노력을 합니다. 때로는 피 튀기는 투쟁을 합니다. 이런 투쟁은 남과의 문제뿐만이 아닙니다. 가족 사이에도 일어날 수 있는 투쟁입니다. 이것이 바로 어리석음입니다. 순간의 느낌을 참지 못하여 평생 씻을 수 없는 낙인을 받기도 합니다. 이처럼 느낌은 짧은 한순간의 것이고, 그 과보는 한 생애에 걸쳐 지속될 수 있으며, 다음 생까지 상속될 수도 있습니다.

몸이 아플 때 괴로워하는 것은 첫 번째 느낌의 화살을 맞은 것입니다. 몸이 아픈 뒤에 마음까지 아픈 것은 느낌의 화살을 두 번 맞은 것입니다. 몸이 아파 괴로워하는 것은 화살을 한 번 맞은 것이고, 마음까지 아파하는 것은 화살을 두 번 맞은 것입니다. 첫 번째 화살도 그렇지만 두 번째 화살도 스스로가 만들어서 맞는 것입니다.

두 번째 화살을 맞으면 아플 때 끙끙거리게 됩니다. 마음까지 아파서 그렇습니다. 그렇게 되면 다른 사람의 말을 듣거나 영화나 TV를 보면서 울어버립니다. 흡연, 술 중독, 욕설, 폭력, 물건 파괴, 도박, 도둑질, 자해, 자살 등 습관적인 것들이나 극단적인 선택은 모두 화살을 두 번 이상 맞아서 생긴 감각적 쾌락과 극단적 정신 상태에서 추구하는 현상들입니다. 그래서 슬픔이 비탄으로 변화되고 즐거움이 감각적 쾌락으로 변화됩니다. 이런 모든 것들은 느낌이 변화되어가는 과정에서 생기는 현상입니다.

그런데 두 번째 화살을 맞은 것으로 그치지 않습니다. 사람들은 계속해서 즐거움을 더 원하고, 괴로움을 없애기를 더 원합니다. 이것이 세 번째 갈애의 화살을 맞는 것입니다.

세 번째 갈애의 화살은 맞은 뒤에 갈애가 멈추지 않고 계속됩니다. 그래서 집착을 하게 되고, 집착이 업을 생성하게 되어 태어남을 일으킵니다. 그래서 네 번째 느낌의 화살인 무명의 화살을 맞게 됩니다.

이처럼 처음에 일어난 맨느낌이 차츰 무명으로 발전하는 것이 일상
의 일이 되면 급기야는 목숨을 끊는 극단적인 느낌으로까지 발전합니
다. 사소하게 시작한 맨느낌이 네 번의 화살을 맞은 것으로 그치지
않고 계속 반복됩니다. 인간의 삶이란 이러한 느낌의 연속선상에 있습
니다.

이처럼 누구나 처음에는 평범한 느낌이 생깁니다. 그러나 이것이
슬픈 느낌으로 변화됩니다. 그러다가 이 느낌으로 만족하지 못하고 비탄
의 느낌으로 변화시킵니다. 이렇게 변화되었을 때는 비탄이 상시적으로
남아 있게 됩니다. 이것이 고뇌입니다. 이 말을 한문으로는 우비고뇌憂悲
苦惱라고 합니다.

이러한 느낌의 변화는 자신이 좋아서 하고 있는 것입니다. 이렇게
형성된 느낌들이 나중에는 관성을 갖게 되어 시작하자마자 끝 단계의
느낌까지 수직적으로 상승하게 됩니다. 그래서 항상 끝장을 보아야
직성이 풀립니다. 그것이 손해든 이익이든 말입니다. 이것이 바로 습성
입니다.

요약하자면 평범한 느낌은 대상과 부딪쳐서 생긴 최초의 느낌입니
다. 이것이 변화되면 슬픔으로 바뀌게 됩니다. 슬픔은 약한 불로 데우는
것과 같습니다. 다시 이것이 비탄으로 변화됩니다. 비탄은 강한 불로
태우는 것과 같습니다. 이렇게 비탄에 빠지면 상시적으로 고뇌에 빠지게
됩니다. 그래서 습관적으로 번뇌를 안고 삽니다. 이때의 고뇌는 강한

불에 타고 남은 숯검정과 같습니다. 이것은 없어지지 않는 덩어리로 항상 가슴에 남아 있습니다. 그래서 가슴이 무겁거나 답답하다고 말합니다. 이것이 바로 번뇌가 깊게 자리 잡아서 가슴에 느낌으로 나타난 것입니다.

느낌은 감각기관이 느끼는 것이지 나의 느낌이 아닙니다. 인간이 경험하는 즐거움과 괴로움은 느낌이며, 이것은 단지 감각기관이 느끼는 것이지 나의 느낌이 아니라고 알아야 합니다. 내가 있어서 감각기관을 소유하는 것이 아니라고 알기 위해서 위빠사나 수행을 해야 합니다.

느낌은 원인과 결과로 일어나고 사라집니다. 원인이 있어서 생긴 결과가 다시 원인이 되어서 결과를 일으킵니다. 단지 원인과 결과로 일어나고 사라지는 느낌만 있지 여기에 자아는 없습니다. 이것을 알기 위해서 위빠사나 수행을 해야 합니다.

느낌은 일어난 순간에 사라집니다. 그래서 항상 하지 않습니다. 그러나 무상의 지혜를 모르면 이미 사라진 느낌을 붙들고 항상 하는 것처럼 생각합니다. 느낌은 이미 사라지고 단지 기억하고 있는 것인데 이처럼 현재 실재하는 것으로 아는 것이 전도몽상입니다. 이미 사라진 느낌을 붙들고 있는 것이 어리석음입니다.

위빠사나는 느낌을 알아차리는 수행입니다. 느낌을 느낌으로 알아차리지 못하면 갈애가 일어나는 순간 느낌이 발전하여 연기가 흐릅니다.

이것이 순간의 윤회입니다. 그러나 느낌을 알아차려서 갈애가 일어나지 않으면 원인이 사라져 결과가 없습니다. 이것이 깨달음입니다.

느낌과 갈애 사이에서 윤회의 고통이 결정됩니다. 부처님은 느낌에서 갈애로 넘어가지 않는 자리에서 깨달음을 얻고 괴로움뿐인 윤회를 끝내셨습니다.

우리가 위빠사나 수행을 하는 것도 느낌에서 갈애로 넘어가지 않아 현재도 행복하고, 미래도 행복하고, 더 나아가서는 열반을 성취하여 지고의 행복을 얻기 위해서 하는 것입니다.

제2장

수행

욕망의 물살을 거슬러

문 ‖ 수행 중에 가슴이 아프고 몸이 묵직해지면서 답답해지는 현상이 일어납니다. 이 고통이 언제 끝나나, 언제쯤 호흡이 순일해지고 편안한 자세가 나올까 하는 생각이 치고 오릅니다. 불쑥불쑥 의심과 반감이 일어나고 고통이 심해지면 어느새 관념이 치고 들어와 그 고통에 끌려다닙니다. 마음을 자꾸 새롭게 내지 않으면 이 수행은 장애가 너무도 많은 듯합니다.

♣ ♣ ♣

답 ‖ 수행을 한다는 것은 욕망이라는 거친 물결에 떠밀려가지 않고 그 물살을 거슬러 올라가는 것입니다. 그 물살을 거슬러 가기 위해서는 방법과 노력이 필요합니다. 그러므로 수행은 전혀 새로운 삶의 방법을 구현해 나가는 길입니다. 물결에 휩쓸리면 한없이 떠내려갑니다. 떠내려 가다가 잠시라도 머물면 가라앉습니다. 가라앉으면 죽거나 문제가 생깁니다.

거친 물살은 윤회이며 무명과 갈애의 힘으로 떠내려갑니다. 죽어도 죽는 것이 아닙니다. 떠내려가는 욕망의.힘에 의해 다시 다음세계에 태어납니다. 그래서 죽어도 죽는 것이 아닙니다. 죽는 것으로 끝낼 수만 있다면 죽어도 좋으나 결코 그렇지 않습니다. 이처럼 산다는 것은 고통의 연속이며, 이는 욕망의 힘으로 계승됩니다. 그러나 단 하나의 출구가 있습니다. 머물지도 않고 휩쓸리지도 않는 것이 바로 위빠사나 수행의 알아차림입니다.

좌선을 한다는 것은 현재의 몸과 마음이 나타난 대상에 어떻게 반응하는가 하는 것을 알아차리는 것입니다. 떠밀려가는 욕망의 거센 물살을 거슬러 가려면 처음에 나타나는 것은 모두 장애입니다. 반드시 장애가 나타나서 발목을 잡습니다. 그래서 필연적으로 많은 장애와 부딪쳐서 감내해야 합니다. 이미 거칠게 흐르는 물살이 그냥 거슬러 가라고 쉽게 허용하지 않습니다.

수행을 가로막는 다섯 가지 장애를 오개五蓋라고 합니다. 다섯 가지 덮개라는 말로 장애가 우리를 덮어씌운다는 말입니다. 그래서 탐욕과 성냄과 어리석음에 빠지게 하는 것입니다. 이 장애는 다른 누구의 것이 아니고 자신의 성향이고 모습입니다. 이것들이 자신의 성향이라고 알아야 합니다.

발목을 잡는 다섯 가지 장애는 다음과 같습니다.

첫째, 탐욕입니다. 안, 이, 비, 설, 신, 의가 대상을 만나 감각적 욕망을 추구합니다.

둘째, 성냄, 분노입니다. 악의라고도 하는데 해치려는 생각, 미워하는 것, 화를 내는 것, 자신의 몸과 마음에 나타나는 대상을 없애려는 마음입니다. 가려움, 통증을 견디지 못하고 화를 냅니다.

셋째, 게으름과 나태입니다. 무기력하고 졸려서 무엇이나 귀찮아합니다. 그래서 알아차리려는 의지가 약해져 수행을 포기합니다. 이것은 어리석음과 같습니다. 나른함과 권태로움이 있고 선하품, 기지개, 식곤증, 까부라짐이 생깁니다.

넷째, 들뜸입니다. 불안하고 근심이 생기고 들떠서 안정감이 없습니다. 산란한 마음이 있어서 뒤숭숭하고 회한이 생기며 집중이 되지 않습니다. 흥분, 주저함, 한탄을 하게 됩니다.

다섯째, 의심입니다. 수행방법과 자신에 대한 회의적인 의심이 생깁니다.

이상과 같은 오개는 알아차림을 방해하는 것들입니다. 그러나 이런 마음은 우리가 가지고 있는 본질적 요소에 속합니다. 이것이 남의 마음이 아니고 누구나가 가지고 있는 스스로의 마음입니다. 그러나 이런 장애들로부터 벗어나기 위해서는 이런 현상이 나타나면 그것들을 대상으로 분명하게 알아차려야 합니다.

　이런 현상은 몸과 마음에 실재하는 것이므로 바로 법法이라고 합니다. 법은 좋거나 싫거나를 구별하지 않고 나타나는 대로 모두 알아차려야 할 대상입니다. 그래서 바라는 것 없이 또 없애려고 내치지 말고 계속 알아차려야 합니다. 수행자가 처음에 이 다섯 가지를 극복하지 못하면 수행을 계속할 수가 없습니다. 그래서 반드시 넘어야 할 산입니다. 이 산을 넘으면 깊은 통찰력이 생기고 집중력이 생겨 사물을 꿰뚫어보는 지혜가 납니다.

　위빠사나 수행은 네 가지 대상을 알아차리는 수행입니다. 몸, 느낌, 마음 그리고 마음의 대상인 법입니다. 이때의 법 중에서 제일 처음 알아차려야 할 것이 다섯 가지 장애입니다. 여기서 오개가 법이라는 사실을 유념해야 합니다. 법은 알아차릴 대상이지 없애야 할 대상이 아닙니다. 이것이 법에 대한 바른 견해입니다.

　오개는 불선업입니다. 그리고 칠각지는 선업입니다. 그러나 수행자는 선업이나 불선업이나 모두 알아차려야 합니다. 불선업을 알아차리면 그 순간이 선업이 됩니다. 그래서 오개를 알아차리면 그 순간에 깨달음의 요소인 칠각지가 계발됩니다. 그러나 칠각지를 알아차리지 못하면 그것이 다시 오개가 됩니다. 그래서 수행자는 어떤 것이나 단지 알아차리는 것밖에 다른 할 일이 없습니다.

　장애는 스승입니다. 장애가 있어서 그것을 극복하려는 의지가 생기고, 이것을 극복했을 때 비로소 삶의 의미가 있는 것입니다. 사람이 타고난 대로 산다면 무슨 의미가 있겠습니까? 장애는 도전정신을 갖게 하며, 장애를 극복해야 삶을 반전시킬 수가 있습니다. 그래서 수행자는 스스로 노력해서 삶을 설계합니다.

　인생을 미시적으로 좁게 보지 말고, 거시적으로 원대하게 보아야 합니다. 모든 것은 원인과 결과에 의해 이루어지고 생성되어 나갑니다. 현재는 단 한순간에 불과한 것이라고 알아야 합니다. 현재에 있는 조그마한 괴로움도 참지 못한다면 어떻게 원대한 꿈을 실현할 수 있겠습니까? 한순간이 모여 일생을 이룹니다. 시작은 한순간입니다. 그래서 항상 한순간을 살아야 합니다. 한순간을 견디면 일생을 견디는 셈입니다.

　인간의 삶은 괴로운 것이고 불만족이 전부이지만 이것을 알아차리면 인간의 삶처럼 위대한 것이 없습니다. 그러나 위대함은 고통을 감내하고 이겨냈을 때만이 주어지는 영광입니다. 지옥, 축생, 아귀, 아수라의 생명은 삶을 반전시킬 수가 없습니다. 오직 업대로 살다가 다음 생을 받습니다. 또 천상의 색계, 무색계에서는 오직 행복만 있어서 수행의 필요성을 느끼지 못하고 삽니다. 그래서 천상에서는 인간의 삶에서 반전을 통해 얻을 수 있는 진정한 행복이 무엇인지도 모릅니다.

　수행 중에 바라는 마음은 탐심입니다. 탐심은 악업의 마음입니다. 그러나 탐심 대신 믿음을 가지면 선업의 마음입니다. 욕망으로 무엇을 바라지 말고 믿음으로 대상을 조용히 지켜보는 것이 선업의 마음입니다. 수행 중에 화를 내는 마음은 성내고, 미워하고, 후회하고, 싫어하는 마음입니다. 이 마음은 악업의 마음입니다. 그러나 지혜의 마음은 선업의 마음입니다. 이때 지혜롭게 대상을 있는 그대로 알아차리면 어둠에서 광명의 세계로 나아가는 것입니다.

노력도 하지 않고 좋은 결과를 바라는 것이 탐심이며, 대상의 성품이 무엇인지를 알려고 하지도 않고 싫어하고 없애려 하는 것은 자애로움이 없는 성내는 마음입니다. 이런 것들은 모두 악업의 마음입니다. 악한 마음은 악한 과보를 가져옵니다. 선한 마음은 선한 과보를 가져옵니다. 이것은 마치 수레가 황소를 뒤따르듯이 따르는 것입니다.

수행을 한다는 것은 원인과 결과를 알아 현재 새로운 선업의 원인을 만드는 것입니다. 알아차림은 계를 지키는 것이고, 고요함으로 평안함을 얻어서 끝내 지혜를 얻는 것인데, 이런 모든 것은 다섯 가지 장애를 알아차려서 스스로 극복했을 때만 주어집니다.

마음을 알아차리는 방법

문 ‖ 화가 났을 때나 망상했을 때 '화가 났네' 알고, '망상했네' 알고, '무슨 마음이 화를 냈나?', '무슨 마음이 망상을 했나?'라는 문장을 떠올리면 아무런 마음이 없고, 맥이 빠지는 느낌이 듭니다. 때로는 방금 전에 일어났던 화나 망상을 떠올려 '화를 냈네, 망상했네, 집착했네'라고 말을 하고 있습니다. 제가 제대로 수행을 하고 있는 것인지 점검을 부탁드립니다.

♣ ♣ ♣

답 ‖ 화를 내거나 망상을 했을 때는 화를 낸 것을 알아차리거나 망상을 한 것을 알아차려야 합니다. 물론 이때도 마음이 일을 한 것이라서 마음을 알아차린 것입니다. 그러나 이것은 심념처 수행을 한 것이 아니고 단지 알아차림을 한 것입니다. 이런 경우에 마음을 알아차리는 수행자들은 처음부터 화를 낸 마음을 알아차릴 수도 있습니다.

마음을 알아차린다는 것은 이때 새로 마음을 내서 화를 낸 그 마음을 다시 알아차리는 것을 말합니다. 역시 같은 방법으로 망상을 한 마음을 다시 알아차립니다. 화를 내거나 망상을 한 것은 모두 마음이 한 것이므로 그 마음을 보면 뿌리를 보는 것이 됩니다. 이것이 '일어난 마음 알아차리기' 수행입니다.

이렇게 마음을 알아차렸을 때 아무것도 없거나, 아니면 화를 낸 마음의 뿌리를 발견할 수 있습니다. 여기에는 두 가지 경우가 있습니다.

첫째, 마음은 비물질이라서 아무런 모양이 없습니다. 그래서 아무것도 없는 것처럼 느껴집니다. 그러나 이것은 아무것도 없다는 것을 느낌으로 안 것입니다. 그래서 무엇을 안 것 같지 않지만 이것도 안 것에 속합니다. 그러나 이렇게 마음을 알아차린 것과 알아차리지 못한 것의 차이는 큽니다. 왜냐하면 모든 것은 마음이 일을 하기 때문입니다.

둘째, 화를 낸 마음을 알아차렸을 때 그 뿌리를 볼 수 있습니다. 가령 화를 냈을 때 화를 낸 마음을 알아차리면 자기 욕심 때문에 화를 낸 것을 알 수 있습니다. 아니면, 무지해서 화를 냈거나 화가 화를 불렀다는 것을 알기도 합니다. 이렇게 알게 되는 것은 일종의 지혜에 속합니다. 뿌리가 되는 원인을 알았기 때문입니다. 이런 지혜가 나려면 좀 더 집중력이 있어야 합니다.

마음을 알아차렸는데 아무것도 없어서 맥이 빠질 수 있습니다. 그러면 이때는 맥이 빠진 마음을 알아차려야 합니다. 수행자는 항상 결론을 내리고 끝내지 말고 내린 결론을 새로 알아차려야 합니다. 그래서 항상 현재진행형으로 알아차림이 계속되어야 합니다.

마음을 알아차렸는데 아무것도 없어서 맥이 빠졌다면 이것은 무엇을 바라고 알아차린 경우일 수 있습니다. 이때 맥이 빠진 것도 알아차려야 할 중요한 대상이라는 인식이 필요합니다. 대상은 특정한 것이 아닙니다. 현재에 있는 모든 것이 전부 알아차릴 대상입니다. 그중에 가장 강한 대상이 있으면 더 좋습니다.

망상을 알아차린 뒤에 미래를 계획했네, 집착을 했네, 하고 알아차린 것은 원인을 안 것입니다. 이런 경우는 두 번째에 해당됩니다. 이런 경우에 '계획했네', '집착했네', '그랬네'라고 명칭을 붙이는 것은 처음에는 상관없습니다. 그러나 소리를 내지 말고 마음속으로 하십시오 그리고 차츰 알아차리는 힘이 생기면 명칭을 붙이지 않아도 저절로 됩니다.

이렇게 마음을 알아차린 뒤에 알아차림을 계속하는 것이 중요합니다. 그래서 다음 대상으로 가슴으로 가는 것이 좋습니다. 가슴에는 마음으로 인해 생긴 여러 가지의 느낌이 항상 풍부하게 있습니다. 때로는 가슴에 아무것도 없는 것처럼 느껴지더라고 계속해서 주시하는 것이 좋습니다. 가슴에는 호흡과 맥박과 마음에 의해 일어난 각종 느낌이 지속적으로 일어납니다. 이렇게 계속해서 알아차리는 것이 위빠사나 수행입니다.

망상과 알아차림의 차이

문 ‖ "생각으로만 알아차려야지 하고 실제 알아차리는 행위가 없다면 이는 망상이지 수행이 아닙니다"라는 글을 보고 한방 얻어맞은 것 같은 느낌이었습니다. 그동안 저는 수행을 해온 것이 아니라 망상만 하고 있었던 것 같습니다.

저는 아직도 알아차림이 무엇인지 잘 모르겠습니다. 예를 들어, 화가 날 때 '화가 났구나. 상대의 입장이라면 충분히 그럴 수도 있는 건데, 괜히 화를 냈구나!'라고 생각하면, 초보적인 알아차림이라고 하셨는데, 저는 '아, 내가 지금 화를 내고 있구나. 이러이러해서 화를 내고 있구나'라고 생각하지만, 상대에 대한 이해와 같은 정화 과정이 생기지 않습니다.

화가 나는 걸 알아차려도 화가 나는 것을 지켜보게 될 뿐 화가 멈추질 않는데, 이것도 올바른 알아차림인가요? 어떤 것이 떠오르든 그것을 알아차리는 그 과정과 그 자체에 의미가 있는 것인가요? 특히 저는 자꾸만 언어로 생각하게 되는데요, 진짜 알아차림은 언어가 아닌 그저 지켜보는 자체를 말하는 것인가요?

답∥ 위빠사나 수행의 발전 과정은 알아차림에 대한 바른 이해를 완성시켜가는 과정이라고도 할 수 있습니다. 누구나 알아차림에 대한 설명을 듣고 바로 바른 알아차림을 실천할 수 없습니다. 알아차림은 이론이 아니고 실제로 실천하는 마음의 행위이기 때문입니다.

아주 맛있는 요리를 만드는 레시피가 있을 때, 한번도 요리를 해보지 않은 사람이 그 내용대로 요리를 만들 때 바로 제 맛을 낼 수 없는 것과 같습니다. 그래도 여러 번 실수를 하면서 요리를 만들어 볼 때 언젠가 레시피에서 의미하는 맛을 낸 요리를 만들 수 있을 것입니다.

그러므로 너무 어렵다 하고 한숨쉬지 말고 지금 어려워하고 있네 하고 알아차리고, 다시 그 마음을 한번 알아차려 보십시오 빨리 수행을 성취하고 싶은 욕망이 있는 것이 보이면 다시 그 마음을 알아차려 보십시오. '또 수행에 대한 욕심을 내는구나!' 하고 말입니다. 그러나 마음이 안 보여도 됩니다. 마음을 보려고 한 것으로 욕망의 마음은 가라앉게 됩니다. 이때 즉시 마음을 몸에 붙여 몸에서 일어나는 가장 강한 대상을 알아차리면 됩니다.

알아차림에서 가장 중요한 것은 어떤 것도 바라지 않는다는 것입니다. 알아차려서 정화까지 해야 하는 것이 알아차림은 아닙니다. 그냥 현재를 알아차린 것으로 그 순간에 할 일은 다한 것입니다. 그리고

바로 다음 순간에 일어나는 대상을 다시 알아차려 알아차림을 이어가야
합니다.

처음부터 알아차림 한번에 번뇌를 다 해결할 수는 없습니다. 단지
현재 나타나는 대상만 알아차리다 보면 알아차리는 힘이 쌓입니다. 알아
차림의 힘이 쌓이면 현재 화를 내는 자신을 알아차릴 수 있고, 다시
상대를 이해하는 마음이 올라오는 것을 알아차릴 수 있고, 그래서 자신을
정화하는 생각이 올라오는 것을 알아차릴 수 있고, 그 결과로 상대에
대한 어떤 집착도 없이 편안해진 자신을 다시 알아차릴 수 있게 됩니다.

이 과정은 수행자가 하려고 해서 되는 과정이 아닙니다. 알아차림의
힘이 좋아진 것이 원인이 되어 나타나는 자연스런 결과입니다. 그래서
어느 단계까지 알아차림이 되었든 그것이 자기의 알아차리는 힘입니다.

그러므로 지금 도우님의 질문 "아니면 어떠한 것이 떠오르든 그것을
바라보고 알아차리는 그 과정과 그 자체에 의미가 있는 것인가요?",
"진짜 알아차림은 언어가 아닌 그저 지켜보는 자체를 말하는 것일까요?"
에서 답은 '그렇습니다'입니다.

무엇이 떠오르든 시비하지 말고 알아차리는 것만 해야 할 일입니다.
그 무엇이 탐심이나 진심이나 어리석은 행위일지라도 당장 고치려 하지
말고 그러고 있음을 알아차리면 됩니다. 그것을 고치는 것은 알아차리는
힘이 알아서 해줄 것입니다. 만일 알아서 해주지 않는다면 아직 그것을

해결할 만큼 알아차리는 힘이 쌓이지 않아 바라는 결과를 가져오지 못하는 것뿐입니다. 그러므로 수행자는 좋은 원인을 만드는 일만 하면 됩니다. 좋은 결과를 기대하는 것은 바로 지금 알아차려야 할 대상인 탐심입니다.

이런 글들을 세속의 관점으로 읽으면 맥 빠지고 이해가 어렵습니다. 세간에서는 알면 바로 행위를 해서 좋은 결과를 낼 때 안 것에 대한 가치가 있다고 생각하기 때문입니다. 출세간에서는 결과는 나타날 때 되면 나타날 것이니까 마음을 결과(미래)에 두지 않고 현재에 최선을 다하는 것이 출세간을 향하는 수행자의 입장입니다.

수행자는 세간의 관점을 벗어나 자꾸 출세간의 관점을 익혀가는 사람들입니다. 지금처럼 현재 자신의 몸과 마음에서 일어나는 물질적 현상들과 정신적 현상들을 있는 그대로 알아차리면 됩니다. 그냥 지켜보는 것만이 알아차림 수행입니다.

운전할 때 알아차리는 방법

문 ‖ 운전시간이 많은 편이라 운전하면서 수행을 해보려고 애를 많이 씁니다. 운전 중 할 수 있는 좋은 수행방법이 있을까요?

♣ ♣ ♣

답 ‖ 운전할 때 알아차리면서 운전을 하는 것이 매우 중요합니다. 운전하는 것을 알아차려야 안전하게 운전을 할 수가 있습니다. 누구나 운전을 하면 마음가짐이 노출됩니다. 평소에 얌전한 사람이 운전만 하면 난폭해지는 것은 억압된 마음이 있기 때문입니다.

운전을 할 때는 자신의 내면이 고스란히 노출됩니다. 우리의 마음은 선한 마음과 선하지 못한 마음이 함께 있는데, 이런 마음들은 조건이 성숙되면 즉시 나타납니다. 그래서 운전을 할 때 불선업의 조건이 성숙되었는지 스스로의 마음을 살펴야 합니다.

운전을 하는 것과 수행을 하는 것이 같습니다. 수행도 운전을 하는 것과 같이 여러 가지 장애와 상황이 생기기 마련이므로 그때마다 알맞게 대처해 나가야 합니다. 여기에서 모든 것을 이끄는 것은 알아차림이 있는 마음입니다.

운전을 할 때는 먼저 계율을 지켜야 합니다. 교통법규를 지키는 것이 바로 계율을 지키는 것입니다. 교통법규는 자신의 보호를 위해서도 필요하지만 동시에 상대도 함께 보호합니다. 특히 다른 사람을 태우고 교통위반을 하면 다른 사람의 생명을 경시하는 것으로 매우 큰 결례라는 것을 알아야 합니다. 이것은 차를 태워 준 공덕을 오히려 화가 되어 돌아오게 하는 것입니다.

수행도 마찬가지입니다. 알아차리면 화를 내지 않고 불필요한 탐욕이 생기지 않습니다. 운전을 할 때 알아차리면 알맞은 속도를 내며 다른 운전자와 경쟁을 하지 않고 양보를 하게 됩니다. 이것이 모두 수행입니다.

끼어드는 사람이 있을 때 양보를 해서 끼어들게 하는 것이 관용입니다. 이것은 돈도 들지 않는 선행입니다. 그러나 사람들이 자존심을 내세워 한사코 끼어들지 못하게 합니다. 양보를 하지 않으면 자연히 경쟁하는 마음이 되고 급기야는 악의를 품게 됩니다. 이것이 모두 '나'라고 하는 유신견이 작용하기 때문입니다. 알량한 자존심이 사고를 일으키고 주먹질까지 하게 합니다.

신호를 지키거나 과속을 하지 않는 것은 탐욕과 성냄과 어리석음을 일으키지 않는 것입니다. 이것은 모두 생명과 직결된 것입니다. 그런데도 우리는 탐욕, 성냄, 어리석음 때문에 교통법규를 무시합니다. 아무리 급해도 시간상으로는 얼마 차이가 아닌데 급하게 운전을 하는 것은 어리석은 마음 때문입니다. 운전하는 마음과 수행하는 마음이 같다는 것은 바로 이것을 두고 하는 말입니다.

운전을 하기 전에 운전석에 앉아 잠시 마음가짐을 알아차리십시오 화를 내고 있는 상태인지, 흥분한 상태인지 혹은 어떤 생각에 빠져 있지는 않은지 살펴보십시오 그러고 난 뒤에 편안한 마음으로 천천히 시동을 걸고 출발하십시오. 시선은 전방에 두고 마음을 하나로 모으십시오. 눈과 손과 발이 모두 하나의 마음으로 모여서 자연스럽게 일치되려면 먼저 마음이 편안해야 합니다.

운전은 나의 이익과 상대의 이익이 함께 고려되어야 하겠지만 먼저 상대를 헤아리는 관용이 필요합니다. 양보하는 것이 자신에게 가장 큰 이익을 준다는 것을 알아야 합니다. 모두 저마다의 이익을 위해서 운전을 한다면 그 순간 지옥이 아니고 무엇이겠습니까? 그래서 남이 지옥을 연출해도 자신은 평화를 펴 보여야 합니다.

운전 중에 망상이 들어오거나 졸리면 망상이 들어온 것을 알아차려야 합니다. 계속해서 망상을 하면 위험에 대처하지 못하게 됩니다. 그래서 사고를 내거나 사고를 당하게 됩니다. 운전은 혼자서 하는 것이 아니고 상대가 있습니다. 그래서 알아차리면서 해야 방어운전을 할 수 있습니다. 내가 사고를 내지 않더라고 상대의 사고에 신속하게 대처하기 위해서는 상대의 차까지도 살피면서 해야 합니다. 이것이 모두 알아차리면서 하는 운전입니다.

만약 졸릴 때는 안전한 곳에 잠시 차를 세워두고 바깥바람을 쏘이십시오 운전 습관은 평소의 마음이며 수행 습관과도 같으니 운전을 수행으로 알고 깨어 있는 마음으로 안전운행을 하기 바랍니다.

망상이 좌선을 방해할 때

문‖ 좌선 중에 망상이 많습니다. 알아차려도 망상이 계속됩니다. 다른 곳에서 배운 수행방법과 약간 다른 점이 있어서 혼란을 느끼는 것이 아닌가 하는 생각도 듭니다.

♣ ♣ ♣

답‖ 망상을 할 때 망상하는 것을 똑바로 알아차리면 즉시 사라집니다. 망상하는 마음이 있을 때 그것을 알아차리는 마음이 일어나면 자연히 먼저 있는 마음은 순간적으로 사라집니다. 나중에 생긴 알아차리는 마음이 있으면 있던 마음은 없어지게 됩니다. 그래서 있는 마음은 나중에 생긴 마음에게 항상 자리를 양보할 수밖에 없습니다. 마음이란 한순간에 하나밖에 없는 원리가 있기 때문입니다. 그래서 보면 사라진다고 하는 것입니다.

그러나 알아차림에도 순도가 있습니다. 순도 10%짜리 알아차림에서 50%, 100% 등등 매 순간 알아차림의 강도가 다릅니다. 그래서 낮은 순도의 알아차림은 알아도 안 것 같지 않습니다. 또한 알아차림에는 집중력이 함께해야 제대로 아는 것입니다. 그래서 집중도를 높여서 아십시오. 아는 척, 마는 척하면서 알아차릴 때는 바르게 알아차리는 것이 아닙니다.

또 알아차렸다고 해서 망상이 아주 사라진 것은 아닙니다. 잠시 대기하고 있다가 알아차림이 약해졌거나 알아차림을 놓치면 즉시 다시 나타납니다. 그래서 알아차리는 것을 지속시켜야 합니다. 위빠사나 vipassanā의 빠사나passanā는 주시한다는 뜻과 함께 계속해서 알아차린다는 뜻도 있습니다. 그래서 위빠사나 수행을 한다는 것은 지속적으로 알아차림을 한다는 말입니다.

이렇게 알아차리기 위해서는 알아차림에 힘이 들어가서는 안 됩니다. 순도를 높이라는 말은 강하게 알아차리라는 말이 아닙니다. 알아차림의 순도는 대상에 밀착하는 정도를 말하는 것이며, 지속해서 알아차리는 집중과 노력이 포함된 것을 말합니다. 대상이 일어날 때 일어나는 것과 함께 알아차려야 합니다. 바로 동시적인 알아차림이 필요합니다. 잠시만 틈이 있어도 즉시 불선심의 번뇌인 탐욕, 성냄, 어리석음이 들어옵니다.

호흡을 대상으로 알아차릴 때를 예로 들어보겠습니다. 처음에 호흡을 알아차릴 때는 강하게 알아차리려고 하면 호흡이 숨어버립니다.

보려는 마음이 생기면 즉시 몸이 긴장하여 호흡이 작아집니다. 그래서 아는 집중도는 있되 힘을 들이지 않고 대상에 붙어야 합니다. 이때는 잠자리가 풀잎 위에 앉듯 살짝 내려앉는다는 느낌으로 호흡에 접근하는 것이 좋습니다. 알아차림은 상황에 따라서 이렇게 효과적인 대응이 필요합니다.

망상이 일어나면 다음과 같은 과정을 거쳐서 알아차림을 지속하십시오 알아차림을 지속하기 위해서 일정한 프로그램을 이용하면 효과가 있을 것입니다.

1. 망상할 때는 먼저 망상하는 것을 알아차리고(알아차림),
2. 다음으로 망상하는 마음을 알아차리고(마음 보기),
3. 다시 망상하는 마음이 사라진 것을 알아차리고(소멸한 법을 보기),
4. 다음 단계로 가슴으로 가서 망상하는 마음이 일으킨 느낌을 알아차려야 합니다. 가슴에서는 콩닥거리는 느낌이 없으면 거친 호흡이 있을 것이며, 때로는 빠르게 뛰는 맥박도 있을 것입니다. 이 중에 강한 것을 잡아서 알아차리면 됩니다(느낌 보기).
5. 또한 가슴이 아니고 머리에서 쑤시는 반응이 나타나면 머리에서 느낌을 알아차릴 수도 있습니다(느낌 보기).
6. 가슴이나 머리의 느낌이 사라지면 다음 단계로 가슴이나 배의 호흡을 주시해도 좋습니다(호흡 보기).

3에서 망상하는 마음이 사라진 것을 알아차리는 것은 다음과 같습니다. 망상하는 마음은 알아차리면 사라집니다. 그러나 사라지는 과정이 보이지는 않습니다. 이때 망상하는 마음이 사라진 것을 알아차린다는 것은 그 마음이 있는가, 없는가를 다시 한 번 확인했을 때 아무것도 없다는 것을 안 것이 바로 사라짐을 아는 것입니다. 망상하는 마음을 알아차린 상태로 그치지 않고 사라진 것을 확인하는 것은 망상으로부터 분명한 선을 긋는 효과가 있습니다. 또 사라진 것을 알아차린다는 것은 소멸을 보는 것으로 무상의 지혜가 나는 계기가 되기도 합니다.

가슴에서 일어나는 콩닥거리는 느낌은 망상의 정도에 따라 강도가 다릅니다. 번뇌가 강한 망상은 가슴의 느낌도 격렬하게 나타나고 미미한 망상은 느낌도 약하게 나타납니다. 느낌이 약할 때는 느낌이 없다고 하지 말고, 약한 덤덤한 느낌을 대상으로 알아차리면 좋습니다. 또한 망상이 일어난 즉시 알아차리면 가슴의 느낌도 아직 커지기 전이라서 약하게 나타납니다. 그래서 빨리 알아차리는 것이 필요합니다.

그러나 약한 망상일 때는 망상하는 마음을 보고 가슴의 느낌이 약하면 바로 호흡으로 가셔도 좋습니다. 망상이 사라지면 바로 호흡을 보지 말라는 것이 아닙니다. 그렇게 아셔도 되지만 집중이 안 될 때는 이런 방법을 응용하는 것도 좋다는 말입니다. 배우는 과정에서는 여러 가지 좋은 방법을 자꾸 사용해 보는 것도 유익할 것입니다.

자신이 하던 수행방법을 바꾸기는 어렵습니다. 그러나 새로운 방법도 경험할 필요가 있습니다. 알고 있던 것만을 고집하는 것이 집착이란

것도 알아야 합니다. 잠시 자신이 하던 방법을 접어두고 새로운 방법도
경험해야 더 발전할 여지가 생기게 됩니다.

이제 도과를 성취할 때까지 부단히 노력해야 합니다.
오직 인내만이 좋은 결과를 가져다줄 것입니다.

지금 이루지 못하면 언제 다시 정법을 만날지 알 수가 없습니다.
몰라서 못한 것은 어쩔 수 없지만 알고도 못했다면 범부입니다.

무아에 대하여

문 ‖ 감각기관을 지닌 내가 있어 느낌이 생기고, 망상을 떠올리는 내가 이렇게 존재하고 있는데도, 내가 없다고 하는 것이 잘 이해가 되지 않습니다. 무아에 대해서 자세한 설명을 부탁드립니다.

♣ ♣ ♣

답 ‖ 마음은 있습니다. 그러나 항상恒常 하는 마음은 없습니다. 항상하는 마음은 변하지 않는 마음을 말하는 것으로 영혼의 개념과 같습니다. 그런 것이 없다는 것입니다.

부처님께서 깨달음을 얻고 보니 마음이 매 순간 생멸한다는 것을 알았습니다. 그래서 마음은 있지만 계속 일어났다가 사라지는 현상이 거듭될 뿐입니다. 먼저 일어난 마음은 나중에 일어난 마음과 다릅니다. 그래서 이것을 무아라고 말합니다.

사람이 숨을 쉬기 때문에 살고 있습니다. 죽을 때는 숨이 끊어집니다. 그러나 만약 내 마음이 있고 이것을 내 마음대로 할 수 있다면 '숨을 좀 더 쉬어라'라고 말해서 죽지 않을 수도 있습니다. 그런데 그렇지 못합니다. 내 마음이 아니고 조건에 의해 생멸하는 마음이기 때문입니다.

그래서 무아라고 말하기도 하고, 자아自我가 아니라는 뜻으로 비아非我라고도 합니다. 나라고 하는 것은 이런 마음과 몸을 부르기 위한 명칭일 뿐이지 실재하는 것은 아닙니다. 그래서 관념입니다. 조금 전의 마음과, 현재의 마음과, 조금 후의 마음 중에 어느 마음이 내 마음입니까? 현재라고 하는 순간 현재는 과거가 됩니다.

무아는 부처님이 발견하신 가장 위대한 진리입니다. 왜냐하면 무아를 알아야 집착이 끊어져서 열반을 실현할 수 있기 때문입니다. 이렇게 심오한 진리를 생각으로 이해할 수는 없습니다. 그래서 수행을 해야 합니다. 지식으로는 접근이 어렵습니다. 위빠사나 도의 지혜가 열려야 비로소 무아를 바로 볼 수 있습니다. 위빠사나 수행을 하다 보면 어느 때 홀연히 무아를 체험하게 됩니다. 그러므로 무아를 백 번 천 번 외워 봐도 무아를 알 수가 없습니다. 이때 말하는 무아는 관념이기 때문입니다.

눈이 나입니까? 코가 나입니까? 눈이 빛이 있어서 나무를 보고 나무라고 압니다. 우리가 나무라고 아는 것은 이런 과정에 의해서 알아지는 것이지 내가 있어서 아는 것이 아닙니다. 예를 들어 자동차라는 것도 여러 가지 부속이 모여 있는 것을 자동차라고 합니다. 그래서 자동차는 명칭이고 관념입니다. 핸들이나 타이어, 엔진이 자동차는 아닙니다. 이런 조합물이 모여서 자동차라는 개념이 생긴 것입니다. 그래서 자동차나 나나 모두 같은 범주의 개념입니다. 개념은 말하기 위해서 만든 것이지 실재하는 것은 아닙니다. 이것을 가지고 불교는 존재론이 아니고 인식론이라고 말합니다.

좌선을 할 때 호흡이라는 대상과 아는 마음만 있습니다. 이때 과연 내 마음이 내 호흡을 본다고 생각하면서 볼까요? 그냥 대상이 있어서 마음이 볼 뿐입니다. 이때 제대로 수행을 하면 내가 본다는 것이 없어집니다. 그래서 무아를 알 수 있습니다.

마음이란 무엇인가

문 ‖ 저는 불교도가 아닙니다. 그래도 귀 명상원에서 하는 마음에 대한 특강에 참여하려고 합니다. 그런데 마음에 대하여 아는 것이 너무 없어서 용기가 나지 않습니다. 저와 같은 초보자도 참여해도 되는지 궁금합니다.

마음이 무엇인지 몰라도 마음을 알아차리는 수행을 배울 수 있을지 모르겠습니다. 혹시 마음에 대하여 조금이라도 도움이 될 만한 것이 있으면 말씀해 주시기 바랍니다.

♣ ♣ ♣

답 ‖ 그간 한국 명상원에서는 공부해 오면서 마음이 무엇인가, 마음의 중요성, 그리고 마음에 자리 잡고 있는 잘못된 견해를 어떻게 제거하는가에 대한 공부를 했습니다. 마음이 무엇인지를 한번에 모두 말씀드릴 수는 없고 간략하게 설명하겠습니다. 그리고 마음을 알아차리는 방법은 명상원에 오셔서 직접 배우시기 바랍니다.

　(1) 인간은 정신精神과 물질物質로 구성되었습니다. 정신은 마음이고 물질은 몸입니다. 경전에서는 마음과 몸을 정신과 물질로 부릅니다. 이 마음이 무엇이냐고 물으면 마음은 비물질非物質이라고 말합니다. 물질과 함께 있을 뿐이지 물질이 아니라는 말입니다. 마음은 보이지 않는 것이라서 추론적인 대상입니다. 그래서 비물질이라고 합니다.

　그러므로 마음을 알아차릴 때 눈으로 물질을 보듯이 형상으로 보려고 해서는 안 됩니다. 마음은 대상을 인식하는 기능을 합니다. 그러나 물질은 대상을 인식할 수 없습니다. 마음은 대상과 부딪치면 그 대상을 알고 경험합니다. 이처럼 마음은 느낌을 통하여 대상을 아는 역할을 합니다.

　(2) 모든 것은 마음이 이끕니다. 마치 황소가 수레를 이끌듯이 앞서서 모든 것을 이끕니다. 한 생명이 태어나서 한평생을 살다가 죽을 때 일어나는 마지막 마음을 사몰심死沒心이라고 합니다. 이 마음이 마지막으로 일어났다가 사라진 뒤에 마음에 있는 종자인 과보가 공기를 타고 강력한 빛을 발하면서 다음 생의 첫 마음인 재생연결식再生連結識을 만듭니다. 죽을 때의 마음이 사람으로 태어나는 것을 좋아하면 그 마음의 종자에 의해 사람을 좋아하는 재생연결식이 일어납니다. 그리고 사람의 몸과 마음이 생깁니다. 이렇게 사몰심의 종자가 재생연결식으로 전해져서 한 생명의 종류가 결정됩니다.

　다시 말하면 개를 좋아하는 마음으로 죽으면 개를 좋아하는 재생연결식이 생기고 개의 몸과 마음이 생깁니다. 이때 새로 일어난 마음은 죽을 때의 마음과 같은 마음이 아닙니다. 그래서 환생이 아니고 다른 마음인 재생입니다. 다만 전생의 마음의 과보가 전해졌을 뿐입니다.

(3) 재생연결식에 의해 몸과 마음이 생길 때 누구나 네 가지의 마음을 가지고 태어납니다. 선심善心, 불선심不善心, 과보심(善果報心, 不善果報心), 무인작용심無因作用心입니다. 선심과 불선심과 과보심은 원인과 결과가 있는 마음입니다. 무인작용심은 원인과 결과가 없는 마음으로 깨달은 자의 마음입니다. 이 마음이 바로 부처님의 마음이라서 불성佛性이라고 합니다.

인간이 수행을 한다는 것은 원인과 결과가 있는 윤회하는 세계의 마음에서 윤회가 끊어진 무인작용심을 갖기 위해서입니다. 누구나 이런 마음을 갖고 태어나지만 아직 계발되지 않아서 잠자고 있습니다. 위빠사나 수행은 이 마음을 계발하는 것입니다.

(4) 마음은 빠르게 일어나고 일어난 그 순간에 사라집니다. 이처럼 마음은 찰나생刹那生 찰나멸刹那滅 합니다. 마음은 매 순간 일어나서 사라지지만 마음에 종자種子가 있어서 다음 마음에 전해지고 사라집니다. 이런 현상이 지속되는 것을 윤회라고 합니다. 이렇게 찰나생 찰나멸하는 마음만 있으므로 항상 하는 마음이 없다는 의미에서 무아無我라고 합니다.

또 마음은 있지만 이것이 조건에 의해서 계속해서 일어나고 사라질 뿐이지 내 마음대로 되지 않아서 내 마음이 아니라는 뜻으로 무아라고 합니다. 그러므로 조금 전의 마음과 현재의 마음은 같은 마음이 아닙니다. 마음이 한순간에 머무는 속도는 빛이 머무는 속도의 백만 분의 일보다 빠르게 일어났다가 사라집니다.

(5) 마음은 대상을 아는 기능을 합니다. 그래서 마음은 대상이 없으면 일어나지 않습니다. 육근六根인 안, 이, 비, 설, 신, 의가 육경六境인 색, 성, 향, 미, 촉, 법에 부딪쳤을 때 마음이 아는 기능을 해서 육식六識이 일어납니다. 이러한 마음은 한순간에 하나의 대상밖에 모릅니다. 그래서 한순간에는 하나의 마음만 있습니다.

한순간에 여러 개의 마음이 있어서 이것저것을 아는 것 같지만 사실은 빠르게 왔다 갔다 하면서 아는 것입니다. 그래서 나중에 일어난 마음이 먼저 일어난 마음을 알아차리면 아무 마음도 없습니다. 왜냐하면 새로 알아차리는 마음이 일어났기 때문입니다. 그래서 마음을 찾으려고 하면 없습니다. 현재 찾으려고 하는 마음이 있기 때문입니다.

(6) 마음은 대상을 아는 것으로는 하나이지만 일어나는 곳과 마음의 경지에 따라 네 가지로 분류합니다. 이렇게 분류된 마음의 종류는 크게 121가지의 마음이 있습니다.

네 가지 분류는 욕계欲界의 마음, 색계色界의 마음, 무색계無色界의 마음, 출세간계出世間界의 마음입니다. 인간의 마음도 마음의 상태에 따라서 여러 가지의 마음으로 분류합니다. 이렇게 마음의 종류가 많지만 한순간에 하나의 마음만 있습니다.

(7) 마음은 쓰임새에 따라 같은 마음을 다양하게 부릅니다. 마음을 말할 때 심心이 있습니다. 이때는 마음과 마음의 작용[心所]을 구별할 때 사용합니다. 다음으로 의意가 있습니다. 의는 감각기관을 말할 때 사용합니다. 그리고 식識이 있습니다. 식은 아는 마음입니다.

이상 세 가지가 모두 같은 마음이지만 사용하는 기능에 따라서 다르게 부릅니다.

(8) 마음은 언제나 마음의 작용과 함께 있습니다. 마음의 작용이 없다면 마음이라고 할 수가 없습니다. 오온五蘊인 색色, 수受, 상想, 행行, 식識에서 '식'은 아는 마음이고 '수, 상, 행'은 마음의 작용입니다.

마음은 마음의 작용과 항상 함께 일어나고 함께 사라집니다. 마음의 작용은 52가지가 있습니다. 느낌, 기억, 각종 행위들이 모두 마음의 작용입니다. 수행을 할 때 알아차림은 마음의 작용인 행에 속합니다. 마음이 있어서 알아차림이란 행이 함께 있습니다.

(9) 마음에 의해 자신이 인도되고, 마음이 자신을 이끌고, 마음이 자신을 지배합니다. 자신의 행복과 불행을 이끄는 것이 모두 자신의 마음입니다. 이러한 마음을 알아차리는 수행을 하는 것은 모든 행위에 대한 뿌리를 알아차리는 것으로 보다 근원적인 수행방법이라고 말할 수 있습니다.

몸과 마음을 객관적으로 지켜보기

문 ‖ 와선을 할 때 처음에는 전제적으로 느껴지다가 차츰 분명한 대상을 찾게 되어 망상, 느낌 등을 보게 됩니다. 전체적으로 볼 때는 편안한데 깊이가 없는 것 같고, 하나만 잡고 보면 깊이는 있지만, 자연스럽지 않고, 자꾸만 힘이 들어가게 됩니다.

떠오르는 망상을 보다 보면, 망상이 생각이 되어버리는 경우가 허다하고, 수행을 하면서도 끊임없이 제 스스로 수행이 잘 되고 있는지 평가, 판단, 의심을 하게 됩니다. 평소에도 의문이 많아 머리를 많이 쓰는 편인데, 수행 중에도 이러한 성향이 그대로 드러나는 것 같습니다.

♣ ♣ ♣

답 ‖ 전체적으로 보는 것과 분명한 대상 하나만을 의도적으로 붙잡고 보는 것에서 "전체적으로 볼 때는 편안한데 깊이가 없는 것 같고"라고 하였는데 깊이가 있기를 바라지 마십시오 이미 알고 있는 수행에 대한 선입견으로 자신의 수행을 만들어 가려는 것은 바른 방법이 아닙니다.

그냥 느껴지는 대로 아는 것만 필요합니다.

현재의 알아차리는 대상이 전체적으로 보일 때는 전체적으로 알아차림을 하고, 이 알아차림이 희미해지면 다시 분명한 대상에 마음을 기울여 알아차림을 해야 합니다. 그래서 알아차림이 이어지면 집중력이 생기면서 다시 전체적으로 보입니다. 그때는 다시 전체적으로 알아차리면 됩니다. 알아차림이 유지되었다면 현재 자신의 상태에 따라 가장 적절한 알아차림을 하게 됩니다.

마음은 매 순간 새로 일어나며 새로운 대상을 맞이합니다. 수행자는 현재 마음이 맞이하는 대상을 있는 그대로 알아차리는 일만 해야 합니다. 알아차림보다 대상을 판단하는 일에 마음을 두는 것은 알아차림을 놓친 것입니다. 그냥 편안한 마음으로 긴장을 풀고 자연스럽게 알아차림을 이어가는 것에만 마음을 쓰기 바랍니다.

망상을 알아차린 것이나 와선 중에 알아차린 것을 말했지만, 사실 대상을 한번 알아차리고 알아차린 것에 대한 생각(망상)들을 하느라고 그다음 일어나는 실재하는 대상을 놓친 것입니다. 이때 생각하고 있다는 것을 알아차리고 반드시 현재 몸에서 일어나는 실재하는 대상을 다시 알아차려야 하는데 그것이 되지 않고 있는 것입니다.

이런 현상은 우리가 그동안 살아오면서 아주 능숙하게 해왔던 습관으로 수행 중에도 자동적으로 일어납니다. 그 바탕에는 일상에서 '나'라

는 유신견을 바탕으로, 대상을 나의 입장에서 비춰 보고 시비하며, 탐욕
과 성냄을 일으키고 생각에 빠져 살아온 마음의 힘입니다.

그래서 수행 중에 만나는 대상에 대해서도 있는 그대로 지켜보는
것보다 자기의 주관과 느낌의 안경을 쓰고 대상을 판단하고 분별하는
일에 더 빠르고 능숙합니다. 즉 평소에 연습한 마음의 작용이 수행을
할 때도 먼저 작용하여 일어나는 것입니다. 수행자는 이때도 지금 자신이
대상에 빠져 시비, 분별, 판단하고 있음을 알아차려야 합니다.

수행자는 몸과 마음이 하고 있는 일을 '마치 영화의 한 장면 한
장면을 아무런 선입관 없이 바라보는 관객처럼' 관객의 입장으로 현재를
그냥 받아들여 알고 있어야 합니다. 영화를 관람한 관객은 영화를 다
보고 나면 그 영화에서 말하고자 하는 주제를 저절로 알게 됩니다. 수행
자도 자신의 몸과 마음을 영화 보듯이 객관적으로 지켜보면 몸과 마음이
무엇을 말하고자 하는지 그 뜻을 알게 됩니다. 수행자는 그 뜻을 알게
될 때까지 시비, 분별함이 없이 자신의 몸과 마음에서 눈을 떼지 말고
지켜보기만 하면 됩니다.

그러나 이것이 쉽게 되는 것은 아닙니다. 그래서 수행이 간단하지
않으며, 쉼 없는 노력을 요구합니다. 수행에 대한 믿음을 바탕으로 알아
차림을 하려는 노력만이 자신을 고정관념(망상)으로부터 벗어나게 해줄
것입니다.

망상을 할 때 망상하는 것을 알아차리면 망상은 즉시 사라집니다. 그러나 알아차리지 못했기 때문에 망상이 줄거리를 만들어서 진행됩니다. 그래서 먼저 망상하는 것을 정확히 겨냥해서 알아차려야 합니다.

수행을 할 때 이따금 수행을 점검하는 것은 좋습니다. 그러나 판단하거나 분석하지 말고 단지 하고 있는 현상을 다시 한 번 지켜보는 수준으로 끝내야 합니다. 수행에 대한 판단은 스승이 합니다. 자신이 판단해서는 안 됩니다. 그래서 면담을 받아야 합니다.

자기 스스로 판단하는 가장 적절한 방법은 '지금 마음이 무슨 일을 하고 있는가' 하고 알아차리는 것입니다. 그리고 이따금 '지금 노력은 하고 있는지, 알아차림은 충분했는지, 집중은 되었는지'를 살피는 것이 좋습니다.

일상에서 집중을 유지하는 방법

문 ‖ 걷기, 앉기, 식사하기 등의 일상생활 속에서 '금강경 사구게'로 집중하는 연습을 하고 있습니다. 물론 제대로 되지는 않고, 자꾸 놓치기 일쑤입니다. 일상생활 속에서 집중을 유지하는 방법에 대한 조언을 부탁드립니다.

♣ ♣ ♣

답 ‖ 불교 수행을 크게 두 가지로 구분합니다. 집중을 통하여 고요함이나 평온함을 개발하는 '사마타 수행'과 일어나는 현상을 있는 그대로 알아차려서 지혜를 얻는 '위빠사나 수행', 이렇게 둘로 나눌 수 있습니다. 사마타 수행을 통하여 수행자는 (일시적으로) 번뇌를 억누르고, 또 위빠사나 수행을 통하여 (지혜와 함께) 번뇌를 잘라 내버릴 수 있습니다.

걷거나 앉거나 밥을 먹을 때 등 모든 일상의 마음을 하나의 대상, 즉 '금강경의 사구게'에 집중하는 것은 집중과 고요를 증장하는 사마타 수행 영역에 속합니다. 저희 명상원에서는 사마타 수행을 안내하고 있지 않습니다. 본 원에서는 지금 현재, 내 마음과 몸에서 일어나는 법을, 즉 몸 느낌 마음 법을 대상으로 하여 있는 그대로 관찰하여 지혜를 향상시키는 위빠사나 수행을 하고 있습니다. 이 수행법은 부처님께서 직접 설하신 초기경전인 『대념처경』을 근거로 지도하고 있습니다. 일상에서 집중을 유지하기 위한 노하우에 대한 참고사항으로 『대념처경』에서 제시하는 일상의 알아차림과 관련된 내용을 간략히 옮겨 보면 다음과 같습니다.

> "비구들이여, 걸어갈 때는 '걸어간다'라고 알아차리고, 서 있을 때는 '서 있다'라고 알아차리며, 앉아 있을 때는 '앉아 있다'라고 알아차리며, 누워 있을 때는 '누워 있다'라고 알아차린다. 이와 같이 이외의 다른 몸의 동작이 있을 때, 그러한 동작을 그때그때 알아차린다."
> (중략)
> "또한 비구들이여, 앞으로 나아갈 때나 뒤로 돌아갈 때도 분명한 앎을 지니며, 앞을 볼 때나 주위를 볼 때도 분명한 앎을 지니며, (팔다리를) 구부리거나 펼 때도 분명한 앎을 지니며, 가사(승복)를 입고, 발우를 들 때도 분명한 앎을 지니며, 먹고 마시고 씹고 맛볼 때도 분명한 앎을 지니며, 대소변을 볼 때도 분명한 앎을 지니며, 가고, 서고, 앉을 때도, 잠자리에 들고, 잠에서 깨어날 때도, 말하거나 침묵하고 있을 때도 분명한 앎을 지닌다."

위의 경전에서 말하는 것처럼, 어떤 대상을 수행 주제로 삼든 이처럼 매 순간 깨어 있어 알아차림을 유지할 수 있어야 마음이 집중할 대상에서 벗어나거나 망상에 빠지거나 혼침이나 졸음에 빠지지 않을 수 있습니다. 이와 관련된 설명으로, 수행자는 다섯 가지 마음의 기능, 즉 오근五根을 향상시켜야 한다고 말합니다. 오근은 다음과 같습니다.

1. 믿음의 기능
2. 노력의 기능
3. 알아차림의 기능
4. 집중의 기능
5. 지혜의 기능

이 가운데 노력이 지나치면 들뜨거나 마음이 산란해 수행 대상에 집중하기 어렵고, 집중이 지나치면 혼침이 오거나 졸음에 빠져들기 쉽습니다. 이렇게 마음이 들떠 있거나 너무 강하게 집중에 빠져 있는 것을, 너무 느슨하지도 너무 팽팽하지도 않도록 적절하게 만들어 주는 것이 바로 알아차림의 기능입니다. 그래서 수행에서 알아차림이 가장 중요합니다. 부처님의 8만4천 법문을 하나로 요약하면, 바로 알아차림을 챙기는 일이라고 할 정도로 불교 수행에서 중요한 기능입니다. 그렇기에 수행 대상에 지속적인 알아차림을 유지하도록 하는 것이 필요할 것 같습니다.

수행 중에 만나는 장애

문 ‖ 저는 잡생각이 너무 창의적이고 도무지 끊이질 않아서, 마치 인격이 두 개처럼 느껴질 때도 있습니다. 몇 년간 정신분석을 하면서 알아낸 결과, 이것이 무의식의 아픔을 덮기 위한 일종의 방어기제라는 것을 알았습니다.

좌선을 할 때도 잡생각이 너무 강해서 수행이 잘 되지 않습니다. 잡생각을 알아차리다가 결국엔 이 잡생각이 너무 강해서 어느새 꿈꾸듯 끌려가게 됩니다. 마음속으로 잡생각에 맞춰서 말을 하고 거기에 동참하게 됩니다. 저 같은 경우는 위빠사나를 어떤 식으로 해야 하는지 여쭤보고 싶습니다.

♣ ♣ ♣

답 ‖ 어떤 심리적 압박을 피하기 위해 다른 것을 연상하거나, 제2의 대상에 집중하는 것은 사마타 수행입니다. 사마타 수행은 다섯 가지 장애가 올라오지 못하도록 한 대상(관념이나 상想 : 40가지 사마타 수행의 대상이 있습니다)에 밀착하여 대상과 하나가 되어버림으로써 다섯 가지 장애를 눌러서 마음의 안정을 얻는 수행방법입니다(그러나 제2의 대상으로 잡생각들을 만들어 내는 것은 사마타 수행의 대상도 아니고 수행의 장애인 망상일 뿐입니다).

위빠사나 수행은 수행 중에 나타나는 여러 가지 장애(감각적 욕망, 악의 분노, 혼침 게으름, 들뜸 회한, 의심, 망상, 통증 등등)가 올라오면 올라오는 대로 그것이 있음을 그 순간의 마음이 분명하게 알아차리고 그들을 억압하거나 피하거나 숨겨놓지 않습니다.

그들이 그 순간의 몸과 마음 안에 있는 실재하는 법이므로 그들을 법으로 받아들여 싫어하지 않고 지켜보고 그들이 어떻게 변하는지를 지켜봅니다. 관념이 아닌 실재하는 법들은 일어나면 사라지는 특성을 가지고 있으므로 그들이 사라지면 다시 현재의 몸과 마음의 실재를 다시 알아차리는 것이 위빠사나 수행입니다.

이런 방법은 수행 중에 장애가 나타날 때마다 그 장애를 법으로 알아차려 휩쓸리지 않음으로 해서 장애에서 벗어나게 됩니다.

그러나 한편 위빠사나 수행은 싫은 상황에서 벗어나려고 수행을 하는 것이 아닙니다. 그냥 알아차리는 마음에 어떤 선입견이나 고정관념들을 다 배제하고 있는 그대로 지켜보는 것입니다. 그러므로 아픈 상처가 올라오면 그것을 그 순간의 법으로 분리해서 마치 영화 보듯이 그런 현상을 단순히 지켜봐야 합니다. 그것이 알아차림으로 생긴 관용이며 대상을 수용하는 지혜입니다.

심리적 압박을 피하기 위해 주의를 딴 곳으로 돌리는 행위 안에는 그 대상이 없어지길 바라는 탐심과 그런 대상이 있다는 것에 대한 성냄의 마음이 들어 있는 것입니다. 이때 그런 마음을 보지 못했기 때문에 대상에 휘둘려서 그 순간의 불선심이 시키는 대로 불선업을 행한 것입니다. 이것은 바른 위빠사나가 아닙니다.

그리고 "마치 인격이 두 개가 된 것처럼"이란 말은 마음이 생멸하면서 이어지는 과정에서 생멸을 보지 못하고 한 마음이라고 보는 데서 오는 혼란입니다. 우리의 삶은 마음이 끊임없이 생멸하면서 흐르는 과정입니다. 항상 선행하는 마음이 있어서 그 마음과 같은 수준의 새로운 물질과 정신을 만들도록 원인을 제공하고, 선행하는 마음은 사라집니다. 그래서 두 개의 마음이 아니라 먼저 일어난 마음과 그 마음이 사라지면서 생긴 새로 일어난 마음이 대화를 하거나 생각을 이어가는 것입니다. 『아비담마論藏』에 의하면, 마음은 물질이 한번 일어났다 사라지는 그 한 찰나에도 열일곱 번이나 일어난다고 합니다.

또 도우님은 "망상이 너무 창의적이고 도무지 끊이질 않습니다"라고 했는데, 이런 경우 망상이 저절로 올라오는 것이 아닙니다. 망상을 하고 싶은 마음의 힘이 계속 생각을 일으킵니다. 나는 싫은데 생각이 저 혼자서 일어난다고 생각하면 문제의 본질을 보지 못한 것입니다. 이 세상의 그 무엇이라도 저절로 일어나는 것은 없으며, 반드시 일어날 원인이 있어서 그런 결과가 있다는 것을 항상 염두에 두어야 합니다. 그러므로 알아차림을 하는 것이 재미가 없거나 내가 원하는 만큼 잘되지 않거나 혹은 너무 심심해서, 아니면 너무 중요한 문제라 그 문제에 집착하는 마음이 강해서 등등의 이유로 스스로 생각을 불러들이고 있는 그 마음을 알아차릴 필요가 있습니다.

도우님은 지금까지 괴로운 여러 가지 상황들을 정신분석을 통해 해결하려는 노력을 한 것 같습니다. 이런 분석은 수행의 입장에서 보면 통찰지혜가 아니고 생각이며 사유에 불과합니다. 생각을 통해 얻는 지식은 번뇌를 해결하는 힘이 있는 통찰지혜만큼 확실하지 못합니다. 생각으로 아무리 분명하게 알고 있다 하더라도 다시 일상생활에서 그 잘못을 반복하는 경우를 흔히 경험합니다.

그러나 알아차림에 의한 통찰지혜로 대상의 성품을 확실하게 보거나 그것이 괴로움의 원인인 것을 직접 경험으로 통찰하면, 저절로 다시는 괴로움을 일으키는 원인이 될 만한 행위를 하지 않습니다. 이것이 통찰지혜가 번뇌를 부수어 버리는 힘입니다.

생각은 누구나 하고 사는 우리의 일상입니다. 그러나 자신에게만 특히 더 많다고 하는 것은 자신이 그것을 좋아하기 때문이라는 것을 알고 생각이 올라올 때마다 '생각하고 있음'을 알아차리십시오 그리고 현재의 몸과 마음으로 돌아와 현재의 실재하는 법을 알아차리는 것이 위빠사나의 노력과 바른 알아차림입니다. 무엇이든지 나타나는 대로 알아차리기만 하는 것이 수행입니다.

그리고 잡생각에 끌려가고 마음속으로 잡생각에 맞는 대화를 하고 있다는 것은 수행 중에 나타나는 장애 중에서 가장 나쁜 것입니다. 대개는 이런 과정을 통해서 자기를 다중인격으로 보거나 자신 안에 신령이나 하느님이나 부처님 또는 귀신이 들어 있어 말하는 것이라고 믿게 되어, 스스로 만들어 낸 그런 현상의 노예가 될 수도 있습니다.

이런 현상은 알아차림을 놓쳤을 때 나타난 상(화면이나 언어)에 빠져 그들과 한통속이 된 상황입니다. 자신과 말을 하고 있을 때 즉시 그런 현상을 알아차리고, 즉시 몸의 실재하는 현상(호흡이나 통증이나 피부의 감각, 몸의 움직임)을 알아차리는 것으로 알아차림을 이어가는 것이 바른 알아차림입니다.

그러나 한두 번 알아차린다고 잡생각 등등의 장애 현상이 즉시 좋아지는 것은 아닙니다. 그래서 현상을 반전시키려 하거나 내가 알고 있는 좋은 수행 상황으로 만들려고 하지 말고, 잘 안 되는 상황을 알아차리고 몸으로 돌아오는 것을 계속 반복하는 것이 수행입니다. 수행修行의 한자 뜻은 '닦는 행위'입니다. 때를 닦고 또 때가 끼면 닦기만 하는 것으로 닦을 수修를 사용합니다. 항상 깨끗하기를 바라지 말고 때가 있음을 볼 때마다 그냥 닦기만 하세요.

이런 경우 위빠사나를 어떤 식으로 해야 하는지를 물었는데, 1차 대상, 2차 대상 하는 관념적인 것들에 빠지지 말고 무엇이든 나타나는 대로 다 대상으로 받아들여 알아차리기만 하면 됩니다. 이처럼 알아차린 힘이 쌓여 점차 대상을 직관하는 힘이 생기고, 그래서 대상에 대한 집착을 버리게 되고, 그 결과로 번뇌에 물들지 않는 지혜로운 수행자가 되어가는 것이 수행의 향상이며, 수행의 바른 길[正道]입니다.

정신분석은 사유이지만 위빠사나 수행은 직관입니다. 이제 대상에 대한 분석을 떠나 나타나는 대상을 아주 단순화시켜 알아차리는 것입니다. 이렇게 대상을 직관한 결과로 대상을 수용하는 관용이 생기면 더 이상 괴로움으로 발전하지 않을뿐더러 그런 행위에서 바른 견해인 지혜가 생깁니다.

다섯 가지 장애

문‖ 위빠사나 수행에서는 다섯 가지 장애를 어떻게 대처하는지 알고 싶습니다.

♣ ♣ ♣

답‖ 우리가 수행을 시작하면 가장 먼저 나타나는 것이 다섯 가지 장애입니다. 이 다섯 가지 장애를 오개五蓋라고 하는데, 다음과 같습니다.

1. 감각적 욕망
2. 악한 의도
3. 해태와 혼침
4. 들뜸과 회한
5. 회의적 의심

이상 다섯 가지 장애는 감각적 욕망, 악한 의도, 해태와 혼침, 들뜸과 회한, 회의적 의심입니다. 이것은 선한 마음이 아닌 불선업으로 인한 마음의 작용입니다. 그리고 이것과 반대되는 것이 선업의 마음의 작용으로 심일경성心一境性, 환희, 숙고, 행복감, 고찰입니다.

이와 같은 불선업의 마음의 작용인 다섯 가지 장애를 선업의 마음의 작용으로 바꾸는 데는 다섯 가지 선정의 요소를 개발해야 합니다. 이때의 선정의 요소를 사마타samatha라고 합니다. 이 사마타라는 말은 고요함에 머문다는 뜻입니다.

이 사마타라는 선정이 다섯 가지 장애를 선업으로 바꿉니다. 붓다가 출현하시기 전에는 수행이라고는 오직 이 사마타 방법밖에 없었습니다. 이 선정의 방법은 하나의 대상에 집중하여 마음을 모으는, 다소 인위적인 방법입니다. 그런 점에서 무엇이나 나타나면 모두 받아들여서 보는 위빠사나와는 다릅니다.

수행 초기에 사마타는 오직 하나의 대상에 의도적으로 몰입하는 것이라서 집중이 잘 되고 편안할지도 모릅니다. 그러나 순수 위빠사나는 무엇이나 나타나는 대로 조건 없이 보아야 되기 때문에 집중이 잘 안 되고 혼란할 수도 있습니다. 그러나 이 방법은 꿰뚫어보는 것이라서 빠르게 법을 얻을 수 있는 장점이 있습니다.

사마타 수행방법은 40가지가 있습니다. 이는 붓다고사의 청정도론에 근거한 것입니다. 사마타의 목적은 장애를 없애기 위하여 고요함을 개발하는 데 있습니다. 그러나 사마타 수행을 위해서는 다섯 가지 근력의 균형이 필요합니다. 이것은 믿음, 노력, 알아차림, 집중, 지혜의 균형을 말합니다. 이 다섯 가지가 조화를 이루어야 장애라고 하는 악업의 행위가 선업의 행위로 바뀝니다.

그러나 위빠사나는 이러한 방법을 거치지 않고 그때마다 바로 대상을 알아차림으로써 장애를 제거합니다. 그리하여 매 순간마다 일어나는 사견과 탐욕, 성냄, 어리석음이라는 번뇌를 제거하여 열반에 이릅니다.

정리를 하면 사마타의 목적은 장애를 없애기 위해 고요함을 진전시키는 것입니다. 그러므로 이 방법은 위빠사나와 함께 필요한 과정입니다. 사마타에는 고요함만 있지 열반이 없기 때문에 위빠사나가 반드시 포함되어야 합니다. 위빠사나의 목적은 자아에 대한 사견의 제거와 이에 따른 탐욕, 성냄, 어리석음이라는 최종적인 번뇌를 제거하는 것입니다.

오직 이 방법만이 열반에 이를 수 있습니다. 그래서 위빠사나를 하지 않고는 열반에 이를 수가 없다고 하는 것입니다. 다만 사마타와 위빠사나가 포함된 수행인가, 아니면 위빠사나만으로 하는 수행인가 하는 것으로 구별할 뿐입니다.

부처님께서는 고요함에 편히 머무는 것은 숭고한 삶이 아니라고 말씀하셨습니다. 인간의 최종적인 목표는 탐욕, 성냄, 어리석음이 제거된 열반입니다. 사마타 수행으로는 열반에 이를 수 없기 때문에 선정의 집중력을 키워 위빠사나 수행을 돕기 위한 방법으로 사용합니다. 그러나 열반이라는 꿈이 없는 사람은 사마타 방법으로 편안함을 얻거나 특별한 능력을 얻으려 할 것입니다.

부처님께서는 출가하여 무색계 3선정과 4선정을 차례로 얻으시고도 번뇌를 해결하지 못하여 다시 6년간 고행을 하셨습니다. 그러다 사마타 수행을 포기하고 새롭게 위빠사나라는 수행방법을 찾아내어 깨달음을 얻으신 것입니다.

깨달음을 얻고 신통의 힘으로 보시니 지금까지 출현하신 부처 여섯 분이 모두 위빠사나라는 사념처 수행으로 법을 얻으신 것을 보았습니다. 그러므로 이 방법은 부처님께서 만드신 방법이 아닙니다. 부처님께서 찾아내신 방법입니다.

사마타 수행은 조용한 장소가 필요하며 시간이 많이 걸린다고 기록되어 있습니다. 그러나 위빠사나 수행에서는 여러 가지 방법이 필요 없습니다. 여러 가지 용어도 필요 없습니다. 오직 '알아차림' 하나면 됩니다. 그러나 충분한 알아차림을 하기가 어려워 사마타에서 사용되는 방법을 직접 혹은 간접적으로 이용하기도 합니다. 열반에 이르는 과정에서 위빠사나는 필수이고 사마타는 선택사항입니다.

사마타와 위빠사나는 수행방법을 구별하여 부르는 명칭입니다. 사마타는 하나의 대상에 집중하는 보통의 모든 수행방법을 말합니다. 그리고 개념을 대상으로 선택합니다. 이 개념은 고유한 성품이 없는 것입니다.

그러나 위빠사나는 신, 수, 심, 법 사념처라고 하는 몸과 마음의 느낌을 대상으로 알아차리는 수행방법을 말합니다. 그래서 몸과 마음의 느낌을 대상으로 하기 때문에 대상의 실재하는 성품을 봅니다. 위빠사나는 고유한 성품이 있는 것을 대상으로 합니다.

결론적으로 우리의 몸을 단순하게 몸으로 알아차릴 때는 사마타 수행의 대상이고, 몸에 있는 지, 수, 화, 풍의 느낌은 실재하는 성품으로 위빠사나의 대상입니다.

하나의 대상에 집중하는 사마타는 선정을 얻고자 함입니다. 선정은 지금, 여기에 편히 머묾이라는 상태를 말합니다. 그 상태에 이르기 위해 필요한 것이 사마디samadhi입니다.

사마디라는 말은 청정한 마음의 집중이란 말입니다. 그냥 집중이라고 하면 뜻이 완전하지 않습니다. 청정하다는 것은 육근이 육경에 부딪쳐서 육식 하는 과정인 18계에서 일어나는 것을 있는 그대로 본다는 뜻입니다. 있는 그대로는 탐욕, 성냄, 어리석음이 없이 본다는 것입니다. 이렇게 있는 그대로 보아서 고요해진 마음의 상태가 된 채로 집중하는 것입니다.

사마타라는 선정을 얻기 위한 사마디가 있습니다. 그것을 근본삼매라고 합니다. 이것이 아빠나 사마디appana-samadhi입니다. 아빠나appana는 근본, 사마디samadhi는 집중이라는 뜻입니다.

사마타에서 필요한 또 다른 사마디는 근행에 대한 집중으로 근접삼매라고 합니다. 이것이 우빠짜라 사마디upacāra-samadhi입니다. 우빠짜라upacrāra는 접근, 근행이라는 뜻으로 돌을 던지면 닿을 수 있는 곳이라는 말입니다. 깊지 못한 사마디를 말하는 것입니다. 이상 두 가지가 사마타 선정을 얻기 위해 필요한 사마디입니다.

그러나 위빠사나에서는 이런 선정을 위한 사마디가 필요하지 않습니다. 깊은 사마디에 들면 대상과 하나가 되어 대상의 실재하는 성품을 볼 수가 없습니다. 고요함에 깊게 빠지면 그 상태에서는 지혜가 나지 않습니다. 수행자가 얻고자 하는 궁극적인 것은 지혜입니다. 그래서 위빠사나에서는 찰나삼매를 필요로 합니다.

여기서 주목해야 할 것은 위빠사나의 집중은 사마타의 집중과 다르다는 사실입니다. 위빠사나는 늘 맑게 깨어서 나타나는 대상을 조건 없이 모두 보기 때문에 깊게 들어가면 안 됩니다.

이렇게 하는 것이 알아차림입니다. 위빠사나의 알아차림은 가볍고 정확하게 그냥 알고, 알고 하면서 나타나는 대상의 변화를 계속 보아야 됩니다. 그러므로 깊게 들어갈 겨를이 없습니다. 조용히 지켜보면 됩니다. 그래서 찰나삼매가 필요합니다.

판단 · 비교. · 분석은 아만심의 작용

문 ‖ 선불교나 라마나 마하리쉬 책을 보면 어묵동정, 몽중일여, 숙면일
여로 공부가 되어야 하고, 각성된 의식이 일여한 것을 수행성과의 중요한
기준으로 봅니다. 위빠사나 수행에도 이처럼 수행성과를 판단하는 기준
이 있는지 궁금합니다.

♣ ♣ ♣

답 ‖ 사마타 수행과 위빠사나 수행은 모두 몸과 마음을 대상으로 알아
차리지만 수행의 측면에서는 아주 크게 다른 점이 있습니다. 그것은
수행의 주제(주 대상)가 다르다는 것입니다. 사마타 수행은 몸과 마음의
관념(모양, 개념)적 대상을 수행 주제로 합니다. 관념적 대상이란 변화가
없는, 수행 주제로 설정한 하나의 대상[想]입니다. 관념이나 상은 변화가
없기 때문에 수행자가 대상과 하나가 될 수 있습니다.

그러나 위빠사나 수행은 행주좌와 어묵동정 어느 순간이나 현재를

깨어서 매 순간에 새로 일어난 대상을 수행의 주제로 삼아 있는 그대로 알아차림을 하는 수행입니다. 실재하고 있는 현재(매 순간)를 그대로 알아차리면, 매 순간 변화(생멸)하는 것밖에 없고, 그래서 한 대상에 두 순간을 머물러 알아차릴 수 없습니다. 이렇게 찰나마다 대상과 아는 마음이 한 쌍이 되어 일어나고 사라지고, 다시 다른 대상이 일어나고 사라지는 것의 연속이라 사마타 수행처럼 대상과 일여가 될 수 없습니다.

그러므로 위빠사나 수행을 제대로 이해하면 몽중일여나 숙면일여의 뜻으로 자면서 알아차린다, 꿈속에서도 알아차린다는 말을 할 수 없는 것입니다. 이것이 위빠사나 수행에는 그런 기준이 있을 수 없는 이유입니다.

그러면 위빠사나 수행은 어떤 기준으로 수행이 잘 되고 있는지를 알 수 있을까 궁금할 것입니다. 실제로 위빠사나 수행의 향상을 수행자 자신이 알 수 있는 기준이 있습니다. 하루(기상 때부터 자기 전까지)에 얼마나 알아차림을 할 수 있었는지 스스로 알 수 있으며, 그 알아차림의 순간이 얼마나 지속되었는지 스스로 알 수 있습니다. 그리고 매 순간 만나는 대상에 얼마나 휘둘리는지, 또 휘둘린 뒤에 얼마나 빨리 알아차림 상태로 돌아왔는지를 자신이 알 수 있습니다.

이 경우에도 물론 자신의 착각일 경우도 있겠지만, 점차 알아차림의 힘이 강화되면 스스로 분명하게 자신의 수행의 정도를 주관적으로 알 수 있습니다. 그리고 수행의 향상으로 나타나는 칠청정과 위빠사나 수행의 열 가지 번뇌와 위빠사나의 열여섯 단계의 지혜에 대한 자세한 설명이 이미 공개되어 있어서 이들이 수행 향상의 객관적인 기준이 됩니다.

그런데도 실제 위빠사나 수행에서는 내가 수행이 얼마나 향상되었는지 판단하는 것을 금합니다. 이런 순간은 현재의 몸과 마음이라는 알아차림의 대상을 놓친 순간이기 때문입니다. 실제로 판단할 시간조차 없이 알아차림을 이어가야 수행이 향상됩니다.

이 말은 자신을 판단·비교·분석하는 순간은 마음에 선심소인 알아차림이 사라지고, 아만이라는 불선심의 마음의 작용이 떠 있는 순간입니다. 판단 분별은 실재가 아닌 관념이기 때문에 수행 주제를 놓친 것입니다.

이때라도 지금 수행이 향상되기를 바라고 있는 마음(탐심)을 보고 다시 몸의 느낌을 대상으로 알아차려야 바른 수행이라고 할 수 있습니다. 이런 순간도 모두 알아차릴 대상이며, 그런 마음이 사라지는 것을 직관할 수 있으면 수행이 잘 진행되고 있는 것입니다.

그래서 위빠사나 수행은 현재의 몸과 마음의 현상이 어떤 것이라도 알아차리기만 하면 되는 아주 간단한 수행법입니다. 이미 알아차림을 오래 놓쳤어도 지금 다시 알아차리면 그만입니다. 그 순간 최고의 선업인 수행을 한 것입니다. 그리고 몸의 실재하는 현상을 대상으로 잡아 알아차림을 이어가야 합니다.

생각으로는 괴로움을 해결할 수 없다

문 ∥ 부처님 법을 만나게 되어 감사합니다. 부처님 법이 인연법이라는 것을 알게 되면서 제 생활이 힘들 때나 괴로울 때 남을 탓하기보다 제 자신에 부덕함을 스스로 돌아보며 생활하고 있습니다.

그러나 사회생활을 하면서 부처님 계를 지키며 법대로 위빠사나를 실천하면서 산다는 것이 너무나 어려운 것 같습니다.

♣ ♣ ♣

답 ∥ 괴로울 때 괴롭다고 생각만 하는 사람이 있고, 괴로움을 있는 그대로 알아차리는 수행을 하는 사람이 있습니다.

어떤 것을 선택해야 할지 스스로 판단해 보시기 바랍니다.

생각으로는 못할 것이 없습니다.
그러나 아무것도 되지는 않습니다.

남의 애기를 듣고 무지를 깨칠 수 없습니다.
그러니 스스로 수행을 해서 무지를 깨치기 바랍니다.

경험해 보지 않고 무엇이 어떻다고 예단하는 것은 위험합니다.
법을 만난 것에 감사하는 것으로 그쳐서는 아무 이익이 없습니다.
가까운 곳에 가서 위빠사나 수행을 배워 실천해 보시기 바랍니다.

현재를 있는 그대로 알기 위해서

문 ‖ 위빠사나로 몸을 알아차리면 괴로운 느낌이 나는데, 그 괴로운 느낌의 정도가 바로 자신의 업이라는 글을 읽은 적이 있습니다.

저는 제 마음이나 몸을 알아차리면 긴장이 되고 괴로운 느낌이 납니다. 그러다 보면 명상은 편안하려고 하는 것인데 괴롭기만 하다는 생각이 들어 쉽게 포기하게 됩니다. 원래 초보자는 괴로운 느낌이 드는 것인지 가르침을 부탁드립니다.

♣ ♣ ♣

답 ‖ 위빠사나 수행은 괴로운 것을 극복하려고 하는 수행이 아닙니다. 괴로울 때 괴로운 느낌이 있다는 것을 알아차리려고 하는 것입니다. 또 즐거울 때 그것을 계속 유지하려고 수행하는 것이 아니고, 즐거운 느낌이 현재 이 순간에 있다는 것을 알아차리려고 하는 것입니다.

도우님이 "위빠사나로 몸을 알아차리면 괴로운 느낌이 나는데"라고 했는데, 이때는 괴로운 느낌이 있음을 알아차리고 그 느낌이 어떻게 되는지 위빠사나로 지켜보는 것(분리해서 알아차리는 것)입니다. 지금 괴로움의 원인을 찾거나, 이것이 나의 업이라는 생각은 마음이 알아차릴 대상을 놓치고 망상에 빠진 것입니다. 즉, 수행이 아닙니다. 빨리 망상하고 있음을 다시 알아차리고, 괴로운 느낌에 마음을 기울여 그 느낌이 어떻게 되는지 보아야 합니다.

그리고 "명상은 편안하려고 하는 것인데 괴롭기만 하다"고 했는데, 명상의 목적이 결코 편안해지려고 하는 것이 아닙니다. 현재를 있는 그대로 알아차리니까 저절로 편안해지는 것뿐입니다. 수행자가 명상을 하면서 편안해지기를 바라는 한 결코 편안해질 수 없습니다. 왜냐하면 현재의 괴로움을 알아차리지는 않고 편안해지기만을 바라고 있으니까, 현재를 있는 그대로 알아차린 결과로 오는 편안함을 만날 수 없습니다.

수행자는 수행 중에 나타나는 것이 무엇이든, 즉 좋은 것이든 나쁜 것이든 현재를 받아들이는 것(알아차림을 하는 것)만이 편안해지는 유일한 길입니다.

또 "원래 초보자는 괴로운 느낌이 드는 것인지"라고 물었는데, 반드시 초보자라고 해서 괴로운 느낌만 있는 것은 아닙니다. 그 순간의 여러 조건에 의해 괴로움을 느끼기도 하고, 또 다른 조건에 의해 즐거움을 느끼기도 하는 것입니다.

그러나 보통 초보자는 수행에 대한 이해가 부족하여 수행을 잘하겠다는 탐심을 가지고 수행을 시작하기 때문에 몸이 긴장되어 여기저기 통증이 생겨 괴롭게 됩니다. 그리고 알아차림이 잘 이어지지 않는 것에 대해 화가 나서 괴롭습니다. 그리고 이런 장애들을 빨리 벗어나려고 하는 것도 탐심이어서 그 과보로 괴롭습니다.

이래저래 초보자일 경우에는 괴로울 조건들을 스스로 만들어가고 있습니다. 이때는 통증이 사라져서 편안해지기를 바라는 마음이 바로 탐심인 것을 알아차려야 합니다. 그럴 때 탐심은 사라지고 알아차림을 하는 마음이 이어지면서 알아차림의 결과로 저절로 편안해집니다.

그러나 이런 초보의 과정은 누구라도 겪는 것이며, 이런 과정을 통해서 마음에 바라는 성향(탐심)을 줄이고 의식이 고양되는 것입니다. 그러므로 이런 괴로운 느낌이 수행이 바르게 진행되어가는 과정에서 겪어야 할 코스였다고 받아들이고 수행을 포기하지 않아야 고생한 보람이 생기게 됩니다.

이제는 수행 중에 일어나는 몸과 마음의 모든 현상들을 그냥 알아차리십시오. 없애려 하거나 좋게 만들려고 하지 말고, 그냥 조건 없이 그런 현상이 있다는 것을 그 순간의 마음이 깨어서 지켜보세요 이렇게 알아차린 행위의 결과로 초보 딱지(괴로움을 스스로 만드는)를 빨리 떼어버릴 수 있습니다.

경행에 대하여

문 ‖ 경행을 할 때, 발바닥에 마음을 두고서 발의 움직임을 따라갑니다. 처음에는 동작이 머리에 그려짐과 동시에 여러 느낌들이 혼재되어 올라옵니다. 집중이 깊어지면 눌림, 간지러움, 차가움, 시원함, 당김, 저림 등이 느껴지고, 주변의 소리에 소스라치게 놀랄 때도 있습니다.

경행을 하면서 그냥 거친 느낌이 있으면 마음이 자연스럽게 가는 것인데, 자꾸 마음이 먼저 대상에 가서 보려고 합니다. 집중을 과도하게 해서인지 몸이 묵직해지면서 힘이 듭니다. 서 있을 때도 이마 한가운데가 간질거리면서 상기가 일어날 때도 있습니다. 경행 시에도 탐심이 작용하기 때문인 것 같습니다. 이럴 때는 어떻게 해야 하는지요?

♣ ♣ ♣

답 ‖ 위빠사나 수행방법을 크게 분류해 보면 세 가지로 나눌 수 있는데, 좌선과 경행과 일상의 알아차림입니다. 경행은 수행에서 차지하는 비중이 매우 높습니다. 위빠사나 수행에서 경행을 특별하게 강조하는 이유는 부처님께서 말씀하신 행, 주, 좌, 와를 하는 수행에 충실할 수 있기 때문입니다. 수행이라고 하면 좌선만을 연상하기 쉬운데 그렇지 않습니다. 생활하는 모든 것이 수행이어야 합니다.

경행은 건강을 위해서 필요한 수행방법입니다. 수행을 하기 위해서는 건강해야 합니다. 수행을 할 때 자칫 건강이 간과되기 쉽습니다. 건강하지 못하면 알아차리기가 어려우며 집중력이 길러지지 않습니다. 건강한 몸이 없이는 건강한 마음도 없습니다.

경전을 보면 수행자들이 경행을 하는 장면이 많이 나옵니다. 물론 부처님께서도 경행을 하셨습니다. 수행처소에서나 탁발을 하거나 또는 전법을 펴기 위해 길을 걸을 때도 모두 경행을 하면서 걸으셨습니다.

사리불과 목련 존자가 부처님과 인연을 맺게 된 것도 경행 때문입니다. 사리불 존자가 재가 수행자였을 때의 이름이 우빠띠사였는데, 부처님께 비구계를 받은 앗사지가 탁발을 하는 모습에서 훌륭한 스승임을 알아차리고 그에게 법을 청합니다. 앗사지가 탁발을 하면서 경행을 하는 의연한 모습에 한눈에 위대한 스승임을 알았던 것입니다. 이때 앗사지는 자기의 스승이신 부처님이 계시다는 것을 말합니다. 이렇게 해서 인도된 사리불과 목련 존자 두 사람이 오는 것을 보시고 부처님께서는 "어서 오너라, 기다렸다"라고 말씀하십니다.

불교의 중흥에 위대한 업적을 남긴 인도의 아소카 대왕도 처음에는 불교도가 아니었는데 길을 가는 어린 사미의 걸음걸이를 보고 불교에 귀의하는 계기가 되었습니다. 부처님의 시자였던 아난다 존자도 5백 아라한이 모인 1차 경전결집에 참가하기 위해 밤새도록 경행을 합니다. 이때의 아난다 존자는 수다원에 불과하였습니다. 그래서 아라한만 참여하는 경전결집에 참여할 수 없었던 것입니다. 그러나 부처님께서 평소에 너는 선업의 근기가 있으므로 법을 얻을 것이라고 하신 말씀을 믿고 열심히 경행을 했습니다. 이렇게 걷다가 새벽녘에 피곤하여 자리에 누우려고 하는 순간에 아라한이 되었습니다.

현재 미얀마의 위빠사나 선원에서는 좌선 1시간에 경행 1시간으로 번갈아 가며 수행하도록 시간표를 작성합니다. 그래서 하루에 8시간 좌선과 7시간 경행을 하도록 합니다. 그러므로 경행과 좌선의 비중을 일대일로 똑같이 두고 있다는 것을 알 수 있습니다. 그러나 식당을 오가는 거리나 일상의 움직임을 알아차리는 것까지 합하면 경행을 하는 시간이 더 많습니다.

미얀마에서 수행을 할 때 이렇게 경행과 좌선을 함께하면서 느낀 것은 위빠사나 수행에서 숨겨진 힘이 있다면 이것은 바로 경행에서 오는 것이라는 것을 알 수 있었습니다. 특히 경행은 몸의 움직임을 지속적으로 알아차리기 때문에 위빠사나 수행에서 사용하는 찰나삼매를 하기에 좋은 대상입니다.

좌선에서 생기는 집중은 일어나면 깨지기기 쉬운데 경행은 움직이면서 생긴 집중이라서 잘 깨지지가 않는 장점이 있기도 합니다. 위빠사나 수행에서는 실재하는 현상과 변화하는 과정을 알아차리는데, 경행은 바로 이런 요인을 충족시키기에 좋습니다. 사마타 수행에서는 행, 주, 좌, 와가 없기 때문에 경행을 중요하게 여기지 않습니다.

수행자에 따라 좌선보다 경행을 할 때 집중이 더 잘 되는 경우도 있습니다. 이렇게 경행에서 만들어진 집중력을 가지고 좌선을 하면 다른 때보다도 빠르게 집중이 됩니다. 이처럼 좌선을 하기 전에 경행을 하면 망상이 적어지고 쉽게 집중할 수가 있습니다. 또한 경행은 수행과 수행을 연결해 주는 연결고리 역할을 합니다. 그리하여 알아차림이 끊어지지 않게 하여 빠른 시간 내에 열반을 성취할 수 있도록 이끌어 줍니다.

경행은 지구력을 갖게 하는 데 좋습니다. 또한 경행을 한다는 것은 노력한다는 것입니다. 이것이 팔정도의 정정진正精進입니다. 마하시 선원에서는 노력이 부족하여 나태해질 때 경행을 하도록 합니다. 경행과 노력은 밀접한 관계가 있습니다. 나태하고 게으른 수행자는 움직이기를 싫어합니다. 게으른 수행자는 편하게 앉아 있으려고만 하지 힘들여서 걸으려고 하지 않습니다. 경행을 할 때는 하려는 의지가 있어야 하게 됩니다. 그렇지 않고 하려는 마음을 내지 않으면 잘 하게 되지 않습니다. 그래서 경행을 하는 것을 노력이라고 합니다. 뿐더러 실제로 경행을 하는 것은 힘이 들기도 하고 집중력을 요구하기 때문에 상당한 노력이 필요합니다.

부처님께서 말씀하신 경행의 이익은 다섯 가지입니다.

1. 먼 곳을 갈 수 있는 지구력을 갖게 됩니다.

부처님 당시에는 걸어서 다녔으므로 평소에 걷는 연습을 하지 않으면 먼 길을 걸을 수가 없었을 것입니다. 현대인은 운동이 부족하므로 경행을 통해 운동을 할 수도 있습니다.

2. 명상 수행을 할 때 지구력을 갖게 합니다.

경행을 하면 위빠사나 수행의 전반적인 지구력과 집중력을 형성합니다. 경행을 통해서 좌선과 일상의 알아차림에 집중할 수 있는 힘이 배양됩니다. 경행을 한다는 것은 노력한다는 것입니다. 노력은 수행의 기본적인 에너지입니다. 인내가 열반으로 이끈다고 하는데 인내하는 것이 노력입니다.

3. 건강에 좋고 수행의 진전에 도움이 됩니다.

좌선을 오래하면 건강에 해롭습니다. 위빠사나 수행은 극단적인 고행을 하지 않습니다. 건강한 몸에서 선한 마음이 생깁니다. 경행을 통해서 좌선에서 굳어진 근육을 이완시키고 혈액순환을 활발하게 해주어야 합니다. 수행을 한다고 병이 나는 것을 무시해서는 안 됩니다. 그러므로 적당히 걷는 것은 건강과 수행에 모두 도움이 됩니다.

4. 소화가 잘 되게 합니다.

음식을 먹고 소화가 되지 않으면 집중력이 생기지 않습니다. 수행에서 소화가 잘 되는 것은 중요한 일입니다. 그리고 식후 식곤증을 예방하는 데도 도움이 됩니다.

5. 지속적인 집중력을 길러 줍니다.

경행의 집중력은 움직이면서 하는 것이므로 일상의 움직임까지 모두 알아차릴 수 있습니다. 또 좌선을 한 뒤에 알아차림을 놓치기 쉬운데 경행을 함으로써 수행과 수행 사이를 지속적으로 연결시켜 줍니다. 그래서 알아차림과 집중력이 계속 유지되도록 해줍니다. 이렇게 지속될 때만이 대상의 성품이 보이고, 지혜가 납니다.

경행은 한정된 공간에서 일정한 거리를 왕복하며 걷는 방법이 있습니다. 또 하나는 일상적으로 걸을 때 마음을 몸에 붙여 걷는 것을 알아차리면 경행이 됩니다.

경행을 할 때 손을 앞이나 뒤로 하여 잡거나 팔짱을 끼고, 시선은 두리번거리지 말고 서너 걸음 앞에 고정합니다. 손을 흔들어서는 안 되며 시선을 이리저리 돌리면 안 됩니다. 시선을 앞에 고정하지 않고 주위를 보면 산란해져서 집중이 잘 안 됩니다. 손을 흔들고 다니면 발의 움직임과 움직임의 성품을 알아차리기가 어렵습니다. 그래서 온전히 발에 집중하기 위해 손을 모아 두어야 합니다.

경행이 잘 된다고 해서 경행만을 위주로 하면 안 됩니다. 좌선과 경행을 알맞게 조절해야 합니다. 좌선이 잘 된다고 좌선만 하는 경우나 경행이 좋다고 경행 위주로 하는 경우는 탐심을 가지고 하는 것입니다. 특별하게 집중을 위해서 좌선 시간을 늘려야 하는 경우 외에는 균형을 이루는 것이 좋습니다.

경행 중에 망상이 떠오를 때는 사소한 망상이면 그냥 발에 집중을 하는데 계속 같은 망상이 떠오를 때는 자리에 서서 망상을 분명하게 알아차리고 나서 망상이 사라지면 다시 걷습니다. 경행은 분명한 움직임을 알아차리는 것이라서 좌선보다는 망상이 적습니다. 그러나 경행 중에도 망상이 계속 떠오르면 알아차림과 집중이 약한 상태이므로 '지금 내 마음가짐은 어떤가'를 알아차리고 나서 다시 시작해야 합니다. 그리고 경행 중에 지나치게 피곤하다고 느끼면 앉아서 얼마간 적당한 휴식을 취해야 합니다. 알아차림이 있는 휴식시간도 수행의 과정입니다.

경행을 할 때 눈을 감으면 안 됩니다. 걸으면서 장애물이 있는지를 확인해야 합니다. 눈을 감는 것은 좌선을 할 때로 충분합니다. 그리고 뒤로 걷거나 부자연스럽게 걸으면 안 됩니다. 자연스럽게 걸어야 합니다. 발은 크게 들어올리지 말고 보통의 걸음으로 걸어야 합니다. 조금이라도 이상하게 걸으면 힘이 들고, 마음에 어떤 결과를 얻으려는 목적이 있는 것입니다. 그리고 알맞은 속도가 필요합니다. 특별하게 천천히 걸어야 할 때는 천천히 걸어도 되는데 무조건 천천히 걷는 것은 바람직하지 않습니다.

지도자에 따라 천천히 걷는 것을 강조할 수도 있습니다. 그러나 너무 천천히 걷는 것이 갖는 폐해도 있습니다. 너무 천천히 걸으려고 하면 인위적인 것으로 마음이 위축될 수도 있습니다. 천천히 걸어서 집중이 되는 이익도 있겠지만 천천히 걷는 것도 적당해야 합니다. 마음을 억제하면 이에 따른 다른 부작용이 있을 수도 있습니다.

특히 너무 천천히 걸으면 상기의 위험이 있습니다. 너무 집중을 하려고 힘을 써서 두통이 생기고, 열이 머리로 올라와 오히려 정신이 맑지 않을 수가 있습니다. 또는 머리나 목 뒤에 빨간 열꽃이 피어오를 수도 있습니다. 너무 힘을 들여서 걸으면 긴장하게 되고 좌선을 할 때 졸기 쉽습니다. 그래서 위빠사나 수행은 자연스러운 것이 좋습니다. 걸을 때 뒤뚱거리는 것도 천천히 걷거나 힘이 들어가기 때문입니다. 이런 현상이 생기면 있는 그대로 알아차리면 됩니다.

물론 한정된 공간에서 하는 경행은 약간 천천히 해야 합니다. 그러나 경행은 천천히 하거나 빠르게 하거나 알아차리는 것이 중요하지 속도에는 큰 의미가 없습니다. 알아차리고 하면 속도는 알맞게 유지되기 마련입니다. 그리고 선원이 아닌 일상생활에서 걸을 때는 그 상황에 적당한 속도를 유지해야 합니다.

좌선이 끝나고 경행을 시작할 때는 10분이나 15분 정도 약간 빨리 걸어서 피가 통하지 않아 단단해진 근육을 풀어주는 것이 필요합니다. 그런 뒤 조금 속도를 줄여서 조절하면 됩니다. 이 말을 강조하는 것은 경행은 천천히 해야만 하는 것이 아니라는 것입니다. 실제로 조금 속도를 냈을 경우에도 더 많이 알아차릴 수 있고 더 집중이 될 수도 있습니다. 마음을 알아차리는 수행자는 인위적으로 억제하지 않습니다. 장소에 따라서 알맞게 해야 합니다.

경행을 할 때 처음부터 많은 것을 알아차리려고 하면 안 됩니다. 그냥 알아지는 만큼만 알아야 수행을 계속하게 됩니다. 억지로 많은 것을 알아차리려고 하면 부작용이 있습니다. 또한 알아차림에도 단계가 있어서 자연스럽게 대상의 성품이 보이는 것이지, 알려고 한다고 무조건 알아지는 것이 아닙니다. 노력하는 것과 무리하게 알려고 하는 것과는 차이가 있습니다. 노력은 균형이 있는 것이며, 무리한 것은 욕망입니다.

경행을 할 때 시작과 중간과 끝을 보라고 말하지만 이것은 매우 인위적인 방법입니다. 시작과 중간과 끝은 대상을 충분히 주시했을 때 알아차리는 힘이 있어서 알 수 있게 되는 것입니다. 이것은 지혜가 성숙한 단계에서 보이는 것입니다. 그러므로 책에 시작과 중간과 끝을 보아야 된다고 해서 무조건 보려고 하면 안 됩니다.

또 경행에는 의도를 알아차리는 방법이 있는데 이것이 마음을 알아차리는 과정의 하나입니다. 이것도 자연스럽게 의도를 보려고 해야 합니다. 움직이면서 하나하나의 의도를 보려고 할 수도 있지만 실수행에서 모든 의도를 다 볼 수는 없습니다. 그래서 처음에 의도를 보려고 하면 쉬운 것부터 해야 합니다. 처음에는 정지된 상태에서 앞으로 가려는 의도를 알아차리고, 다시 정지된 상태에서 돌려는 의도를 알아차리고 돌면, 차츰 의도를 보기가 쉽습니다.

그러나 이렇게 보는 의도와는 달리 수행을 해나가면서 마음을 알아차리면 자연히 움직이려고 하는 의도가 보입니다. 이때 마음이 발에 가지 않고 전면에서 발의 움직임이나 느낌을 알아차릴 수 있게 됩니다. 그리고 '지금 내 마음이 어디로 가는가?' 하고 마음이 마음을 집중하면, 다음 동작을 일으키려고 하는 의도가 자연스럽게 보입니다.

경행에서는 알아차릴 것이 많습니다. 그러나 가볍게 알아차려야 계속해서 알아차릴 수 있습니다. 이것이 중요합니다. 하지만 한순간이라도 대상에 정확하게 겨냥하는 것은 필요합니다. 가볍게 알아차리라는 말은 지나치게 힘을 쓰지 말라는 말이지 대상을 분명하게 알아차리지 말라는 말은 아닙니다.

경행을 하는 몇 가지 방법을 말씀드리겠습니다. 참고로 경행은 본인이 스스로 알맞은 방법을 개발하는 것이 좋습니다. 꼭 정해진 방법은 없습니다. 다만 기본적으로 몇 가지 유형이 있으므로 응용하는 것이 좋습니다.

오른발의 움직임을 알아차릴 때는 마음이 오른발이 움직이는 것을 알고, 왼발이 움직일 때는 마음이 왼발이 움직이는 것에 분명하게 겨냥이 되어야 합니다. 서 있을 때는 서 있는 것을 알아야 합니다. 돌 때는 도는 것을 알아야 합니다. 무엇을 하거나 할 때 하고 있는 것을 마음이 분명하게 알아차려야 합니다.

초심자의 경우에는 명칭을 붙여서 알아차릴 수도 있습니다. 그러나 명칭 없이 알아차리는 수행을 하면 집중력은 떨어지나 고요함을 얻거나 사대四大를 알아차리는 것은 더 도움이 됩니다.

경행을 하는 방법은 다음과 같습니다. 여러 가지 설명이 있지만 이것을 모두 할 수는 없습니다. 그러므로 알아차릴 수 있는 만큼만 알아차리면 됩니다. 많이 알아차릴 수 없다고 해서 수행을 잘못하는 것이 아닙니다.

(1) 경행을 위해 먼저 서 있을 때는 서 있는 것을 알아차립니다. 서 있는 몸을 알아차리고, 발이 바닥에 닿아 있는 것을 알아차립니다. 이때도 처음에는 전신이 서 있는 것을 알아차리고 차츰 집중을 위해서는 서 있는 것과 발이 바닥에 닿아 있는 느낌까지 알아차려 나갑니다.
서 있는 것을 알아차릴 때는 몸의 전신을 훑어나가며, 바닥에 닿은 느낌은 무겁거나 단단하거나 부드럽거나 차갑거나 등등을 알아차립니다. 이때 처음에는 한 가지만 알아차리는 것이 좋습니다. 그리고 차츰 알아차리는 힘이 생기면 여러 가지 느낌을 알아차릴 수 있습니다.

(2) 일정한 공간에서 경행을 할 때 처음에는 발의 뒤꿈치가 들리는 것을 알아차립니다. 오른발, 왼발의 뒤꿈치가 들리는 것 하나만 알아차립니다. 발이 들이는 것 하나만을 알아차린다는 것은 알기가 쉬운 것을

조금만 알아차린다는 데 의미가 있습니다. 처음부터 발의 움직임 모두를 알아차리려고 하면 힘들어서 마음이 달아날 수 있습니다. 이때 뒤꿈치가 들리는 것만 알아차리는 것이 '일어남'을 알아차리는 것입니다.

요약하면 오른발, 왼발이 들리는 것 하나만 계속해서 알아차립니다. 알아차리기 쉽게 가장 간단한 것을 대상으로 합니다. 이때도 처음에는 들리는 것 하나만 알아차리다가 어느 정도 집중이 되면 들릴 때의 느낌을 알아차립니다. 가령 가벼움을 알아차립니다. 대상을 알아차릴 때는 알아지는 것을 아는 것이 중요합니다. 물론 자세하게 알아차릴 수 있으면 좋지만, 일단 자신이 알아차릴 수 있는 만큼만 아는 것이 가장 바른 노력을 하는 것입니다.

(3) 뒤꿈치가 들리는 것을 충분하게 알아차린 다음에 이제 발이 바닥에 닿는 것을 알아차립니다. 어느 정도 집중이 되면 이제는 발을 내릴 때의 무거움이나 발이 바닥에 닿은 때의 단단함이나 부드러움을 알아차립니다. 이때 발이 바닥에 닿는 것을 알아차리는 것이 '사라짐'을 알아차리는 것입니다.

(4) 이렇게 알아차린 뒤에 어느 정도 집중력이 생기면 다음 단계로 오른발, 왼발의 움직임 전부를 알아차리는데 오른발을 들음과 다시 내려놓음을 계속해서 주시해야 합니다. 발의 뒤꿈치가 들리는 것과 발이 바닥에 닿는 것을 한번에 모두 알아차립니다. 이렇게 뒤꿈치가 일어나는 것과 닿음의 사라지는 것을 알아차리는 것이 '일어남, 사라짐'입니다.

이때부터는 움직임을 알아차리지 말고 느낌에 초점을 맞추어야 합니다. 이렇게 알아차리면 오른발, 왼발의 '일어남과 사라짐'을 알아차리면 집중력이 강화됩니다. 그래서 자연스럽게 일어나고 사라지는 무상의 법을 배웁니다.

(5) 다음에는 알아차리는 힘이 생기면 움직이기 전에 움직이려는 의도를 알아차립니다. 그런 뒤에 뒤꿈치가 들리는 것을 알아차립니다. 서려고 할 때도 의도가 있어서 서는 것이며, 서 있다가 돌 때도 의도가 있어서 도는 것입니다. 이렇게 의도를 알아차리면 경행의 의도와 움직임 밖에 없습니다. 이때의 의도는 마음입니다. 의도에 의해서 발이 움직이는 것을 알게 되면 '원인과 결과를 아는 지혜'가 생깁니다.

(6) 걸을 때의 속도는 적당한 것이 좋습니다. 집중을 하기 위해서 천천히 걸을 수도 있지만 지나치게 속도를 줄여서 하면 몸이 기우뚱거리거나 힘의 소모가 많은 만큼 적당한 속도를 유지하는 것이 좋습니다.
경행을 할 때 지나치게 집중을 하면 상기의 위험이 있으며 너무 힘을 소모한 나머지 좌선을 할 때 졸음에 빠질 위험이 있습니다.

(7) 멈추어 서 있다가 돌 때 발의 움직임을 알아차리는 방법이 있고, 때로는 양쪽 어깨가 크게 회전하는 것을 알아차릴 수도 있습니다. 어깨가 크게 원을 그리며 빙그르 도는 것에 집중하는 방법도 있습니다. 선택은 자유롭게 하면 됩니다.

(8) 계단을 오르내릴 때는 발만을 대상으로 할 것이 아니고 발목,

종아리, 허벅다리, 엉덩이 등 몸의 어느 부분이 되었건 근육이 땅기는 것을 알아차리면 됩니다. 이때는 특별히 발에만 집중을 하지 않아도 됩니다. 알아차림이 중요한 것이지 어느 위치라는 대상은 중요하지 않습니다. 다만 집중력을 향상시키기 위하여 알아차릴 대상을 축소하는 것입니다.

특히 계단을 오르내릴 때는 발목이나 무릎의 관절 부위에 대한 알아차림도 대상이 될 수 있습니다. 계단을 오를 때는 힘이 드는데 이때는 가벼움을 느끼기보다 근육의 땅김을 알아차리는 것이 더 쉬울 것입니다. 또 계단을 내려올 때는 몸의 무거움과 함께 근육이 땅기는 현상을 알아차리면 됩니다.

⑼ 산을 오를 때도 마찬가지입니다. 발바닥 하나를 알아차리는 경우, 몸 전체를 알아차리는 경우, 발의 움직임을 알아차리는 경우, 힘이 많이 들어가는 어느 특정한 부위가 있으면 그 곳을 대상으로 선택하면 좋습니다. 오르막을 오를 때 힘이 들어 호흡이 가빠지면 이때는 헉헉거리는 호흡을 대상으로 알아차리면 됩니다. 헉헉거릴 때의 호흡은 호흡의 특성을 알기에 아주 좋은 순간입니다. 공기의 압력과 밀도의 성품이 가장 크게 나타나는 때이므로 유념해서 알아차리면 평소에 호흡의 성품을 알아차리기가 좋습니다.

또 가슴에서 맥박이 쿵쾅거리는 것이나 가슴의 가쁜 호흡을 대상으로 하는 것이나 가슴에 차오르는 느낌을 대상으로 하는 것도 좋습니다. 거친 호흡을 자연스럽게 알아차리면 집중이 잘 됩니다. 이럴 때는 비교적 강한 대상을 알아차려서 알아차림이 끊어지지 않도록 할 필요가 있습니다. 그러면 가야 할 거리와 시간에 대한 걱정거리가 없어집니다. 오직 걷는 행위와 아는 마음만 있기 때문에 매우 강력하고 좋은 집중이 되어 훨씬 힘이 덜 드는 쉬운 산행이 될 것입니다. 산행에서는 거친 대상이 많이 나타나므로 알아차릴 것이 많습니다.

(10) 한정된 공간이 아니고 일상생활에서 길을 걸을 때도 알아차리면서 걸어야 합니다. 먼저 전방을 보고 몸 전체를 알아차리거나 아니면 차츰 부분적인 대상을 선택하면 됩니다. 알아차림에는 크게 전신을 알아차리는 경우와 국소적으로 한정된 부분만 알아차리는 방법이 있습니다. 두 가지 방법 중 본인이 잘 되는 쪽으로 선택을 하면 됩니다. 그러나 두 가지 방법을 너무 자주 오가며 사용하지 말고 적당한 간격을 두고 알아차림을 해야 합니다.

길을 걸을 때는 보통의 속도를 유지해야 합니다. 너무 천천히 걸으면 쉽게 피곤하고 남의 시선을 받기가 쉽습니다. 그냥 조용히 알맞은 속도를 유지하고 좌우를 살피지 않는 것이 매우 중요합니다. 좌우를 살피는 순간 정보가 들어오고 알아차림을 놓치기 쉽습니다.

특히 달릴 때는 호흡 하나를 대상으로 하거나 어느 특정한 부위를 하나 선택하면 알아차림을 놓치지 않고 계속할 수 있을 것입니다.

경행을 위해 특별히 넓은 공간이 필요한 것은 아닙니다. 어디서고 서서 몇 걸음만 걸을 수 있으면 됩니다. 걷는 공간의 넓이가 중요한 것이 아니라 어디서고 자신의 발걸음을 알아차릴 수 있는가 없는가 하는 것이 중요합니다. 이런 경행은 집안의 거실에서 혼자 조용히 걸으면서 해보면 집중이 잘 될 것입니다. 또한 가족들에게 방해가 되지 않도록 조용히 경행을 하면 가정의 분위기가 차분해지고 교육의 효과도 있을 것입니다.

경행을 하면서 조금 집중이 되면 눌림, 간지러움, 차가움, 시원함, 당김, 저림 등등의 느낌이 나타나기 마련입니다. 이것이 몸에서 알아차 릴 수 있는 지, 수, 화, 풍의 사대의 요소입니다. 이것이 나타났다는 것은 집중이 되었다는 것이므로 그냥 계속해서 알아차리십시오. 주변의 소리에 놀라는 것은 집중이 깊어졌기 때문입니다. 이때는 집중을 가볍게 해줘야 합니다.

"경행을 하면서 그냥 거친 느낌이 있으면 마음이 자연스럽게 가는 것인데 자꾸 마음이 먼저 대상에 가서 보려고 합니다." 이 말에 문제가 있습니다. 거친 것이 나타났다고 자연스럽게 가서 보는 것이라고 생각해 서는 안 됩니다. 갈 수도 있고 가지 않을 수도 있습니다. 가는 것도 자연스러운 것이며, 가지 않고 알아차리고 있는 대상을 붙잡으려고 하는 것도 자연스러운 것입니다. 두 가지 다 문제가 있는 것이 아니니 마음이 가는 대로 하면 됩니다.

잘하려고 하면 마음이 긴장하여 몸이 긴장합니다. 그래서 균형을 잃습니다. 균형을 잃으면 잃은 대로 알아차리고 다시 걸으면 됩니다. 다만 균형이 무너졌을 때 너무 천천히 걷거나 긴장이 되어서 그렇다는 것을 알면 됩니다.

　좌선이나 경행이나 잘하려고 하는 것은 모두 탐심입니다. 탐심이 생기면 머리가 아프고 집중이 되지 않습니다. 그래서 머리가 아플 때도 탐심이 있었다는 것을 알면 됩니다. 우리가 가지고 있는 것은 탐심과 성냄이 가장 많습니다. 그래서 탐심이나 성냄이 일어날 때 이것이 일어난 것을 알아차리는 것이 수행입니다.

신념처의 단계별 수행

문 ‖ 신념처를 단계별로 나누어 알아차리는 경우, 1단계에서 2단계 혹은 3단계로 넘어가는 시점이 언제인지를 구별하기가 어렵습니다. 의도적으로 조절해야 하는지요, 아니면 그냥 자연스러움에 맡겨야 하는지요? 그러니까 왼발, 오른발이 나아감을 아는 정도에서 발의 단단함, 부드러움 등 느낌을 아는 것으로 전환할 때 의도가 들어가야 하는지, 아니면 자연스럽게 느낌의 단계로 넘어가게 되는 것인지 알고 싶습니다.

♣ ♣ ♣

답 ‖ 신념처를 할 때 3단계로 나누는 것에 대한 질문을 하셨습니다. 수행은 이론적으로는 1단계, 2단계, 3단계로 나눌 수 있겠지만 처음에 실수행에서는 무쪽을 자르듯이 나누기가 어렵습니다. 그러나 노력하면 가능한 일입니다. 이렇게 나눌 수 있는 것도 아는 힘이 있을 때 가능합니다.

그러나 3단계라는 큰 틀 안에서 끊어지지 않고 다음 단계로 이어지는 것이 중요합니다. 언제 다음 단계로 넘어가느냐 하는 시기의 문제는 인위적으로 할 수도 있고 자연스럽게 넘어갈 수도 있습니다. 집중이 되는 상태에 따라 스스로 선택할 수 있는 일입니다. 하다 보면 알아차릴 수 있습니다.

이렇게 알아차릴 때 의도를 내서 하느냐, 자연스럽게 하느냐 하는 것인데 의도와 자연스러움이 모두가 적용되어야 합니다. 의도는 하려는 마음이고, 자연스러움은 특별한 의도 없이 나타나는 대상을 있는 그대로 지속해서 알아차리는 것입니다. 이런 경우에 이것이냐, 저것이냐 라고 고민하면 덫에 걸립니다. 그래서 어려움이 있을 때는 마음이 가는 대로 알아차리면 됩니다. 어떻게 아느냐가 중요한 것이 아니고 알고 있느냐가 중요한 것입니다.

3단계로 나눌 때의 1단계는 처음 수행을 시작하는 사람이나 수행 중에 수행이 잘 안 될 때를 위해 설정된 단계입니다. 쉽고 단순하게 보는 것은 우선 움직임, 곧 모양이므로 집중을 위해서 알아차리는 방법입니다. 이는 알아차리는 힘이 없는 상태에서 마음에 부담을 주지 않고 편하게 하는 것으로 선택한 방법입니다. 이렇게 모양 알아차리기를 하다 보면 집중이 되고 자연스럽게 2단계인 성품 알아차리기가 됩니다. 다시 성품을 알아차리다 보면 자연스럽게 3단계의 마음의 창에서 알아차리는 방법이 됩니다.

수행을 처음 시작하는 분이나 또는 경험이 있는 분들도 먼저 어떤 대상이나 모양의 중앙에 단단하게 고리를 걸어 마음이 대상에서 떨어지지 않게 합니다. 그런 뒤에 이 상태를 지속하다 보면 다음 단계로 자연스럽게 대상의 성품을 알아차리게 됩니다.

이 말은 처음에는 모양을 알아차리되 그 모양을 놓치지 말고 집중을 하다 보면 차츰 자연스럽게 성품을 본다는 것입니다. 결국 우리가 알아야 하는 것은 성품입니다. 모양은 개념으로 외관상의 것이지만 실재하는 것은 모양 안에 있는 성품입니다. 수행은 이처럼 모양과 성품의 유기적 관계가 자연스럽게 유지되어야 합니다.

그 외에 3단계로 마음을 알아차리는 것은, 있는 마음 알아차리기, 때때로 일어나는 탐욕, 성냄, 어리석음의 마음 알아차리기, 하려고 하는 의도 알아차리기, 새로 마음을 내서 아는 마음을 알아차리기 등등이 있습니다. 이것은 2단계의 성품을 알아차리기와 또 다른 마음으로 알아차리는 수행방법입니다.

1단계, 2단계 하는 문제는 수행의 효과적인 방법을 위한 개념입니다. 이것이 바로 빤냐띠paññatti입니다. 이것은 절대적인 것이 아니고 필요에 의해 전제된 조건들입니다. 이 경우뿐만 아니고 다른 경우에도 그런 탄력적인 수용이 필요할 것입니다. 누구나 각자의 성향이 있기 때문이며, 그래야 효과적이고 획일화되지 않은 자연스러움이 있습니다.

우선 호흡이나 몸의 움직임, 발의 움직임을 보라고 할 때 흔히 시작과 중간과 끝을 보라고 합니다. 이때 시작을 보고, 중간을 보고, 끝을 보려고 하면 개념의 함정에 빠집니다. 이는 문자의 함정에 빠지는 것이며, 빤냐띠에 빠지는 것입니다.

시작과 중간과 끝을 보라는 말은 처음부터 끝까지 놓치지 말고 알아차리라는 뜻이며 분명한 앎을 하라는 것입니다. 이렇게 알아차리려면 어느 정도 수행이 발전되어야 합니다. 그러나 이런 단계적 방법을 거치면 비로소 처음과 중간과 끝을 보는 과정에 이릅니다.

수행을 시작하고 처음부터 시작과 중간과 끝을 알아차리려고 하면 수행이 어려워서 마음이 달아나 버립니다. 그래서 수행을 포기합니다. 만약 책을 보고 수행을 하는 경우에 이런 것을 그대로 하려고 하기 때문에 장애를 극복할 수 없어서 문제가 있습니다. 그래서 수행은 경험자의 지도가 필요합니다.

화난 마음을 보라

문 ‖ 저는 얼마 전부터 마음이 불편한 일이 있어 자꾸 화내는 마음이 일어나 그 마음을 보는 것이 어려웠습니다. 그러다 보니 생활하는 데도 지장이 있을 정도입니다. 수행을 통해 화를 다스리는 법에 대해서 알고 싶습니다.

♣ ♣ ♣

답 ‖ 화가 났을 때는 먼저 화가 난 것을 알아차리고 화를 낸 마음을 알아차리십시오. 화를 낸 마음을 얼마나 빨리 보느냐 늦게 보느냐에 따라 결과가 달라집니다. 화를 낸 마음이 커진 뒤에는 아무리 보아도 쉽게 소멸되지 않습니다. 화도 세력이 커진 것입니다.

보는 힘과 화의 균형이 무너지고 화가 너무 커지면 보는 힘이 힘을 못 씁니다. 그래서 커지기 전에 빨리 보아야 합니다. 오래 두면 눈덩이처럼 커져서 계속 굴러가면서 모든 것을 덮쳐버립니다. 이때 화의 원동력은 화를 낸 마음입니다. 그래서 화가 화를 더 내게 합니다.

사람들의 마음은 자연히 서두르는 쪽으로 변해 갑니다. 항상 무엇이나 빨리빨리 합니다. 화도 빨리빨리 냅니다. 그런데 정작 화가 났을 때는 그것을 빨리빨리 보지 않습니다. 나쁜 것은 빨리빨리 하고 좋은 것은 천천히 합니다. 이것이 무지입니다.

화가 났을 때 빨리 화난 것을 알아차리고, 그리고 화가 난 마음을 알아차리십시오. 화가 난 것을 아는 것은 알아차림이고, 그 뒤에 화난 마음을 알아차리는 것은 마음을 알아차리는 심념처 수행입니다. 이때 마음을 못 보았다면 마음을 보는 힘이 약하든가, 아니면 이미 육체적으로 괴로운 느낌에서 정신적인 괴로운 느낌으로 넘어간 것입니다. 육체적 괴로운 느낌으로 화살을 한 번 맞고 다시 이 괴로움이 정신적인 것으로 발전하면 화살을 두 번 맞은 것이니 쉽지가 않습니다.

화살을 한 번 맞는 것은 육근이 대상에 부딪쳤을 때 처음으로 일으킨 화입니다. 이것이 육체적인 느낌의 상태입니다. 이 상태에서 알아차리지 못하면 자연히 정신적인 상태로 넘어갑니다. 그래서 정신적인 괴로움으로 상승합니다. 이것이 화살을 두 번 맞은 것입니다. 이렇게 정신적인 상태로 넘어가면 불길이 걷잡을 수 없이 커진 것입니다. 그래서 소방수가 물을 뿌려도 잘 꺼지지 않습니다.

그러나 이 상태에서라도 알아차려야 합니다. 늦었다고 생각할 때가 제일 빠른 때입니다. 그것을 그냥 놔두면 또 다른 부작용이 생깁니다. 이때부터 더 큰 업이 될 만한 행동이 나오기 시작합니다. 그래서 정신적 황폐가 시작되고 물질적 파괴가 시작됩니다. 이 불은 자신을 불태우고 상대를 불태웁니다. 그리고 이제 이웃집으로까지 번집니다.

이런 상태가 되었다고 포기할 수는 없습니다. 물리적으로는 불길이 커져 불을 끌 수 없어 끝난 것이라고 볼 수도 있습니다. 그러나 이때 수행자는 냉정하게 그 상태를 다시 지켜봐야 합니다. 수행자는 언제나 끝이 없습니다. 그 상태에서 새로 시작해야 합니다.

화가 났을 때 없애려고 하지 마십시오. 화는 없애야 될 대상이 아니고 알아차려야 할 대상입니다. 그래서 화도 법입니다. 이때의 법이란 알아차릴 대상이란 말입니다. 알아차림에서는 선업이나 악업이나 동등하게 취급받을 권리가 있습니다. 화도 집에 찾아온 손님입니다. 손님을 내치면 손님이 기분 나빠서 그냥 물러가지 않습니다. 반드시 해코지를 합니다. 이것은 자연의 이치입니다. 화도 살려고 나왔는데 없애려고 압박을 가하면 기분 나쁘지 않겠습니까? 그래서 화도 스스로 살아남으려고 몸집을 불립니다.

화가 났을 때 알아차림이 얼마나 빠른가, 없애려고 보았는가, 그리고 화가 난 마음을 보았는가, 화난 마음을 본 뒤에 가슴으로 가서 가슴의 느낌을 보았는가 하는 것에 따라 화의 결과가 달라집니다. 이것이 수행을 한다고 하는 것입니다.

적절히 대응하지 않고 없어지기만 바라는 것은 원인과 결과를 무시한 처사입니다. 알맞은 방법으로 노력해야 사태가 해결됩니다. 잘 안 되었다면 반드시 원인이 있습니다. 그것은 본인이 알아야 합니다. 결국은 누가 해결해 줄 수 없고 자신이 해결해야 합니다.

화난 마음은 꼭 보아야 합니다. 화난 마음을 보아야 화난 마음의 자연적 성품이 무엇인지를 알게 됩니다. 화난 마음의 자연적 성품은 탐심이라고 하는 욕망입니다. 이 화가 내가 일으킨 탐심 때문에 일어난 것을 아는 것은 원인을 아는 것이고, 원인을 알아야 문제가 해결됩니다. 이런 원인을 알기 위해 화난 마음을 봐야 합니다. 그러면 뿌리를 보는 것입니다. 마음에는 뿌리가 있습니다. 뿌리가 바로 원인입니다. 원인을 알면 바로 해결이 될 수가 있고, 안 되더라도 해결의 실마리가 잡힌 것입니다. 원인을 모르면 계속 같은 실수가 되풀이됩니다. 이것이 어리석음입니다.

한 가지 일로 화가 고질이 되어 계속 나타나는 것은 싫어하는 것을 집착해서 그렇습니다. 그러나 자신은 정작 싫어하는 것을 좋아하는 줄 모릅니다. 수행자들에게 이런 사실을 알려주어도 아니라고 합니다. 한 가지 사건, 한 가지 일로 자꾸 화를 내는 것은 그 일을 싫어해서 그렇지만 사실은 그 일을 문제 삼고 싫어하는 것을 좋아하고 있는 것입니다. 좋아하지 않으면 좋거나 싫거나 간에 자꾸 생각하지 않습니다. 마음을 보면 싫어하는 것을 좋아하고 있는 것이 보입니다.

그러나 화난 마음을 보고서 원인을 못 보아도 좋습니다. 언젠가는 보입니다. 보여서 아는 것이지 원인을 보려고 찾지 마십시오. 그것은 생각으로 원인을 분석하는 것입니다. 그것은 심리학자의 일이고 수행자는 분석 없이 그냥 느껴지는 것을 알기만 하면 됩니다.

화가 난 마음을 보고 그 마음이 사라진 것까지 보아야 합니다. 그러나 화가 난 마음을 너무 오래 보고 있으면 안 됩니다. 사라진 화가 다시 치밀어 오릅니다. 그래서 빨리 가슴으로 가서 화난 마음이 일으키고 간 뒤에 남아 있는 느낌을 보아야 합니다.

이것이 마음을 보고 마음의 작용까지 보는 것입니다. 마음은 반드시 마음의 작용인 느낌과 상과 행위까지 보아야 비로소 마음을 보았다고 할 수 있습니다. 그냥 마음만 본 것은 반쪽만 본 것입니다.

가슴에서 일어난 느낌을 보는 것도 분명히 알아차릴 정상적인 대상을 보는 것입니다. 마음이 사라진 것을 보고 채널을 바꾸어서 새로운 화면을 보는 것입니다. 거친 느낌에서 중간 것, 미세한 것까지 모두 지켜봐야 합니다. 거친 것 따로, 중간 것 따로 있는 것이 아니고 변화하는 느낌 모두를 보아야 합니다. 이런 과정을 거쳐야 비로소 화에 대해 알맞게 알아차렸다고 할 수 있는 것입니다.

완전한 방법으로 알맞게 대처하지 않고 문제를 해결하려고 하는 것은 복권이 당첨되기를 기다리는 것과 같습니다. 세상일에는 원인과 결과만 있습니다. 수행이란 경우에 따라서 탄력적으로 대처해야 할 때가 많습니다. 상황에 따라 기민하게 방법을 바꾸어서 수행을 해야 합니다. 그러므로 스스로 응용해야 살아 있는 수행을 할 수 있습니다.

여기까지 말씀드린 내용은 보편적인 방법을 말한 것입니다. 바쁠 때는 또 그때에 맞는 방법을 찾아야 합니다. 화가 너무 강하게 일어났을 때는 마음을 볼 여유가 없습니다.

그런 때는 바로 가슴으로 가서 쿵쿵거리는 느낌을 보아야 합니다. 그러면 급한 불은 꺼집니다.

수행이란 어떤 큰 틀 안에서 본인에게 맞는 적절한 방법을 찾아서 해야 합니다. 그래야 성취감도 있고 재미도 있습니다. 그러나 자기만의 방법을 개발했을 때는 한번쯤 상담을 하는 것이 좋습니다. 잘못된 방법을 계속해서 사용하면 좋지 않기 때문입니다.

성내는 것과 무지는 온 세상을 불태워 버리는 두 개의 큰불입니다. 처음에는 무지 때문에 욕망이 생기고, 그 욕망 때문에 화를 냅니다. 무엇이나 출발은 무지 때문입니다. 그래서 무지가 대장입니다. 무지에는 약도 없습니다. 무지는 모르는 것이고, 무지가 없는 것은 아는 것입니다. 아는 것은 지혜가 있다는 것입니다. 무지에 필요한 약은 딱 한 가지입니다. 그것이 바로 알아차림입니다.

화가 났을 때 그것을 적절한 방법으로 알아차려서 소멸되었다면 화가 난 것 때문에 오히려 기쁨을 얻습니다. 그때는 좋아하는 자기를 보아야 합니다. 이렇게 지속되어야 바르게 하는 것입니다.

또 없애려 해도 없어지지 않으면 화를 더 내게 됩니다. 이럴 때는 기분이 나빠져서 화를 더 내게 됩니다. 내가 없애려고 했는데 이것이 까불고 안 없어지네 하고 다시 화를 냅니다. 그래서 화와 싸우게 됩니다. 이러면 화에 기름을 부은 것입니다. 자신은 안 그럴 것 같아도 모두 그러고 삽니다.

사실 화를 없애려고 한 나는 없습니다. 그 순간의 마음이 없애려고 했습니다. 자존심 상할 것 없습니다. 그렇지 않아도 화가 나서 피가 뜨거워졌는데 이렇게 되면 뜨거운 피가 더 뜨거워져서 악순환이 계속됩니다. 이것이 화살을 두 번 맞는 것입니다.

화살은 안 맞는 것이 좋고 이미 맞았다면 두 번은 맞지 말아야 합니다. 그러나 우리는 두 번으로 그치지 않고 계속 연달아서 화살을 맞습니다. 그래서 파격적인 결과를 맞이합니다. 그런 동안 여러 가지 물질적·정신적 피해가 커집니다. 이 과정에서 자신의 나쁜 성향만 더 가중됩니다. 이런 것을 알아차리는 것이 수행입니다.

대화할 때의 알아차림

문 ‖ 다른 사람과 얘기할 때는 알아차림이 잘 되지 않습니다. 대화할 때 효과적으로 알아차리는 방법이 있는지요?

♣ ♣ ♣

답 ‖ 알아차리면서 말하기가 가장 어렵습니다. 먼저 말을 할 때는 자신이 말하는 내용을 잘 알아차려야 합니다. 다음으로 말하는 자신의 목소리를 알아차립니다. 그리고 다시 말을 듣는 상대의 표정을 알아차리면서 말하는 것이 좋습니다. 이렇게 여러 가지 과정을 종합해야 하기 때문에 어려움이 있다고 말하는 것입니다.

말하는 나의 몸과 마음을 알아차리는 것도 중요하지만 듣는 상대의 입장도 고려하는 것이 중요합니다. 말을 한다는 것은 상대를 대상으로 하는 것이므로 말하는 사람의 일방통행이 되어서는 효과가 적을 것입니다.

말을 할 때는 말할 때의 알맞은 알아차림과 집중이 필요합니다. 또한 노력도 더 배가되어야 합니다. 그래서 말을 할 때의 알아차림과 집중과 노력은 다른 행동을 할 때와는 다르다는 것을 유념해야 합니다.

말에는 일정한 규범이 있습니다. 팔정도의 정어가 말의 계율입니다. 그래서 지위로 말하지 말고, 돈으로 말하지 말고, 관념으로 말하지 말아야 합니다. 욕망으로 말하지 말고, 화를 내면서 말하지 말고, 어리석음으로 말하지 말아야 합니다.

관용으로 말하고, 자애로 말하고, 지혜로 말하기 위해서는 알아차리면서 말해야 합니다. 남이 말하면 듣고, 물으면 대답하고, 좋은 말을 하면 받아들여야 합니다.

마음이 자꾸 나태해지면

문 ‖ 자꾸만 마음이 해이해지고 수행하기가 싫어집니다. 수행에 강력한 동기가 될 만한 일침과 조언을 부탁드립니다.

♣ ♣ ♣

답 ‖ 마음이 해이해지는 것은 누구에게나 항상 있는 일입니다. 이것이 다섯 가지 장애 중에 세 번째에 해당하는 게으름입니다. 이 장애는 우리의 잠재적인 본성입니다. 수행자는 나태한 상태에서 벗어나려고 하지만 잘 되지 않습니다. 왜냐하면 벗어나려고 하기 때문입니다. 나태한 상태가 좋아서 게으름을 피우고 있는데 벗어나려는 요구는 강렬하지 못하기 마련입니다. 사실 가장 맛있는 것이 게으름을 피우는 것입니다. 그래서 자기도 모르게 게으름에 집착하고 있는 것입니다. 바로 이것을 모르고 있기 때문에 잘 안 되는 것입니다.

이때는 해이한 마음에서 벗어나려 하지 말고 '지금 내 마음이 해이해져 있구나' 하고 알아야 합니다. 그래야 해이한 것을 객관화해서 알아차리게 됩니다. 이것이 온전한 통찰입니다. 이때는 아는 것으로 그치지 않고 그 마음을 알아야 합니다. 마음이 게으름을 좋아하고 있는 것을 알지 못하면 백년하청이 되기 쉽습니다.

해이한 마음을 바꾸려 하지 말고 해이한 마음을 다시 살펴볼 수 있어야 합니다. 그리고 즉시 가슴으로 가서 느낌이나 호흡을 대상으로 주시해야 합니다. 생각으로 그치지 말고 당장 몸의 대상으로 와서 다시 수행을 시작해야 합니다.

수행을 잘하려면 항상 미루지 말고 지금 이 순간부터 조용히 호흡이나 가슴의 느낌을 주시해야 합니다. 그러나 이것이 가능하지 않습니다. 왜냐하면 잘해 보려고 하는 것이 단순히 생각에 그친 것이기 때문입니다. 그러니 그런 것을 느꼈을 때 당장 이 자리에서부터 알아차리려는 의지를 내야 합니다.

만약 이것이 안 되면 이익이 있는 것이 무엇인지 알아차려야 합니다. 우리는 이익에 민감하기 때문에 해이가 게으름이고, 이것은 불선업이며, 이익이 없는 것이라는 생각이 들어야 비로소 빠져나오고 싶어 합니다. 평생을 놀고도 지금 또 놀아야 되겠습니까? 살면서 한 일이라고는 망상만 피우고 욕심 부리고 화를 낸 일밖에 없습니다. 그래서 이것이 이익이 있는 것인지 없는 것인지를 아는 것을 '분명한 앎'이라고 합니다.

수행에 가장 강력한 동기가 될 만한 일침과 조언은 없습니다.

부처님께서나 아라한이나 훌륭한 큰 스승님들 모두 한결같이 "알아 차려라!" 이 한마디입니다. 사실 더 급한 것은 가장 강력한 자극을 원하는 그 마음을 알아차려야 합니다. 여기에는 탐심이 도사리고 있습니다. 어떤 특별한 것을 바라는 마음이 있을 수 있습니다.

우리는 정신이 번쩍 나는 그런 귀중한 말이나 방법이나 지혜를 얻고 싶어 합니다. 그래서 스승을 찾아서 헤맵니다. 이것이 문제입니다. 그러나 어디에도 그런 비방은 없습니다. 수행에 특별한 방법은 결코 없습니다. 오직 자신의 몸과 마음을 알아차리는 방법이 유일한 길입니다.

그러나 어떤 경우에 좋은 말이나 특별한 방법으로 한번 효과를 보아 약발을 받았다고 하면 다음에도 또 그런 자극적이고 교훈적인 것이 있어야 정신이 들게 될 것입니다. 그러면 수행은 끝입니다.

그러자면 자꾸 맞아야 되고 종아리에 피가 날 것이고, 항상 불만족이 있을 것이며, 부산함밖에 없을 것입니다. 다음에는 더 강렬해야 맛이 날 것이기 때문입니다. 이것이 바로 감각적 쾌락을 추구하게 되는 이유입니다.

이미 아는 것처럼 답은 다 나와 있습니다. 애써 서점에 가서 모범답안을 사려고 할 것이 없습니다. "지금 현재의 마음을 알아차리고 즉시 몸으로 가서 호흡이나 가슴의 느낌을 주시하는 것입니다."

그런데도 우리는 항상 답을 밖에서, 다른 사람에게서 구하려고 합니다. 물론 안내는 받아야 합니다. 우리 시대에 위대한 안내자가 바로 부처님이십니다. 그러나 그분께서는 그냥 안내자일 뿐입니다. 결국은 자신이 자신의 몸과 마음을 알아차리는 것으로 해결해야 합니다.

참고로 지난번 제가 미얀마에 가서 수행을 했던 이야기가 도움이 될 것 같아서 말씀드리겠습니다. 지난번 제가 단체를 인솔하고 가서 수행을 하려니 수행이 될 리가 없었습니다. 이번 여행은 수행을 하는 것 외에도 몇 분의 스승과 출판계약을 하는 일과 다른 여러 가지 일들이 많았습니다. 그래서 수행을 하려면 여러 가지 아이디어가 떠올라서 계획을 세우느라 정신이 없었습니다. 그러나 수행에서는 이것이 모두 망상에 불과한 것입니다. 어찌나 번뜩이는 기가 막힌 아이디어가 쉬지 않고 떠오르던지 정말 망상도 이런 망상이라면 할 만했습니다.

이런 상황에서 저는 수행을 잘하려고 하지 않았습니다. 계속 망상이 떠오르면 떠오른 것을 알아차렸습니다. 하도 망상이 많이 떠올라서 알아차릴 겨를이 없을 정도였지만 그래도 알아차리려고 했습니다. 이때의 마음가짐은 '단체를 인솔하고 왔으니 당연히 생각할 것도 많을 수밖에 없겠지' 하고 망상 그 자체를 그대로 수용하고 계속 알아차렸습니다.

그래서 수행이 안 되면 안 되는 것을 그대로 알아차리고, 망상이 많으면 많은 것을 그대로 알아차리고, 마음이 달아나면 달아난 것을 알아차리고, 늦게야 알아차릴 때는 늦게 알아차린 것을 알고, 저는 제 마음에 대항하지 않았습니다. 다만 그런 상황을 지속적으로 알아차렸습니다. 물이 흐르듯이 현실을 받아들였습니다. 저는 결코 수행을 잘하려고 하지 않았습니다. 다만 현재의 상황을 그대로 받아들여 알아차렸습니다.

결국 이번 여행에서 저는 더 큰 것을 얻었습니다. 수행이 안 될 때 안 되는 것을 알아차리니 마음이 편하고, 결국에는 고요함이 왔습니다. 아이디어는 아이디어대로 건지고, 수행은 수행대로 했습니다. 수행이란 이런 것이로구나 하는 것을 새삼 더 느낄 수 있었습니다. 장애가 있었기 때문에 더 성숙할 수 있었던 것입니다.

결론은 꼭 어떤 상황이 중요하다거나 무엇이 문제가 아니라, 어떤 상황에서도 내가 그것을 받아들여 알아차림을 할 수 있는가 하는 것이 중요합니다.

바꾸어 말하면 결과적으로 내 마음이 흔들렸는가, 고요한가 하는 것입니다. 흔들렸으면 현상을 대상으로 알아차리지 못한 것이고, 고요했으면 어떤 대상이 되었거나 알아차려서 스스로 평온을 얻어 마음이 안정되었다는 말입니다. 그러나 대상을 알아차리지 못하고 마음이 흔들린 것을 늦게라도 알았다면 이 또한 다행한 일입니다. 알아차림에 늦고 빠름이 없습니다. 결국 알았는가, 몰랐는가 하는 것입니다.

　수행을 한다는 것은 "모든 상황이 알아차릴 대상에 불과하다는 것"
이것이 강력한 동기가 될 만한 일침과 조언이라고 생각됩니다.

　언제나 자신의 몸과 마음이란 현재의 상황을 알아차리는 것밖에
달리 방법이 없습니다. 그래서 조금은 바보 같아야 합니다. 결국 이것이
가장 현명한 지혜가 됩니다.

　무엇이나 도우님의 마음이 합니다.
　지금 도우님의 마음이 무엇이나 선택할 수 있습니다.

감정의 기복이 심하다면

문 ‖ 저는 예전에 진언을 주로 외는 수련원에 다니면서 일상생활을 하는 중에도 틈틈이 진언을 외며 지냈습니다. 그곳을 그만둔 뒤에는 절에 다니면서 염불도 하고 절도 했습니다.

진언을 외거나 염불을 하고 있으면 잡념이나 망상이 떠오르지 않아서 마음이 어떤 힘든 일을 만나도 크게 복닥거리지 않고 나름대로 내면의 평화를 유지하면서 지내왔습니다.

그런데 위빠사나를 알고 나서부터는 진언을 외거나 염불을 하지 않고 몸이나 마음의 느낌을 알아차리려고 노력하게 되었습니다. 진언을 외거나 염불을 한 것이 많은 도움이 되기도 하였지만, 궁극적으로는 내면의 감정을 억누르거나 덮어버리고 위장된 평화를 누리고 있었다는 생각이 들어서입니다.

그런데 위빠사나 수행을 하고부터는 감정의 기복이 갑자기 심해진 듯합니다. 예전보다 화가 날 때가 많아집니다. 화난 마음을 알아차리고, 화를 내는 그 마음이 바라는 마음 때문이라는 것도 알겠는데도 화가 쉬이 가라앉지가 않습니다. 빨리 사라지기를 바라는 마음이 탐욕이라는 것도 생각으로는 압니다.

"

어떨 때는 화나는 마음에 중독된 것이 아닌가 싶습니다. 가슴의 느낌으로 가면 답답하기만 합니다. 무거운 돌덩이가 달려 있는 듯 아주 무겁습니다. 아무 말도 하고 싶지 않고, 그냥 자고 싶어집니다.

그렇게 해서 자고 나면 다시 개운해집니다. 이랬던 적이 없었던 것 같은데 너무 황당하기도 하고 갱년기 우울증이라는 것이 찾아왔나 하는 생각이 들기도 합니다. 알아차림이 약해 제대로 알아차리지 못해서 그런 것인가요?

♣ ♣ ♣

답 ‖ 진언이나 염불은 괴로움을 해결하기 위해서 번뇌를 억누르는 사마타 수행입니다. 이런 수행을 선정수행이라고 합니다. 부처님께서도 선정수행을 하셨습니다. 그러나 선정수행이란 수행을 할 때는 편안하지만 하지 않을 때는 번뇌가 다시 나타납니다. 그래서 근본적인 해결방법이 아닙니다. 그렇기 때문에 부처님께서도 6년 동안 방황하시다가 스스로 위빠사나 수행을 찾아내신 것입니다.

위빠사나 수행은 지혜수행이라서 나타난 대상을 억누르지 않고 그냥 지켜봅니다. 그래서 처음에는 어려움이 있습니다. 그러나 위빠사나 수행에서는 이 어려움이 바로 알아차릴 대상입니다. 화가 나는 것을 알고, 마음이 혼란하다는 것을 안 것은 이제 처음으로 자신의 진실한 내면을 본 것입니다. 수행에서는 이것을 큰 변화라고 봅니다. 수행은 이렇게 시작하는 것입니다.

　사마타 수행자가 위빠사나 수행을 하면 처음에는 이러한 혼란이 옵니다. 그래서 때로는 과거에 하던 진언을 다시 외우기도 할 것입니다. 그러나 마음이 위빠사나의 가치를 인정했다면 이제 과거로 되돌아갈 수도 없습니다. 이런 상황은 누구에게나 있는 일입니다. 누구나 자기가 하던 것에 익숙해 있기 때문에 바꾸려 하지 않습니다. 그래서 이런 면담이 필요한 것입니다.

　어떻게 하시겠습니까? 과거로 돌아가시겠습니까, 아니면 새로운 방법으로 근본적인 해결을 도모하시겠습니까? 그렇다고 해서 사마타 수행이 나쁘다는 것은 아닙니다. 매우 힘들 때는 하셔도 됩니다. 그러다 어느 정도 지혜가 생기면 자연스럽게 하지 않게 됩니다. 그러므로 어떤 수행을 하거나 선택은 자신이 하는 것입니다. 다만 위빠사나 수행은 어떤 것도 바라지 않고 그냥 대상을 주시하는 지혜수행이라서 인내가 필요합니다.

　위빠사나 수행을 통찰수행, 내관內觀, 직관直觀이라고 합니다. 통찰은 대상의 성품을 꿰뚫어 본다는 뜻입니다. 직관은 자신의 몸과 마음을 알아차린다는 의미입니다. 직관은 추리나 경험에 의하지 않고 직접 대상을 알아차리는 행위를 말합니다. 그래서 바른 위빠사나 수행을 한다는 것이 간단한 것이 아닙니다. 바로 이런 과정을 충실하게 해야 비로소 위빠사나를 한다고 말할 수 있습니다. 그래서 노력이 필요하고 그에 따르는 적절한 시간도 필요합니다. 이처럼 하기가 어려운 수행이지만 만약 그대로 하기만 한다면 매우 놀라운 힘이 생깁니다.

예전보다 화가 더 많아진 것은 법을 본 것입니다. 화는 실재하는 현상이며 날 만한 이유가 있어서 난 것입니다. 화가 많아졌다는 것은 이제 분리해서 보는 힘이 생겼다는 것입니다. 이제 화를 낸 것이 탐욕 때문이라고 생각으로 알지 말고 알아차림으로 알아야 합니다. 알아차려도 화가 소멸되지 않는 것은 아직 화를 있는 그대로 분리해서 보는 힘이 약하기 때문입니다.

화는 탐욕 때문에 생긴 것이라고 생각으로 알지 말고 수행의 지혜로 알아야 합니다. 그리고 탐욕은 어리석음 때문에 생긴 것이라고 생각으로 알지 말고 수행의 지혜로 알아야 합니다. 오래전부터 있었던 화를 이제 조금 보기 시작하고서 그것이 소멸하기를 바라는 것이 어리석음입니다. 화를 내며 살아온 만큼 알아차리는 시간도 필요합니다. 이것이 지혜입니다.

화를 많이 내는 것은 화를 습관적으로 집착하고 있다는 것입니다. 그래서 당연히 가슴이 단단하고 무겁습니다. 그리고 마음이 갑갑합니다. 이때 그냥 가슴으로 가서 단단한 느낌을 주시해야 합니다. 없애려고 하지 말고 단지 대상으로 알아차려야 합니다. 그러나 이런 느낌을 인내하면서 받아들이지 못하고 있습니다. 이런 모든 것들이 원인과 결과에 의한 것이라고 알고 인내하면서 알아차려야 합니다. 참고 지켜보지 않고

서는 무엇도 성취하지 못합니다.

돌덩어리다, 갱년기다, 우울증이다, 하는 것은 모두 관념입니다. 실재하는 것은 갑갑한 마음, 단단한 느낌입니다. 이것을 없애려고 하지말고 있는 그대로 알아차리십시오 화를 내는 힘이 많은 사람은 지혜를 내는 힘도 많습니다.

긴장과 게으름

문 ‖ 저는 아주 게으릅니다. 게으름에 빠지면 알아차리려는 노력마저도 싫어 그저 편안하게 가라앉거나 즐기는 것에 붙어 있으려 합니다.

제 경우 평일에는 직장에서 받는 갖가지 경계들 속에서 평정을 유지하려는 노력으로 몸과 마음이 상대적으로 깨어 있게 되지만, 주말이면 편하게 즐기려는 마음에 빠져 몸과 마음의 나태와 쾌락을 즐깁니다. 이런 게으름을 어떻게 대처하면 될까요?

♣ ♣ ♣

답 ‖ 게으름은 누구에게나 있는 것입니다. 다만 이것이 있는 것을 알아차리지 못하면 아직 생겨나지 않은 게으름이 더 생겨나도록 조장하게 됩니다. 그리고 알아차리지 못하면 이미 생겨난 게으름을 더 드세게 하는 자양분을 공급하는 셈입니다. 그래서 게으름이 게으름을 영양분으로 먹고 더 성장합니다.

보통 우리가 화를 낼 때 화를 내는 원인은 욕망 때문입니다. 욕망이 없으면 화를 낼 일이 없습니다. 그러면 욕망의 원인은 무엇일까요? 욕망의 원인은 바로 무지입니다. 무지해서 불필요한 욕망을 내는 것입니다. 바로 이 욕망 때문에 모든 일을 그르치게 됩니다. 그렇다면 다시 무지의 원인은 무엇일까요? 무지의 원인은 무지 그 자체입니다. 마지막에 최종적으로 버티고 있는 모든 원인이 바로 무지입니다. 이때의 무지는 게으름과 같은 것입니다. 이와 같은 게으름에는 혼침이 따르기 마련이라서 수행을 할 때는 혼침과 게으름을 함께 부르기도 합니다. 그래서 불선업 중에서 무지라고 하는 게으름이 가장 큰 왕초입니다.

다음으로 중간 왕초는 욕망입니다. 정작 화를 내는 마음은 욕망의 졸개입니다. 게으름은 이토록 가장 큰 불선업의 마음입니다. 이것을 그냥 단순한 게으름으로 보아서는 안 됩니다. 불선업이므로 악업으로 보아야 합니다. 악업은 반드시 악업의 과보를 받습니다. 게으른 사람은 게으른 것을 좋아해서 게으르다는 사실을 알아야 합니다. 그러므로 자신이 항상 게으름을 선택했다는 것을 명확하게 인식해야 합니다.

게으름의 상태는 무지의 상태이기 때문에 지혜가 나지 않아서 자신이 무엇을 해야 할지를 모르거나 알려고 하지 않는 상태입니다. 그러나 이것은 환경적 요인이 있거나 축적된 성향에 의한 것일 수도 있습니다. 그러므로 여기서 벗어나기가 쉽지 않습니다. 이것이 문제라는 것을 자신이 분명히 알아야 합니다. 그리고 알았으면 수행을 해야 합니다. 모든 것을 나태한 상태로 둔 채 발전을 기대할 수는 없습니다. 부단한 노력없이는 게으름에서 벗어나기가 어렵습니다.

그래서 수행과 함께 경전을 읽어 삶의 숭고한 뜻을 항상 새겨야
합니다. 게으름에 빠진 것과 피곤해서 휴식을 취하는 것과는 다릅니다.
일상의 잡다한 즐거움을 추구하는 것은 감각적 쾌락을 추구하는 것입니
다. 문제는 과연 본인이 깨어나려는 의지가 있는가 없는가 하는 것입니
다. 그러나 일주일 동안의 바쁜 업무가 끝나고 주말이면 편하게 휴식하는
것은 활력을 위해서 필요한 것입니다. 다만 휴식을 취할 때도 일정한
알아차림은 유지되어야 더 이상적이고 효과적인 휴식이 될 것입니다.

게으름과 혼침에 대한 수행방법

1. 나른하고 졸릴 때는 혼침과 게으름이 있는 것을 알아차립니다.
   이것이 오직 알아차릴 대상일 뿐이라고 알아차립니다.
2. 게으름에 빠진 마음을 알아차립니다. 이때 게으름을 좋아해서
   벗어나기 싫어하는 마음을 알아차릴 수도 있습니다.
3. 나태한 상태의 몸을 알아차립니다. 눈꺼풀이 무겁고, 온몸에 힘이
   빠지는 것을 알아차립니다. 이때 이런 현상에 저항하면 안 되고,
   다만 나타난 대상으로 자세하게 알아차립니다.
4. 지나치게 졸음이 올 때는 살짝 눈을 뜨고 바닥을 응시합니다.
   또는 서서 하거나 밝은 곳으로 나가서 경행을 할 수도 있습니다.
5. 이때 알아차리는 힘이 강하면 혼침에서 깨어나게 됩니다. 만약
   혼침에서 깨어났을 때는 이런 현상을 당연히 좋아하게 됩니다.

이때 좋아하는 마음을 알아차려야 합니다. 그렇지 않으면 순간적으로 더 깊은 잠에 떨어지게 됩니다. 그러나 알아차리는 힘이 약하면 결국 졸음에 떨어집니다. 이때도 졸음과 싸우지 말고 잠시 짧은 숙면을 취하고 일어납니다. 졸음이 오는 것도 알아차릴 대상이므로 졸음이 올 때의 몸과 마음의 상태를 주시해 보는 것이 수행입니다.

6. 의식이 맑아지면 가슴에서 일어나는 느낌을 주시하거나 가슴이나 배의 호흡을 주시합니다.

게으름과 혼침의 대처법

1. 과식이 그 원인이라는 것을 알 것. 음식을 탐심으로 먹지 말고 소량으로 줄이고 꼭꼭 씹어서 먹을 것.

2. 좌선 중에 졸릴 때는 자세를 바꿀 것. 지나치게 졸리면 눈을 뜨거나 서서 하거나 경행을 할 것.

3. 밝은 곳의 빛을 알아차릴 것. 어두운 곳에 있지 말고 밝은 곳에서 빛을 볼 것.

4. 실내에 있지 말고 옥외에 있을 것. 지붕이 없는 곳에서 수행을 할 것.

5. 훌륭한 도반을 사귈 것. 잠자기를 즐기지 않는 좋은 도반을 가까이 할 것.

6. 적절한 대화를 할 것. 수면의 불이익과 깨어 있음의 이로움에 관한 대화를 할 것.

부처님께서 말씀하신 졸음을 극복하는 방법

1. 졸음의 원인이 되는 생각을 떨쳐버릴 것.
2. 이전에 들은 가르침을 상기할 것.
3. 가르침을 자세하게 반복해서 생각하며 외울 것.
4. 양 귓불을 잡아당기고 팔다리를 문지를 것.
5. 자리에서 일어나 찬물로 눈을 씻을 것.
6. 밝은 빛에 주의를 기울일 것.
7. 경행을 할 것.
8. 사자와 같이 누워서 쉬되 일어날 시간을 정하고 잠에 들 것.

혼침과 게으름에 관한 비유

혼침과 게으름에 빠지면 물에 이끼와 풀로 덮여 있는 것과 같습니다. 이런 물에 자신의 얼굴이 비쳐지지 않습니다. 그러나 혼침이 사라지면 얼굴을 비쳐 볼 수 있습니다. 게으름은 사람을 올바로 이해하려는 노력도 하지 않습니다. 혼침과 게으름에 빠진 것은 감옥에 갇혀 있는 것과 같고, 그것이 사라지면 감옥에서 나와 해방된 것과 같습니다.

수행에서는 혼침과 게으름을 가장 경계합니다. 잠을 자버리면 상황 끝이므로 더 할 일이 없기 때문입니다. 그래서 수행자는 불필요한 일을 만들어서 하지 않습니다. 공연히 피곤하면 졸리기 마련이기 때문입니다. 그러나 잠이 올 때는 잠들기 전의 마음을 알아차리고 편안한 상태에서 호흡을 주시하면서 잠들기 바랍니다.

직장에서 너무 긴장하면 집에서 반사적으로 게으름이 생길 것입니다. 작용은 반드시 반작용이 있기 마련입니다. 그래서 직장에서 일할 때는 긴장을 풀고 편안하게 근무하기 바랍니다. 너무 잘하려고 하면 긴장하게 되고, 긴장하면 일이 능률적이지 못합니다. 그리고 경쟁적으로 일하지 말아야 합니다. 경쟁을 하면 적이 생깁니다. 남과 비교하지 말고 스스로 자신의 일을 즐겨야 합니다. 긴장한다고 안 될 일이 되지는 않습니다. 집에서 피곤하면 쉬어야 하고, 쉬면서 편안한 마음으로 적절한 알아차림을 유지하기 바랍니다.

행복한 느낌에 대한 알아차림

문 ∥ 저는 쾌활하고 밝은 성격을 만들고 싶은 마음에 매 순간 낼 수 있는 한 의식적으로 기분을 좋게 만들려는 습관을 갖고 있었습니다. 기분을 좋게 만들면 상대방에게 밝고 친절하게 대하게 되고, 스스로도 행복한 느낌을 가질 수 있으리라 생각했기 때문입니다.

그런데 위빠사나를 알고 나서 보니 이것이 느낌에 대한 집착이라고 판단되었습니다. 위빠사나에 대한 믿음을 갖고 수행을 해나가고 싶기도 하지만, 한편으로는 제가 해왔던 습관이 긍정적으로 밝게 사는 방법이 아닌가 하는 생각이 자꾸 들면서 혼란스럽습니다.

♣ ♣ ♣

답 ∥ 물론 행복한 느낌을 일으키는 습관들이 긍정적으로 밝게 사는 방법 중에 하나입니다. 의식적으로 밝은 생각과 밝은 마음을 가지려고 노력한 것은 위빠사나 수행은 아니지만 마음을 하나의 대상에 집중하는 사마타 수행을 하신 것입니다.

사마타 수행은 마음을 한 대상에 집중하기 때문에 마음이 산만하지 않아 마음의 안정을 가져옵니다. 마음이 안정되었기 때문에 상대방에게 친절하게 대할 수 있었고 그 결과로 자신도 행복해졌습니다.

이제는 이런 안정된 마음을 바탕으로 몸과 마음을 있는 그대로 통찰하는 위빠사나 수행을 하면 여기에서 한 단계 더 발전할 수 있습니다. 발전한다는 것은 편안하고 기분 좋은 행복한 느낌이 있어도 이 느낌을 내 것으로 집착하지 않는 힘을 말합니다.

그 방법은 현재를 있는 그대로 알아차리는 것입니다. 위빠사나 수행에서는 자신의 몸과 마음에서 일어나는 현상은 전부 알아차릴 대상(법)으로 볼 뿐입니다. 어떤 좋은 느낌이거나 불편한 느낌이거나 내 것이라고 붙잡지 않고 있는 그대로 알아차리고 그 변화를 지켜봅니다.

지금까지는 의식적으로 어두운 느낌을 몰아내고 기분 좋은 느낌을 일으켰지만 이제부터는 일어나는 느낌이 우울하면 우울한 상태라고 알아차리고, 밝은 느낌이면 밝은 느낌이라고 알아차립니다. 또한 밝은 느낌을 일으키려고 하면 그런 의도가 있음을 알아차립니다. 상대를 편하게 대해서 내 기분이 좋아졌을 때 기분이 좋아진 것을 알아차리고, 그 기분을 내 것이라고 즐기고 있었으면 내 것으로 즐기고 있음을 알아차리는 것입니다. 다시 말하면 지금까지의 기분 좋은 느낌을 일으키는 습관을 버리는 것이 아니라, 있는 그대로 알아차리는 것입니다. 알아차리는 순간 더 이상 집착하지 않게 됩니다. 기분 좋은 느낌이 사라지는 것도 수용하게 된다는 말입니다.

만일 이때 알아차림이 없으면 더욱더 기분 좋은 느낌을 만들려고 하고 그 느낌을 내가 만든 내 것이라고 집착하게 됩니다. 이렇게 기분 좋은 느낌을 집착하면 이것이 더 큰 괴로움의 원인이 됩니다. 어쩌다 기분 좋은 느낌이 생기지 않으면 집착한 만큼 괴롭습니다.

그래서 수행자는 즐겁고 행복한 느낌이 생기면 반드시 그런 느낌을 하나의 현상(법)으로 보고 알아차립니다. 이처럼 지속적으로 마음이 현재 자신의 상태를 구경하듯이 객관적으로 알아차리면 그 과정에서 마음이 안정되고 위빠사나의 지혜가 개발됩니다.

이렇게 지속적으로 자신에 대한 알아차림이 붙으면 어떤 현상에도 괴롭거나 즐겁거나 하는 번뇌가 붙지 않습니다. 마음에 슬픔, 후회, 들뜸, 산만함이 사라져서 아주 평화롭고, 고요하고, 평온한 상태가 됩니다. 이런 마음 상태에서 다시 자신의 몸과 마음을 있는 그대로 보는 통찰력이 더욱 커집니다.

우리들은 일반적으로 자신이 느끼는 느낌 중에서 괴로운 느낌은 싫어서 없애려고 발버둥치고, 즐거운 느낌은 오래 유지하고 싶어 발버둥 칩니다. 그러나 어떤 느낌도 사라지지 않고 지속되는 것은 없습니다. 즐거운 느낌도 사라지기 마련인데 사라질 때는 즐거웠던 만큼의 괴로움 을 일으킵니다.

이 말은 즐겁고 괴로운 느낌이 문제가 아니라 느낌을 내 것이라고 붙잡는 것이 문제입니다. 이것이 느낌을 알아차리지 못하고 습관적으로 내 것이라고 집착하는 데서 생기는 괴로움입니다.

이제는 인위적으로 밝은 생각을 해서 마음의 평화를 얻으려 하지 말고, 자연스럽게 매 순간 몸과 마음을 알아차려서 생긴 위빠사나의 지혜로 내적인 번뇌가 줄어들고, 그래서 일어나는 마음의 평온을 개발하십시오. 그렇게 되면 일부러 기분 좋은 생각을 일으키지 않아도 그냥 평온한 마음 상태에서 만나는 상대를 배려하고 기쁘게 해주고 자신도 행복하게 됩니다.

그리고 이런 행복한 느낌도 즉시 알아차려 내 것으로 집착하지 않고 놓아버릴 수 있는 위빠사나 수행자의 길을 가길 바랍니다.

알아차림[行]과 아는 마음[識]

문 ‖ 위빠사나는 대상을 분리해서 주시하여 지혜를 얻는 수행으로 알고 있습니다. 그런데 막상 수행에서는 오온을 알아차리라고 하고 있습니다.

주시하는 것은 그냥 알고 보는 것, 즉 식識이고, 알아차리는 것은 행行으로 이해하고 있는데, 법사님께서 주해하신 『큰 스승의 가르침』에서 보면 "행선할 때 왼발, 오른발 혹은 들어서 앞으로 놓음 등의 행동을 주시하는 것은 자기 몸의 움직임을 알아차리는 것입니다"라고 씌어 있어 발의 움직임을 보는 것이 식인지 알아차림[行]인지, 또 그 관계는 어떤 것인지 모르겠습니다.

♣ ♣ ♣

답 ‖ 생명이 있는 동안 오온(색·수·상·행·식)은 항상 함께 일어납니다. 이것을 구생법俱生法이라고 합니다. 색, 수, 상, 행, 식을 따로따로 분리할 수 없다는 뜻입니다. 그래서 식만 혼자 일어난다든지 행만 혼자 일어나는 일은 없습니다. 단지 말로 표현할 때는 그 순간에 오온 중에서 가장 의미가 큰 것을 대표로 표현할 뿐입니다.

식(아는 마음)은 오온 중에서 가장 기본이 되는 것으로, 언제나 바탕에 있어 드러나지 않고 느낌과 생각과 행위는 겉으로 드러나기 때문에 주로 수, 상, 행에 의미를 두고 말로 표현합니다.

알아차림은 마음의 작용인 수, 상, 행 중에서 행입니다. 알아차릴 대상(법)에 마음을 보내는 깨끗한 마음의 작용을 알아차림 또는 주시라고 합니다. "행선할 때 왼발, 오른발 혹은 들어서 앞으로 놓음 등의 행동을 주시하는 것은 자기 몸의 움직임을 알아차리는 것입니다"를 예로 들어 보겠습니다.

경행은 몸의 움직임을 마음이 알아차리는 것입니다. 이때 몸의 움직임은 물질적 현상인 색이고, 움직임을 아는 것은 정신적 현상인 수, 상, 행, 식입니다. 수행자가 움직이는 발을 알아차리려고 발에 마음을 보내는 행위는 알아차림인 행行입니다. 그와 함께 발의 움직이는 모양이나 느낌을 아는 것은 아는 마음인 식識입니다. 행과 식이 함께 대상을 알아차리는 일을 하고 있습니다. 물론 그 안에는 수와 상과 색도 함께 작용합니다.

일반적으로 대상에 마음을 보내서 대상을 아는 것을 보통 알아차림 이라고 표현하지만, 이 알아차림이란 표현 안에는 '알아차리려는 의도'

가 함축되어 있습니다.

우리가 아름다운 그림을 보고 아름답다고 느끼는 것은 느껴서 아는 것이지, 느낌만 있는 것이 아닙니다. 그래도 말로 표현할 때는 안다는 것은 표현하지 않고 아름답다는 느낌만 표현합니다.

마치 우리들이 항상 숨을 쉬고 있으면서도 공기가 있다는 것을 거의 인식하지 못하고 사는 것처럼 수, 상, 행의 바탕에는 식이 항상 존재하는데도 비물질이라 인식하기도 어렵고, 또 따로 식이 있다고 의식하지 않고 살아갑니다.

결론은 위빠사나 수행에서 알아차린다, 본다, 주시한다, 관觀한다 하는 것들이 모두 알아차림이라는 행과 그것을 아는 마음인 식을 함께 표현한 말입니다. 즉 알아차려서 알고, 보아서 알고, 주시해서 아는 것입니다. 다시 말하면 수행자가 알아차리는 행과 그것을 아는 마음인 식을 자르듯이 구별해서 볼 수는 없습니다. 그들은 함께 일어나고 함께 사라지기 때문입니다.

제3장
삶

두려움이 많다

문 ‖ 저는 두려움을 심하게 느끼는 경향이 있습니다. 수행 중에도 두려
운 마음이 갑자기 올라오면 곧바로 큰 혼란과 공포심 때문에 며칠씩
수행을 쉽니다. 두려움에 한번 사로잡히면 부정적인 생각이 계속해서
일어나서 견디기가 너무 힘듭니다. 어떻게 두려움에 대처해야 할까요?

♣ ♣ ♣

답 ‖ 누구나 두려움을 가지고 있습니다. 다만 사람마다 정도가 약간씩
다를 뿐입니다. 그러나 두려움이 아무리 크다 해도 처음에는 작은 두려움
에서 시작합니다. 이것을 고질적으로 만든 책임은 전적으로 자신에게
있습니다.

자신이 만들었기 때문에 해결하는 것도 자기 자신이 해야 합니다.
두려움의 원인은 무지이지만 두려움이 또다시 두려움을 일으킵니다.
그래서 습관적으로 두려워합니다. 이 모두가 자신이 만들어서 하는 것이

라고 알아야 합니다.

어쩌면 이런 자신의 모습은 어제 오늘에 만들어진 것이 아닌지도 모릅니다. 전생, 그전의 여러 전생부터 이어져 온 성향일 수도 있고, 아니면 금생에서 생긴 잠재의식일 수도 있습니다. 먼저 이것을 인정해야 합니다. 과거의 원인으로 현재 이런 두려움을 가지고 있다는 것을 말입니다.

그러나 이것이 중요한 것은 아닙니다. 현재 두려움에 어떻게 대처하는가 하는 것이 중요합니다. 만약 이 두려움의 정신적 상태를 유지하거나 발전시키면 지금 이후나 다음 생에도 이것이 상속됩니다. 그래서 괴로움은 더 가중됩니다. 이것이 윤회입니다.

내가 나고 죽는 것이 아니라 마음속에 있는 이런 습관들이 종자로 상속되는 것이 윤회입니다. 과연 지금 이후나 다음 생까지 계속 이렇게 살고 싶습니까? 만일 그러기를 바라지 않는다면 지금부터 해결할 수 있는 방법을 찾아서 실천해야 합니다.

두려움을 일으키는 원인은 많습니다. 바라는 것을 얻지 못했거나 과거에 대한 회한이 있거나 현재의 마음상태가 불안정하여 오지 않은 미래까지 걱정합니다. 무슨 일이나 원인이 있지만 원인은 한두 가지가 아닙니다. 그리고 원인을 알았다고 해서 해결되는 것도 아닙니다. 그렇다면 수행을 하는 것이 유일한 길입니다. 습관적인 두려움을 해결하는

데는 새로운 습관이 필요합니다.

두려운 마음의 상태일 때는 대체로 마음이 불안할 때입니다. 이는 마치 물통에 담긴 물이 출렁거리는 것과 같다고 비유합니다. 물이 출렁거린다는 사실은 들떠 있다는 것입니다. 그래서 출렁거리는 물에는 자신의 모습을 비쳐볼 수가 없습니다. 그러므로 우선 마음을 고요하게 해야 합니다. 그러기 위해서는 먼저 두려워하는 마음을 알아차리고 가슴에서 두근거리는 느낌을 대상으로 주시해야 합니다. 이것이 유일한 해결방법입니다.

불안하고 두려운 마음의 상태는 노예와 같습니다. 그러나 두려움에서 벗어나면 주인에게 돈을 갚고 노예에서 해방된 것과 같이 자유롭습니다. 이러한 두려움은 수행으로 해결되는 것 중에서 가장 어려운 것에 속합니다. 수행의 최고의 경지인 아라한이 되어야 게으름과 불안하고 두려운 마음이 없어집니다. 그러므로 조급해 하지 말고 인내를 가지고 대처해 나가기 바랍니다.

누구에게나 가지고 있는 두려움을 해결하는 방법은 바라는 마음이 없어야 합니다. 그리고 자신에 대해 피해의식을 갖지 말아야 합니다. 바라는 것이 많아서 이루어지지 않았다거나 누가 자신을 미워한다거나 하는 잘못된 자아가 두려움을 갖게 합니다. 또한 앞서 말한 것처럼 두려움이 두려움을 낳으므로 무엇도 걱정하지 말고 그냥 받아들일 자세가 갖추어져야 합니다.

어떤 불이익을 당해도 좋다, 아무것도 얻지 못해도 좋다, 누가 나를 미워해도 그 사람의 일이지 내 일이 아니다, 어떤 결과에 대해서도 승복하겠다, 가장 중요한 것은 현재 내 마음이 편안한 것이나, 심지어 알아차리면서 죽을 수만 있다면 당장 죽어도 좋다고 생각해야 합니다.

이렇게 모든 것을 걸고 이것을 위해서 나는 어떤 손해도 감수하겠다고 마음먹어야 합니다. 그리고 반드시 이렇게 되도록 노력해야 합니다. 이것이 올인입니다. 올인을 하면 그 뒤의 결과는 무엇이 오든 아무것도 아닙니다. 이렇게 하지 않고 피하려고만 하면 영원히 답이 없습니다. 이런 문제에 대하여 자신이 어떻게 대처해 왔는지 생각해 보기 바랍니다.

다시 말씀드립니다. 두려움이 생겼을 때 '지금 내 마음이 두려워하고 있구나!' 하고 두려워하는 마음을 알아차리고 가슴으로 가십시오. 거기에는 두려움으로 인해 생긴 느낌이 콩닥거리고 있을 것입니다. 그 느낌을 바보처럼 붙잡고 주시하십시오. 그 느낌을 놓쳐 두려우면 다시 반복하십시오. 알아차림과 반복만이 유일한 정도입니다.

이렇게 두려움의 원인과 두려움을 해결하는 방법이 모두 제시되었어도 잘 되지 않는다면 믿음과 노력이 부족한 것입니다. 그리고 아직 선업의 과보가 부족하여 나타나지 않은 것입니다. 선업이 없으면 이것을 받아들일 지혜가 나지 않습니다. 만약 그렇다면 이제부터 좋은 일을 많이 하십시오. 무슨 일이 노력한다고 다 되는 것도 아닙니다. 조건이 성숙되어야 합니다. 이 조건에 남을 돕는 선한 일도 크게 작용합니다.

시어머니와 사이가 좋지 않을 때

문 ‖ 어느 때보다 불행한 추석을 보내면서 다시 한 번 자신의 수행을
점검할 수 있었습니다. 시부모님이 오셨고 며칠 지나지 않아 시작되는
잔소리에, 그때마다 내가 할 수 있는 거라고는 끔찍하게 싫어하는 마음만
을 속수무책으로 볼 수밖에 없었습니다.

조건에 너무나 민감하게 반응하는 자신을 보는 것은 지독한 형벌이
었습니다. 자신에 절망하다가 수행을 의심하다가 그러면서 고통스러운
시간을 보냈습니다. 시어머니는 원래 그런 사람인데, 저는 왜 이전보다
도 더 선명하게 탐욕이라든가 속물근성이 보일까요? 왜 이전보다 그런
것들을 더 참을 수 없을까요?

최악의 상황에서 저를 도와준 건 참는 자에게 복이 있다는 성경
말씀이었습니다. 우리가 하는 공부는 너무 느리다는, 너무 시간이 많이
걸린다는 생각이 들었습니다. 내가 하고 있는 공부는 이 생에서는 목표에
도달할 수 없는 릴레이 마라톤 같은 것이 아닐까 싶습니다.

죠이를 데리고 산책을 하던 중 계단을 오르면서 저 높이 있는 계단
꼭대기는 보지 말고 그냥 한 계단 한 계단 올라가다 보면 마침내 도달할
거라는 생각을 했습니다. 인간은 참 질기게도 슬픈 존재가 아닙니까?

♣ ♣ ♣

답 ‖ 좀 자극적인 표현을 사용하니 노여워하지 말기 바랍니다. 지금 말씀하신 시어머님으로 인한 번뇌는 1970년대 버전입니다. 질문자는 70년대 무렵 시집을 와서 당시의 고부간의 구조적 갈등을 오랫동안 몸소 체험한 분입니다. 순종적인 며느리는 약간 적극적인 사고방식의 시어머님을 만났을 것입니다. 이것이 30년 동안 고착되어 새로운 패러다 임을 연출할 수 없게 된 것입니다. 왜 아직도 70년대에 살고 계십니까? 과거에 대한 향수 때문에 스스로 바뀌지 않으려고 하는 것은 아닌지요? 대답은 아니라고 말할 것입니다. 그러나 실제로는 그렇게 살고 있습니다.

새로운 사고의 틀을 만드는 것은 자신입니다. 이때 시어머님은 대상 일 뿐입니다. 문제가 있다면 자신이 이런 새로운 관계를 설정하지 못한 것입니다. 수행이란 것은 이런 상황에서 약간의 도움을 줄 수 있는 것이 지 전부는 아닙니다. 아직 지혜가 완전하게 성숙되지 않았기 때문입니다. 그래서 자기가 한 만큼밖에 도움을 받지 못합니다. 이처럼 자신이 변하려 하지 않는데 누가 무엇을 가져다주겠습니까?

딱한 것은 21세기에 아직도 1970년대의 버전을 가지고 괴로워하고 있는 낡은 사고의 틀입니다. 많은 사람들이 제대로 된 노력은 하지 않고 남의 탓을 합니다. 조금 수행을 하고서 수행 탓을 합니다. 세세생생 만들어온 고정관념의 틀인데 이제 막 몇 걸음 뛰고서 골인 지점이 나타나 지 않는다고 투정을 합니다. 그렇게 살아온 긴 날들을 알 수 없기 때문입니다. 살아온 날들 만큼 노력도 해야 하고 시간도 걸리는 것이 아닐까요?

1970년대의 버전이란 무엇일까요? 시어머님 소리만 들어도 조건반사가 일어나는 것입니다. 이것을 고정관념이라고 합니다. 오히려 지금은 과거에 비해 더 문제가 있습니다. 이제 수행을 해봐서 벗어날 수 있는 길을 알았는데 벗어날 수가 없으니 더 괴로운 것입니다. 바보처럼 모르고 있었으면 좋았을 것인데 말입니다. 이것이 진퇴양난입니다. 이 질곡에서 벗어날 수 있는 길은 오직 스스로의 노력뿐입니다. 과연 이에 합당한 노력을 했는지 생각해 보십시오. 자신이 아직도 몇 십 년 전의 낡은 레코드판을 들고 있지는 않은지 알아차려 보십시오.

시어머님은 바뀌지 않습니다. 왜냐하면 수행을 모르기 때문입니다. 자신도 바뀌지 않았습니다. 왜냐하면 수행을 완전하게 수용하지 않았기 때문입니다. 그러나 남과 나와의 관계에서 바뀔 수 있는 가능성은 자신에게 있습니다. 자신의 노력으로 수행을 더 열심히 하면 됩니다. 수행이란 것이 거창한 것이 아닙니다. 시어머님을 뵈면 무조건 가슴에서 일어나는 느낌에 초점을 맞추고 계십시오. 상대를 보지만 마음은 오직 자신의 가슴에 고정되어 있어야 합니다. 보다가 말면 안 되고 끝까지 가슴의 느낌을 지켜보고 있어야 합니다.

누구든지 간에 서로 다른 축적된 성향이 부딪치면 마찰음이 나기 마련입니다. 그러나 한쪽이 상대의 축적된 성향을 수용하고 이해하면 소리가 나지 않습니다. 이것이 완충효과입니다. 수행은 일차적으로 이런 완충효과를 가져옵니다. 시어머님은 그렇게 살아왔습니다. 이 생만 그렇게 산 것이 아니고 세세생생 그렇게 살아왔습니다. 자신도 이렇게 살아왔습니다. 그래서 상대나 나나 누구나 성향을 바꾸기가 어렵습니다. 수행은 바꾸려고 하는 것이 아니고 있는 것을 받아들여서 녹이는 작업에 속합니다.

또한 시어머님의 지적이 모두 나쁜 것이라고만 볼 수 없습니다. 자신의 문제점을 지적하는 진실한 충고의 의미도 있습니다. 습관적인 잔소리도 있지만 삶을 경험한 철학도 포함되어 있습니다. 그래서 잔소리는 소리로 듣고 소리 속에 담긴 철학적 향기는 취하는 것이 이롭습니다. 이것을 취하면 오히려 자신에게 복이 됩니다. 이것도 중요한 수행의 한 방법입니다.

참는 자에게 복이 있다는 예수님의 말씀이 생각나 불교보다는 기독교의 도움을 받았다는 것도 좋은 일입니다. 도움에 무슨 종교가 필요하겠습니까? 참는 자에게 복이 있다는 말은 참으로 바른 말입니다. 그러나 불교에서는 참는 것만으로는 해결할 수 없다고 말합니다. 인내는 필요한 것이지만 근본적인 해결방법이 아닙니다. 참은 만큼 반작용의 후유증이 있기 마련입니다. 그래서 아무 후유증이 없는 알아차림을 해야 합니다. 참는 것은 어느 과정에서 필요한 것이지만 이것만으로는 결코 해결할 수 없습니다.

그러나 불교의 알아차림은 대상을 있는 그대로 보는 것이며, 근본적인 해결방법은 오직 이것 하나뿐입니다. 부처님께서는 알아차림 이것 하나로 부처가 되셨습니다. 그래서 이런 진리에 대한 확신을 가져야 합니다.

그러나 이런 진리에 대한 확신을 갖기까지는 선업의 공덕이 있어야 한다는 어려움이 있습니다. 그래서 우리는 진리가 있어도 그 가치를 알 수가 없습니다. 진리를 아는 선업의 지혜가 부족하기 때문입니다. 그렇기 때문에 스승이 필요하고 도반이 필요합니다. 내게 없는 것을 스승이나 도반의 도움을 통해 얻을 수 있기 때문입니다.

우리가 확실한 방법을 알고도 행하지 못하는 것은 과거의 무명 때문입니다. 그래서 의심하고 확실하게 노력을 하지 않은 탓입니다. 아무리 잘못된 대상이라도 없애려 하는 것은 탐심이며, 없어지지 않아서 화를 내는 것이 진심입니다. 알아차림은 이런 것이 없는, 있는 그대로의 것입니다.

인간이 질기게 슬픈 존재라는 것을 알았다면 지혜가 난 것입니다. 그러나 슬퍼하지만 말고 원래 슬픈 것인데 내가 왜 괴로워해야 하는가, 하는 마음을 가지십시오 슬픔, 비탄은 알아차리지 못한 느낌이며, 알아차리는 느낌은 그냥 차갑고 썰렁한 것입니다. 슬픈 느낌을 단순화시켜서 그냥 썰렁하게 느끼십시오 이 느낌을 계속 알아차리면 온화한 평등심의 느낌이 느껴집니다.

그렇습니다. 수행자는 언제나 자신의 몸과 마음을 알아차려야 합니다. 높은 계단은 가야 할 미래입니다. 수행자의 주의는 미래를 볼 것이 아니라 항상 현재에 머물러야 합니다. 다시 용기를 내어 죠이를 데리고 한 단계, 한 단계 활기찬 산책을 시작하십시오.

하기 싫은 결혼

문 ‖ 저는 어머니와 같이 살고 있습니다. 저에겐 아직 결혼에 대한 생각이 없는데도 어머니께서 일방적으로 결혼 상대자의 조건이나 결혼 시기에 대해서 말씀하시거나 어떤 행동을 취하시는 것을 보고 있으려니 괴롭습니다. 어머니가 걱정되기도 하지만, 한편으론 집에서 벗어나고 싶은 마음도 생깁니다. 어떻게 하는 것이 서로를 위한 바른 대처일지 충고를 부탁드립니다.

♣ ♣ ♣

답 ‖ 사회통념으로 볼 때 어머님의 관심은 지극히 당연한 것입니다. 당연한 것을 넘어서 어머님은 오히려 자식에 대하여 본인의 의무를 게을리 했다고 자책을 할지도 모릅니다. 부모의 마음은 항상 그런 것입니다. 어쩌면 그것도 부족한지 모릅니다. 어머님은 자식이 결혼을 못하고 늙는다면 한을 품고 살다가 돌아가실지도 모르는 일입니다. 현재 어머님의 마음은 세속에서의 일반적인 관점입니다. 그래서 이것을 허물로 보아서는 안 됩니다.

　세상에서 남들의 얘기가 어떻더라도 정작 본인의 입장이 중요한 것도 사실입니다. 그러나 지금 밝혀진 바로는 본인의 결혼관에 대한 분명한 입장표명이 없습니다. 그러니 어머니 입장에서 보면 단순하게 결혼이 싫다는 것으로는 명분이 서지 않는 일이므로 계속해서 노력하시는 것입니다.

　누구나 꼭 결혼을 해야 하는 것은 아닙니다. 그래서 이런 일에는 정답이 없습니다. 왜냐하면 처해진 조건에 의해 일어난 일이므로 이것은 누구도 알 수 없으며, 개입할 수도 없는 일입니다. 그러므로 누구도 말할 수 없는 일에 대하여 답을 구하고 있다는 사실도 알아야 합니다. 매우 답답하겠지만 본인에게도 문제가 있다는 것을 자각해야 합니다.

　현재 결혼을 하기가 싫은데 독촉하는 어머님이 문제라면 이것은 어차피 함께 가야 할 번뇌가 아닌가 합니다. 정말 결혼을 하지 않겠다면 어머님을 설득할 만한 명분을 찾아서 그 진실한 이유를 밝히기 바랍니다. 막연하게 대처하기 때문에 어머님만 고생시키는 것 같습니다.

　부모의 입장에서는 자식이 결혼해서 잘 사는 것이 효도라고 봅니다. 만약 그렇지 않다면 부모님에게 괴로움을 준 것도 사실입니다. 분명한 자신의 입장이 있으면 모르겠으되 막연한 상태에 있다면 이것도 명쾌한 것은 아닙니다. 자식이 나이가 먹어도 걱정조차 하지 않는다면 그 부모를 정상적이라고 볼 수 있겠습니까?

　　세상에 혼자 태어나서 혼자 죽지만 가족관계라는 것이 있는 것도 엄연한 현실입니다. 여기서 중요한 것은 부모님의 은혜는 아무리 갚아도 부족하다는 것입니다. 그래서 부모님을 설득할 의무가 있습니다. 분명한 입장표명과 부모님에 대한 설득이 의무라는 것을 잊지 말기 바랍니다. 어머님의 착각과 무지가 문제가 아닙니다. 부모님의 마음을 헤아리는 자식의 적절한 이해가 선행되어야 하지 않을까 생각합니다.

있는 그대로 지켜보기

문 ‖ 사물이나 사람에 대한 혐오증은 어떻게 해결해야 하나요? 그 사물에 대한 성격을 무조건 좋게 정의해야 하나요? 아니면, 그것에 대해 생각하지 않고, 피해 가는 길뿐인가요? 현명한 사람은 혐오스런 대상과 마주칠 때 어떻게 대처하는지 궁금합니다.

♣ ♣ ♣

답 ‖ "사물이나 사람에 대한 혐오증은 어떻게 해결해야 하나요?"라고 도우님이 물었는데, 이 세상 모든 일은 내 마음대로 되지 않습니다. 없애려고 한다고 혐오증을 단번에 없앨 수 없습니다. 다만 그것이 스스로 없어질 조건이 되면 없어집니다. 우리가 할 수 있는 것은 그것이 없어질 조건을 자꾸 만들어가는 것입니다.

없어질 조건을 성숙시키는 지혜로운 방법이 있습니다. 그런데 좀 어렵습니다. 지금까지의 삶의 방법과 다르기 때문입니다. 그 방법은

‘있는 그대로 지켜보기’입니다.

　　첫째 조건이 ‘나의 이 혐오증을 없애야 해’라는 욕망을 내지 않는 것입니다. 없애야 한다고 계속 생각하는 것은 집착입니다. 집착이 생기면 그 문제는 더욱 나의 주인이 되어 사라지지 않습니다. 사실 내가 그것을 문제 삼아 꽉 잡고 있기 때문에 더욱 그 힘은 강해집니다. 그리고 혐오감이 생길 때마다 ‘이것이 아직도 있네’ 하고 화를 내면서 더 그것을 문제 삼고 붙잡습니다.

　　그러면 우선 없애려는 욕망을 내지 않으려면 어떻게 해야 할까요? 그것을 인정해 주는 것입니다. ‘혐오감이 생길 원인이 있어서 지금 있는 것뿐이야’ 하고 알아차리는 것입니다. 혐오감이 올라올 때마다 ‘음, 혐오하고 있네’ 하고 계속 자신을 지켜보기만 하는 것입니다. 혐오감을 일으키는 대상에서 혐오감을 내고 있는 자신의 몸의 느낌이나 호흡을 대상으로 알아차립니다.

　　지금 어떻게 숨을 쉬는지 지켜보면, 혐오감의 대상과 혐오감은 그 순간만이라도 사라지고, 마음은 싫지도 좋지도 않는 평온한 상태로 깨어 있는 순간이 됩니다.

　　문제는 다시 그 대상을 볼 때 혐오감이 다시 올라옵니다. 그래도 위의 방법으로 반복하세요 그럼 혐오감이 잠깐 올라왔다 사라지는 것을 경험하고 다시 평상심으로 돌아옵니다.

이것을 반복하면 혐오감에 대해 반응하지 않는 선한 마음에 의해 혐오감은 뿌리가 약해져 사라질 때 되면 저절로 나타나지 않습니다.

그리고 "그 사물에 대한 성격을 무조건 좋게 정의해야 하나요? 아니면, 그것에 대해 생각하지 않고 피해 가는 길뿐인가요?"라고 물었는데, 무조건 좋게 보려고 하는 것은 생각이라 실제 상황에서는 힘이 없습니다. 그리고 싫은 대상을 피해 가는 것은 새로운 성냄으로 불선업이며 문제를 더 깊게 곪게 합니다. 때가 익으면 더 크게 나타납니다. 둘 다 진정한 해결방법이 아닙니다.

무조건 현재의 자신의 상태를 알아차리는 것입니다. '지금 나는 혐오감을 내고 있구나. 이때는 몸에 어떤 느낌이 있는지 보자. 가슴이 두근거리는지, 얼굴이 화끈거리는지, 이런 느낌이 어떻게 변화하는지 보자' 하고 몸의 느낌이 사라질 때까지 자신을 알아차리는 것입니다.

돈이 들거나 시간이 드는 것이 아니니 실제로 한번 해보세요. 다만 한 가지 주의할 것은 '이러면 없어진다더라. 없어지나 보자' 하고 마음 바탕에 빨리 없어지길 바라는 마음이 없이 그냥 알아차려야 합니다. 만일 없어지길 바라면서 알아차리면 알아차림이 이어지지 않고 다시 대상에 빠집니다. 그러면 그때라도 다시 '또 혐오감을 알아차리지 못하고 혐오감을 일으키는 대상에 빠졌구나' 하고 자신의 몸의 느낌이나 호흡을 알아차려야 합니다. 이것이 매 순간 대상에 휘둘리지 않고 깨어 있는 정신 상태를 유지하는 위빠사나 수행입니다.

또 도우님은 "현명한 사람들은 어떻게 대처하나요?"라고 물었는데, 위빠사나 수행은 지혜를 개발하는 수행으로 현자들은 싫은 대상이나 좋은 대상이 있을 때마다 좋아하거나 싫어하는 반응을 하지 않고 그 순간의 자신을 지켜보는 일을 합니다. 그러면 좋은 대상이나 싫은 대상이나 일어났다가 없어질 때 되면 없어집니다. 마치 바람이 내 얼굴을 스치고 지나가는 것처럼 말입니다.

이렇게 나타날 때마다 알아차림을 반복하는 과정에서 알아차리는 힘이 쌓이게 되고, 그러면 대상을 보는 순간, 막 혐오감이 올라올 때 즉시 알아차리게 되고, 그래서 자신의 몸의 느낌을 알아차리느라 혐오감에 의한 말이나 행위를 하지 않게 됩니다. 그럼 점차 혐오감에서 오는 여러 가지 번뇌로부터 해방이 되는 것입니다.

한국 불교의 현실에 대한 번민

문 ‖ 저는 대학 시절 출가한 적이 있습니다. 무엇 때문인지는 모르나 고등학교 때부터 불교에 한없이 끌렸고, 결국 대학 다니면서 출가해 사미니계까지 받았습니다. 그러나 얼마 되지 않아 산을 내려왔고, 그 후로는 평범하게 살아왔습니다.

그러다가 마흔이 훨씬 넘어서야 위빠사나를 만났습니다. 위빠사나를 만나고 나니 젊어서 그렇게 매료당했던 불교라는 것을 전체적으로 볼 수 있었습니다. 대상을 객관적으로 보아서 무상, 고, 무아의 보편적인 속성을 알아 해탈 열반에 이른다는 완벽한 체계를 접하고 보니 선불교나 대승불교라는 것이 부처님의 핵심적인 가르침을 포함하고 있지 않다는 것을 알았습니다.

허비한 많은 세월들이 아깝기도 하고, 때로는 분노가 치밀어 오르기도 합니다. 그리고 한국 불교에 대한 남다른 피해의식에서 벗어나 정법을 만난 다행스러움을 정진의 에너지로 돌리고 싶습니다.

제가 감정이 매우 격해 있습니다. 도움 말씀 주시면 고맙겠습니다.

♣ ♣ ♣

답 ‖ 질문하신 내용은 개인의 말이 아닙니다. 우리는 동시대에 사는 사람들이고, 그래서 같은 것을 경험하고 같은 것을 고뇌합니다. 남의 얘기는 바로 나의 얘기이기도 합니다. 이것을 공업共業이라고 할 수 있습니다.

부처님의 바른 가르침이 전해지지 못한 것 역시 같은 맥락으로 이해해야 합니다. 그런 조건이 성숙되지 못한 사회적 공업의 문제일 뿐입니다. 그것을 어떻게 하겠습니까? 결국 과거는 의미가 없습니다. 현재 무엇을 알고 있는가 하는 것만이 중요합니다.

문제는 이것입니다. 지금 부처님의 정법이 눈앞에 있다고 해서 과연 누구나 선택할 수 있을까요? 아닙니다. 이 역시도 개인의 조건이 성숙되어야 합니다. 역사는 길고 인간의 삶은 짧습니다. 정법도 존재하는 기간이 매우 짧으며 결국 사라지고 맙니다. 이처럼 모든 것은 과정일 뿐입니다. 그래서 정법이라는 것이 어느 시기에 상관없이 만나느냐 만나지 못하느냐, 선택하느냐 아니면 선택하지 않느냐 하는 것만 있습니다.

한국 불교는 중국을 통해서 들어왔으므로 문화적으로 중국적 사조의 영향 하에 있을 수밖에 없었습니다. 이것 또한 불가피한 역사적 현실입니다. 그것은 그것대로의 가치가 있습니다. 그리고 그것대로 보존되어야 할 것입니다. 부처님의 사상은 항상 한쪽으로 치우치지 않는 중도의 합리적인 사고라는 것을 이해해야 합니다. 고행과 감각적 욕망의 양극단만 말하는 것이 아니고, 모든 일에 있어서 균형을 이루는 중도의 마음이 필요합니다. 잘못된 것도 마음으로 수용하면 그 순간 중도가 됩니다.

부처님의 가르침에는 사마타와 위빠사나가 병행되어 있거나, 아니면 위빠사나 수행 하나만 있기도 합니다. 그러므로 지금까지 위빠사나가 없었다면 한쪽을 담당하고 있었던 것입니다. 이제 그 반쪽을 찾은 것으로 기쁘게 생각하면 됩니다. 나머지 한쪽이 없는 반쪽은 역사적 현실입니다. 이것도 수용해야 합니다. 나의 업이 그래서 이 땅에 태어났기 때문입니다.

먼저 사마타 수행을 하고 위빠사나로 넘어오는 과정도 모두 다릅니다. 2선정에서 위빠사나로 넘어오는 수행도 있고, 색계 4선정에서 위빠사나로 넘어오도록 하는 미얀마 파욱 사야도 수행도 있습니다. 경전에 보면, 사마타 수행의 대가이셨던 아누룻다 존자는 색계, 무색계 4선정을 모두 끝내고 위빠사나로 넘어와서 아라한이 되었습니다. 부처님께서도 색계, 무색계 4선정을 모두 끝내고 6년이나 수행을 하시다 스스로 위빠사나를 찾아내어 아라한이 되셨습니다.

이런 과정을 보면 지금이라도 위빠사나 수행을 하게 된 것은 행운입니다. 선택의 시기는 따로 정해진 것이 아닙니다. 어느 때고 시작하는 것이 제일 빠른 때입니다. 그러므로 아쉬워해야 할 과거가 아니고 기쁘게 여겨야 할 과거입니다. 아직도 모르는 사람이 있으며 알아도 하지 않는 사람이 있는 것에 비하면 큰 기회가 온 것입니다. 배고픈 때가 있어서 배부름의 감사함을 아는 것입니다.

저는 수행을 말할 때 사마타 수행과 위빠사나 수행 두 가지로 말하지 않습니다. 개인적인 생각입니다만 사실은 한국적 현실에 비추어 볼 때 세 가지로 구분하고 있습니다.

첫째, 기복신앙입니다. 이것을 수행이라고 볼 수는 없겠지만 수행이 아니라고 말할 수도 없습니다. 기복은 공덕을 바라는 행입니다. 그러므로 낮은 단계의 수행이라고 할 수 있습니다. 여기서는 주로 부귀영화를 빕니다. 이 단계에서는 지혜가 낮습니다.

둘째, 사마타 수행입니다. 이것은 선정수행으로 고요함이 목표입니다. 이 단계에서는 기복적인 것보다 고양된 의식을 가집니다. 이것도 공덕을 바라는 행에 속합니다. 사마타 수행을 통하여 색계, 무색계에 태어납니다.

셋째, 위빠사나 수행입니다. 이것은 지혜를 얻는 수행으로 도과를 성취하여 열반을 실현합니다. 그래서 윤회가 끝나게 됩니다.

이런 분류로 보면 자신이 어디에 있느냐 하는 것이 중요하지 한국 불교가 어디에 있느냐 하는 것은 중요하지 않습니다. 결국 수행이란 개인의 문제이기 때문입니다. 한국 불교는 한국 불교의 업을 가지고 있고, 나는 자신의 업을 가지고 있습니다. 이것을 혼동해서는 안 됩니다. 한국 불교가 내가 아닙니다. 나도 내가 아닌데 한국 불교에서 자신의 정체성을 찾으려고 하는 것은 바른 견해가 아닙니다.

이제 찾았으면 됐습니다. 그리고 과거는 지금의 현재가 있도록 한 유익한 순간들이었습니다. 그런 날들이 있어서 지금 이 순간을 바로 볼 수 있게 된 것입니다. 얼마나 아찔한 순간입니까? 영원히 만나지 못할 가능성에 비하면 기쁜 일입니다. 모두 저마다의 업으로 살고 저마다의 근기로 수행을 합니다. 먹고 사는 것 때문에 거리를 헤매는 사람에게는 위빠사나가 그림의 떡입니다.

피해의식은 불선심입니다. 성냄, 미움, 후회, 인색은 모두 선하지 못한 마음입니다. 이런 마음은 저 스스로 이런 마음을 일으켜 영양으로 삼아 더 성장합니다. 그래서 후회하는 마음이 더 후회하게 합니다. 피해의식은 자신을 좀먹고 내가 아닌 가족이나 이웃에게도 피해를 줍니다. 그러나 이제 알아차림이란 수행방법을 알았습니다. 피해의식을 가지고 있는 자신을 알아차리십시오 그러면 끝입니다. 다시 나타나면 또다시 알아차리십시오 횟수에 연연하지 말고 그냥 나타날 때마다 알아차리십시오.

지금 도우님은 누구보다도 가장 빠르고 가장 분명하게 행운의 열쇠를 손에 쥐었습니다. 그러니 그것을 잘 간직하십시오 알아차림이란 열쇠를 잃어버릴 수도 있습니다. 잃어버리면 역사 속에서 방황합니다.
그리고 거리를 헤매게 됩니다. 그 방황의 끝은 알 수가 없습니다.

그렇다고 지금이 방황의 끝이라고 말할 수 없습니다.
정법을 만난 것으로 완성된 것이 아닙니다.

우물가에 왔으니 구경만 해서는 안 됩니다.
직접 물을 떠서 드십시오.

상급자로 군림하지 마라

문 ‖ 이번에 평직원에서 중간 관리자로 승진했습니다. 그런데 평직원으로 일할 때와는 전혀 다르게 스트레스가 심합니다. 위에 있는 상사와 아래 직원들 사이에서 몸과 마음이 지쳐 갑니다. 직원들을 생각하면 그냥 넘어갈 것도 회사를 생각하면 실적과 성과를 내야 하는 상황이라 기계처럼 변해 가는 자신을 느낍니다. 쉽사리 결론이 나지 않을 거라는 걸 알지만 길이 보이지가 않습니다. 지혜로운 판단으로 바른 길을 볼 수 있기를 바라면서 조심스럽게 문의해 봅니다.

♣ ♣ ♣

답 ‖ 진급하신 것을 축하합니다. 세상을 살면서 모르기는 누구나 마찬가지입니다. 그러나 몰라도 마음가짐에 따라서 다릅니다. 마음가짐이 바르면 바르게 이끌어 갈 것이고, 마음가짐이 나쁘면 바르게 이끌어 가지 못할 것입니다. 바른 마음가짐이라는 것은 나를 내세우지 않는 것입니다. 그리고 상대를 배려하는 것입니다. 이런 원인에 따라 괴롭거나 즐거운 결과가 있을 것입니다.

직위가 높아질수록 역할도 커질 것이며 책임도 커질 것입니다. 그러므로 전보다 더 봉사하는 마음으로 하십시오. 아랫사람에게는 전보다 더 따뜻하게 대해주십시오. 모르면 더 친절하게 알려주십시오. 절대 상급자로 군림하지 마십시오. 군림하면 아무도 따르지 않습니다. 윗사람에게는 상대가 무엇을 요구하고 있는지를 알아서 바르고 정확하게 일을 처리하십시오. 직위는 나의 것이 아닙니다. 역할에 불과한 것입니다. 자신의 직위를 의식하지 마십시오. 다만 자신의 역할에 충실하십시오. 직위는 나의 것이 아닙니다. 단지 역할입니다. 직위를 나의 직위라고 생각하면 번뇌가 따릅니다.

일을 할 때 목표가 지나치면 경직됩니다. 일할 수 있는 것을 감사하게 여기고 즐겁게 하십시오. 일하고 싶어도 일자리가 없어서 못하는 사람들이 많습니다. 사람이 할 수 있는 일의 한계가 있습니다. 욕망으로 일을 하지 마십시오. 일을 잘해야 하지만 욕망으로 해서는 안 됩니다. 욕망의 덫에 걸려서 괴롭고 피곤한 것입니다. 다만 할 수 있는 일에 최선을 다하면 됩니다.

너무 실적에 연연하면 무리하게 되어 오히려 나쁜 결과를 낳을 수 있습니다. 모든 일은 바른 것이 최고의 결과를 가져옵니다. 일을 함에 있어서도 계율이 필요합니다. 다만 열심히 노력하고, 바르게 노력하고, 남에게는 친절하게, 자신에게는 엄격하게 대하십시오.

대상의 변화를 보라

문 ‖ 최근에 산행을 자주 하는 편인데, 학생 때 자주 나타났던 느낌이 되살아나는 것 같습니다. 지나가다가 눈에 보이지 않았던 꽃들도 제법 눈에 밟히고 바위에 조각해 놓은 것 같은 그림들도 보입니다. 물론 조각되어 있지는 않죠. 어제, 이것을 표상이라고 하셨습니다. 그런 것은 좋지 않다고 말씀하셨는데요, 또다시 이런 느낌이나 현상이 보인다면 어떻게 대처해야 하나요?

♣ ♣ ♣

답 ‖ 저는 오직 위빠사나 수행자의 입장을 설명하고 있습니다. 먼저 이런 것이 전제가 되어야 제 말을 이해할 수 있습니다. 이것이 세속의 관점이 아니고 출세간의 관점이라고 알기 바랍니다.

전에 없이 꽃들도 눈에 밟히고, 바위들의 형상이 눈에 들어오는 것이 좋았을 것입니다. 그런데 제가 그것들이 좋지 않은 것이라고 해서

의아했을 것입니다. 아름다운 꽃이 눈에 밟히는 것은 꽃을 좋아하는 갈애가 일어난 것입니다. 그리고 바위의 모양에서 어떤 형상을 보았다면 그 순간에 알아차림을 놓쳤습니다.

대상의 변화를 보는 것은 좋으나 대상을 좋아하거나 분석하는 것은 좋지 않습니다. 이것은 대상에 개입한 것입니다. 위빠사나 수행은 대상을 지켜보는 수행이지 대상에 개입하지 않습니다. 그래야 항상 흔들림 없는 객관성을 유지할 수 있습니다. 이렇게 해야 고요함을 잃지 않고 대상의 성품을 볼 수가 있습니다.

꽃들이 눈에 밟히는 것은 감상적인 마음이 일어난 것이며, 바위를 보면서 어떤 형상이 나타나는 것은 마음이 고요하고 집중력이 있어서 볼 수 있는 현상입니다. 그러나 어떤 현상이 나타나거나 간에 대상에 마음을 빼앗기면 알아차림이 사라집니다. 이것은 좋은 것으로 인해서 사유에 빠지고 연기를 회전시키는 것입니다. 모든 집착의 시작은 이런 사소한 문제로부터 출발합니다.

위빠사나 수행자는 감각기관에 알아차리는 마음을 두는 것이 좋습니다. 설령 직관력에 의해서 상징적인 모양을 알 수 있거나 아름다운 대상을 보고 좋아하는 마음이 일어났을 때도 그런 마음이 일어난 것 자체를 대상으로 알아차려야 합니다.

그렇다면 지금 '꽃들이 눈에 밟히는구나' 하고 알아차려야 합니다.

바위의 모양을 보고 마치 저것이 무엇 같다고 했을 때는 표상작용을 하는 것이므로 지금 '바위를 있는 그대로 안 보고 어떤 모양을 상상하고 있구나' 하고 알아차려야 합니다.

위빠사나 수행은 감성을 발전시키거나 이것이 무엇 같다고 창작을 하는 것이 아니고, 있는 것을 있는 그대로 알아차리는 것입니다. 그러나 이미 마음이 갈애를 일으키고 표상작용을 했으면 '그랬네' 하고 알아차려야 합니다. 마음이 갈애로 넘어가는 것을 모르는 것이 무지고, 넘어간 것을 알아차리는 것이 지혜입니다.

미움의 피해자는 오직 자신뿐이다

문 ‖ 상대방에 대한 미움과 원망으로 마음이 가득 차 있을 때, 그 마음을 알아차리려 해도 잘 되지 않습니다. 그래서 다른 방편으로 제가 잘못했던 일을 적어놓고 참회를 해봤더니, 상대에 대해 원망심이 줄어드는 것 같았습니다. 이게 올바른 방법이라고 할 수가 있는지요?

♣ ♣ ♣

답 ‖ 상대에 대한 미움은 상대에 대한 기대가 있었기 때문인데, 그것이 충족되지 못해 생기는 것입니다. 그러므로 문제는 자신의 바라는 마음입니다. 그러나 가족의 경우는 바라지 않을 수 없는 구조적 한계가 있습니다. 그래서 사는 것이 괴로움이라고 말합니다.

원래 아무렇지 않아도 힘든 것인데 성향이 다른 사람과의 피치 못할 갈등이 있다면 괴로움은 더 클 것입니다. 그러나 엄밀하게 말하면 미워하게 된 원인이 상대에 있지 않고 자신에게 있다는 것을 알아야 합니다. 더 나아가 나중에는 미워하는 것을 좋아하게 됩니다. 이것이 갈애입니다. 갈애는 좋은 것이나 싫은 것이나 모두 바라는 것이며, 이것이 발전해서 집착하게 됩니다.

집착은 갈애에 압도되어서 돌이킬 수가 없게 된 것입니다. 그래서 고기를 구울 때 석쇠에 붙어 떨어지지 않는 것처럼 됩니다. 이렇듯 갈애로 인해 만들어진 집착이 행위로 나타난 것을 업이라고 합니다. 이런 업은 현재도 괴롭고, 미래도 괴롭게 하고, 다음 생도 괴롭게 합니다. 그러므로 이것이 무지의 전형입니다.

아무리 좋은 얘기를 해도 자신이 변하려는 의지가 없는 한 백약이 무효입니다. 변한다는 것은 미움에서 자애로, 욕망에서 관용으로 바꾸는 것을 말합니다. 이것이 바로 지혜입니다. 이것 외에 다른 방편은 소용이 없습니다. 방편은 어떤 목적을 위해 행하는 하나의 방법일 뿐입니다. 내가 변하지 않겠다는 마음을 먹고 있는데 방편이 무슨 소용이 있겠습니까? 그래서 결론은 내가 변하지 않는 한 평생 동안 스스로 만든 괴로움에서 사는 길밖에 없습니다. 만약 도저히 미워하는 것을 그칠 수 없다면 이것은 자신이 받아야 할 업의 대가입니다.

잘못했던 일을 적어놓고 그걸 보면서 참회하다 보면 상대에 대해 원망심이 줄어들 수도 있겠지만 나중에는 이것도 시들해질 것입니다. 이것이 바른 방법이냐 아니냐를 따질 수 없습니다. 효과가 있다면 필요한 것입니다. 이것을 하지 말라는 것이 아닙니다. 본질적인 것이 무엇이냐

하는 것입니다. 본질은 뿌리인데 그것을 두고서는 다른 방법이 없습니다.

모든 일에 있어서 본질적인 문제가 해결되지 않는 한 같은 번뇌가 연속되기 마련입니다. 무엇이 이익인지 스스로 판단하기 바랍니다. 어디에서도 자신의 문제에 대한 답을 얻을 수 없습니다. 오직 자신의 지혜와 자신의 결단만이 문제를 해결할 수 있습니다.

미움의 피해자는 오직 자신입니다. 그런데도 자세를 바꿀 수 없다면 이 고통의 업은 자신이 지고 가야 할 과보입니다. 남을 미워하는 문제는 상대적인 것으로 자신이나 상대나 누구 하나가 변해야 합니다. 그러나 확실하게 문제를 해결하기 위해서는 상대가 변하기를 바라는 것보다 내가 변하는 것이 효과적입니다. 어쩌면 이 길밖에 없을지도 모릅니다.

직업은 수행이다

문 ‖ 성내는 마음, 어리석은 마음에 둘러싸여 있을 때는 괴롭고 어찌해야 할지 모르겠습니다. 배운 바로는 '그 마음을 알아차리면' 되겠지만 자기 상황에 대한 충분한 이해가 없이는 알아차림이 제대로 되지 않는 것 같습니다.

저는 월급쟁이 한의사입니다. 몇 번 침을 맞으러 온 환자가 있는데, 침을 맞고부터 건강이 아주 좋아졌습니다. 그런데 문제는, 그 아픈 것이 그대로 옮은 것처럼 제가 아픈 겁니다.

정말 짜증이 나고 환자가 밉습니다. 왜 사람들은 자기 아픈 걸 저한테 가져와서 하소연할까요? 날이 갈수록 마음이 강팍해집니다.

♣ ♣ ♣

답 ‖ 알아차린다고 해서 모두 해결되지 않습니다. 해결될 만한 조건이 성숙되어야 해결됩니다. 그래서 처음에 대상을 겨냥해서 정확하게 알아차려야 하며, 다음에 반드시 알아차림을 지속해야 합니다. 또 이런 것과 함께 네 가지의 분명한 앎을 해야 하며, 일하는 그 마음을 알아차려야 하고, 반복적으로 끊임없이 알아차려야 합니다. 알아차리는 것 하나에 이렇게 많은 방편이 있습니다.

알아차리는 것은 문제를 없애려고 하는 것이 아니고, 있는 것을 확인하고, 알아차리는 마음으로 채우기 위해서 하는 것입니다. 그래야 해결됩니다. 이때의 해결이란 있는 것을 수용하는 것입니다. 이미 생긴 것은 어떤 것도 없앨 수 없습니다. 다만 그것을 받아들이는 마음으로 자신의 마음가짐을 바꾸는 것밖에 달리 방법이 없습니다.

부처님의 8만4천 법문은 이런 다양한 방법을 설하신 것입니다. 모든 답은 '알아차림' 하나인데, 이것을 어떻게 하느냐 하는 것이 법문입니다. 나는 바꾸지 않고 좋은 대상만 나타나기를 기다리는 것은 감각적 욕망입니다. 수행은 자신이 변하려고 하는 것입니다. 내가 변해야 대상이 변합니다. 대상은 단지 내 마음의 투영일 뿐입니다. 그러므로 나타나는 모든 것은 내 마음의 거울입니다. 아무리 나쁜 것이라도 그것을 받아들여 내 마음이 수용하면 이미 나쁜 것이 아닙니다.

의사는 사람의 생명을 다루는 직업입니다. 그래서 사회적으로 존경받습니다. 돈을 많이 벌어서 존경하는 것이 아닙니다. 그런 만큼 직업적 소명의식이 없으면 고통을 겪습니다. 아파서 오는 사람들은 모두 독을 가지고 있습니다. 그 독이 의사에게 전해지는 것은 자명한 일입니다. 특히 진맥을 할 때는 상대의 나쁜 파장이 의사에게 그대로 전해질 것입니다. 몸뿐이 아니고 환자의 마음에는 독이 더 많을 것입니다. 이때 이런 파장을 여과하는 의사의 마음가짐이 필요합니다. 선원에 수행을 하러 오는 분들도 마음의 병을 가지고 있으므로 사실 이런 범주를 벗어나지 않습니다.

환자로 인해 괴로운 마음이 생길 때는 그 마음을 알아차리고 가슴으로 가십시오. 이것이 잘 안 된다면 제대로 한 것이 아닙니다. 바르게 하지 않아서 제대로 안 된다면 문제는 자신에게 있지 수행방법에 있는 것이 아닙니다. 이렇게 해서 평온을 찾은 마음으로 환자를 대하면 더 정확하게 진단할 수 있을 것입니다. 침을 놓을 때도 의사의 에너지가 환자에게 갈 수 있는 마음가짐을 가져야 합니다. 이쪽의 힘이 약하면 환자의 에너지가 의사를 칠 것입니다. 의사가 선한 마음가짐을 가지고 침을 놓으면 침의 효과뿐만 아니고 사랑도 전해질 것입니다. 환자에게 침을 놓을 때 부처님을 치료해 드리는 마음으로 해보시기 바랍니다.

직업과 자기가 좋아하는 일은 양립되어야 합니다. 직업을 가진 것은 바라밀 공덕을 쌓는 일입니다. 거기서 생긴 수입으로 생계뿐만 아니라 좋은 선업을 쌓을 수 있는 일을 하는 힘의 원천입니다. 좋아하는 일만 하면서 살 수는 없습니다. 환자를 돌보는 일이 수행이며, 바라밀 공덕을 쌓는 일입니다. 이것을 감당해야 의사의 본분을 지키는 것이며, 수행자의 본분까지 지키는 것입니다.

알아차림으로 바른 교육을

문 ‖ 수행을 통해 조금씩 일상생활에서도 깨달음과 평화를 얻고 있습니다. 그러나 유독 아이들에 대해서는 알아차림이 잘 되질 않습니다. 남매끼리 서로 싸우는 것을 보거나 학습이 부진한 아이들을 보면 참지 못하고 바로 반응하는 제 모습을 보는 것이 지옥 같습니다. 지금의 고통이 모두 저의 부덕의 결과이고, 또한 제가 과거에 행한 일의 결과임을 압니다. 하나 미성숙한 아이들을 그냥 내버려둘 수도 없고, 부모로서 잘 이끌어 줘야 할 것 같은데, 아이들 문제에서 수행이 제대로 되지 않으니 참으로 답답하고 괴롭기만 합니다.

♣ ♣ ♣

답 ‖ 질문하신 내용은 어느 한 개인이 겪는 고통이 아니고 누구나 똑같이 겪는 고통입니다. 가정은 휴식을 취하는 공간이라서 누구나 자신의 본성이 있는 그대로 나옵니다. 그래서 가정은 각자의 개성 경연장입니다. 가정의 문제는 그 사회의 문제이고, 그 사회의 문제는 인류의 문제이고,

인류의 문제는 다시 한 개인들의 문제입니다. 그래서 구조적으로 해결이 간단하지 않습니다. 아이들이나 어른이 싸우면서 사는 것은 이런 이유 때문이며, 해결이 어려운 것도 이런 이유 때문입니다.

가정의 문제가 사회의 문제이므로 오히려 가정에서 생긴 문제로 인하여 사회를 경험하는 체험의 장이 될 수 있습니다. 그렇다고 본다면 가정에서 사회에 적응하는 방법이나 극복하는 방법을 배울 수 있습니다. 사실 이런 아이들이 밖에 나가서도 모두 똑같이 행동하지는 않습니다. 그러므로 너무 걱정하지 말기 바랍니다. 보통의 아이들은 다들 이런 혼란 속에서 삽니다.

"지금의 고통이 모두 저의 부덕의 결과이고, 또한 제가 과거 행한 일의 결과임을 압니다." 도우님의 이 말은 맞습니다. 그러나 이렇게 말하면서 이에 대한 책임은 지지 않습니다. 그래서 진실한 통회가 아닙니다. 누구도 자신의 허물은 크게 생각하지 않기 때문입니다. 자신의 허물은 다름이 아니라 아이들에 대해서 집착하는 것입니다. 여기에 유신견이 있습니다. 나의 아이들이기 때문에 소유욕이 생겨 남달리 집착해서 바르게 교육을 못한 면이 있으며, 아직도 아이들을 객관적으로 보지 못하고 유신견으로 보는 것입니다. 그래서 가족의 문제가 어렵고, 또 알고도 못합니다.

이제는 문제를 해결하려고 하지 말고 있는 그대로의 상황을 지켜보십시오. 사람들은 교육이라는 이름으로 교육을 하는 것이 아니라 욕망으로 교육을 하기 때문에 효과도 없으며, 말하는 사람이 괴롭기만 합니다. 그래서 교육은 먼저 말하는 사람의 마음이 편해야 합니다. 그래야 아이들이 수용합니다.

교육은 필요하지만 화를 내면서 하면 개선되지 않습니다. 목소리를 낮추고 진심 어린 마음으로 타이르십시오. 바뀌기를 바라고 하지 말고 해야 할 말이라서 하는 것입니다. 결과를 기대하는 것이 탐욕이라고 알아야 합니다. 결과를 기대하지 않고 해야 자애로운 마음으로 하게 됩니다. 부처님께서 교육을 할 때는 이런 방법도 있고 저런 방법도 있으니 스스로 선택하라고 말씀하셨습니다. 그러니 나무라는 것보다 무엇이 옳은 것이라는 인식을 심어주어야 합니다. 그러면 언젠가 교육의 효과가 나타날 것입니다.

온화하고 숭고한 사랑, 자비

문 ‖ 자비가 불교에서 차지하는 비중이 매우 높은 것으로 알고 있습니다. 자비가 무엇인지 설명 부탁드립니다.

♣ ♣ ♣

답 ‖ 자비慈悲를 빨리어로 메타Metta라고 합니다. 이 말은 자애慈愛, 사랑, 동정, 친밀한 것을 말합니다. 또는 은혜, 선의, 우애 등으로도 말합니다. 한마디로 자비는 사랑하는 것을 말하는데, 모든 존재가 행복하기를 바라는 큰 의미를 갖고 있습니다. 그러므로 기독교의 사랑과 불교에서 말하는 자비는 같은 것입니다.

그러나 불교의 자비는 하나의 과정이지 전부가 아닙니다. 불교의 목표는 지혜입니다. 그래서 번뇌를 해결하는 열반이 궁극적 목표입니다. 그러므로 여느 종교와는 지향점이 전혀 다릅니다. 불교에서 자비관을 하는 것이 일차적이라면 이것은 사마타 수행에 속하고, 지혜를 얻는 것이 최종 목표라면 이것은 위빠사나 수행입니다.

　자비는 보살이 부처가 되기 위해 쌓는 열 가지 바라밀 중에서 아홉 번째 바라밀로서 중요한 위치를 차지하는 덕목입니다. 보살의 자비는 어느 특정인만을 대상으로 하지 않습니다. 이때의 자비는 개인끼리의 애정을 말하지 않습니다. 개인들끼리의 애정은 욕망일 수 있으며 괴로움의 대상이 될 수 있습니다. 자비는 협의의 사랑이 아니고 광의의 사랑입니다. 그래서 너와 나만의 사랑이 아닙니다. 모두가 고루 나누어 가질 수 있는 숭고한 사랑의 나눔입니다. 상좌불교에서 보살이라고 하면 부처님의 전생을 말하는 줄 압니다. 그것은 보살의 의미가 부처가 되기 위해 도를 구하는 자라는 말이기 때문입니다.

　자비는 깨끗한 마음의 작용이며 행에 속합니다. 마음의 작용이 깨끗해지면 마음이 함께 깨끗해집니다. 깨끗한 마음과 마음의 작용은 바로 선한 마음과 마음의 작용입니다. 탐욕, 성냄, 어리석음이 불선업인데 관용, 자애(자비), 지혜는 탐욕, 성냄, 어리석음의 반대가 되는 선업의 마음입니다. 그러므로 자비는 성냄의 반대가 되는 말입니다.

　주석서에는 "자비는 성냄이 없고 잔악함이 없는 것이 특징이다. 혹은 장애가 없고 온화함이 특징이다. 다정한 친구처럼 성가심을 버리는 것이 자비의 역할이다. 그리고 열을 내는 것을 버리는 역할을 한다. 마치 전단향처럼 부드러운 분위기로 온순하게 나타난다. 마치 보름달처럼"이라고 되어 있습니다.

자비의 마음은 멀거나 가깝거나 상관없이 영향을 미칠 수 있습니다. 악한 자에게, 살인자에게도 자비의 마음은 쉽게 전해집니다. 인간뿐만이 아니라 동물에 대해서도 사랑을 보낼 수가 있습니다. 부처님께서 동물들에게 자비로운 마음을 내셔서 사나운 짐승들도 부처님께 공손히 대하였던 기록이 있습니다.

자비는 남에게 사랑을 베푸는 것인데 자기 자신에 대해서도 남에게 하는 것과 똑같은 사랑을 보여야 합니다. 남은 사랑하고 자신을 학대하면 안 됩니다. 남에게는 먹을 것을 후하게 주고 자기는 굶주리면 안 됩니다. 그래서 모든 것이 균형이 되게 이루어져야 합니다.

남에게 먹을 것을 후하게 주고 자기는 아끼느라고 먹지 않으면 살아서도 굶주리고 죽어서도 아귀가 되어 굶주립니다. 이것은 자비가 아니고 인색한 것입니다. 자신에게 냉철해야 하지만 인색해서는 안 됩니다. 인색은 불선업으로 화를 내는 것과 같은 성품을 지녔습니다. 그래서 남을 사랑하듯 자기를 사랑하고, 자기를 사랑하듯 남을 사랑해야 합니다.

불교에는 부처님께서 말씀하신 『자비경』이 있습니다. 보살은 이 『자비경』에 입각해서 살아갑니다. 위빠사나 수행자의 경우 알아차림을 통해서 자칫 메마르기 쉬운 마음을 가질 수가 있습니다. 수행을 하다 보면 냉정해지고 삭막하게 느껴지는 과정이 있습니다. 이때는 『자비경』을 읽거나 자비관을 하면 도움이 될 수도 있을 것입니다.

이처럼 자비는 부족한 부분을 채우기 위해서 스스로 노력할 수도 있습니다. 그러나 알아차림에 의해서 불선업이 사라지면 자연스럽게 충만한 사랑이 넘쳐흐르게 되기도 합니다. 도과를 얻어 지혜가 난 출세간의 마음은 관용의 마음이 생겨 보시를 하는 아름다움이 뒤따르고, 연이어 사무량심인 자비희사의 마음이 우러나게 됩니다.

그러나 모든 사람이 무턱대고 『자비경』을 읽거나 자비관을 하는 것도 바람직하지는 않습니다. 수행자는 어떤 경우에도 자신의 몸과 마음을 알아차리는 사념처를 가장 우선적으로 해야 합니다. 그래서 지혜를 얻어 열반을 성취해야 합니다. 엄밀한 의미에서 자비관은 보살이 부처가 되기 위해 쌓는 과정이란 것을 유념할 필요가 있습니다. 그래서 자비관이 좋다고 해서 자신의 몸과 마음을 알아차리는 수행은 소홀히 하고 항상 자비관에만 골몰하는 것도 좋지 않습니다. 이것은 또 하나의 욕망으로 집착하는 것입니다. 그래서 자비관을 해야 할 필요를 느낄 때, 먼저 자비관을 하려는 마음을 알아차린 뒤에 진실한 마음으로 해야 합니다.

그렇지 않고 하는 자비관은 다분히 무엇을 바라고 하는 보상심리가 작용합니다. 그래서 자비관을 해서 스스로의 괴로움을 잊고자 하는 마음이나 자기의 잘못을 속죄하거나 면죄의 의미를 가진 자비관을 할 때는 이런 마음을 알아차리고 해야 합니다.

진정한 자비는 내가 잘 되기를 바라는 가까운 사람에게만 보내는 것이 아니고, 내게 괴로움을 주는 사람들에게도 똑같은 마음을 가지는 것이 자비입니다. 나를 비난하는 사람에게 깨진 종처럼 침묵하고 그때 자신에게 일어나는 과보심을 알아차리고 새로 불선업의 마음을 내지 않는 것도 자비로운 마음입니다. 내게 불선업을 낸 상대는 몰라서 그런 것이라고 이해하고, 또는 내가 일으킨 업으로 인해 내게 과보가 주어진 것이라고 알아야 합니다. 상대의 불선업을 보고 내가 화를 내거나 비판하면 상대나 나나 똑같은 불선업을 내는 것입니다. 자비는 이런 어리석음을 끊게 합니다.

자기가 괴로운 상태에서 상대에게 자비관을 하면 상대에게 자비가 가지 않고 나의 부적절한 괴로움이 전해집니다. 그러므로 이러한 행위는 자신도 스스로에게 속는 것이고, 자비를 받게 되는 상대에게도 혼란과 괴로움을 주는 것입니다. 이런 경우는 오히려 불선업을 만드는 것입니다. 그러므로 수행자는 언제나 자신의 몸과 마음을 알아차린 뒤에 다른 것을 해야 합니다. 그러고 나서 나의 이해를 떠나 오직 모든 생명에게 숭고한 사랑을 보내면 됩니다.

괴로움을 통해 겸손을 배우라

문 ‖ 근래에 그동안 준비해 오던 공부를 접고 기존에 하나 가지고 있던 생업으로 다시 돌아가게 되었습니다.

지금 가지고 있는 자격증으로는 부끄럽고 창피해서 평생 이걸로 살아야 하나 하는 심정으로 지내야 할 것을 생각하니 마음이 많이 암담하고, 나아갈 방향을 잡지 못해 방황하는 그런 생활이 며칠간 계속되었습니다.

처음부터 불교를 접하게 된 것이 수행의 이익을 바라고 한 것은 아니었는데, 너무 큰 어려움을 맞이하게 되니 이럴 때 좀 도움이 되면 안 되나 하는 푸념 섞인 생각이 고개를 듭니다. 어떤 견해를 가지고 수행이나 앞으로 남은 시간들을 꾸려나가야 할지 제 힘으로는 해결이 안 됩니다.

어떤 마음가짐이면 좋겠습니까? 내가 몰라서 그랬네, 내가 바라는 마음이 있어서 괴로웠네, 그렇게 받아들이기에는 아직 너무 많이 부족합니다.

♣ ♣ ♣

답 ‖ 준비하던 시험을 포기하여 마음이 아프겠군요. 세상이 자기 뜻대로만 되지 않습니다. 그러니 어쩌겠습니까? 모든 것은 조건에 의해 일어나고 사라집니다. 포기할 상황이 되어서 포기를 했다면 이것은 조건에 의한 것이므로 받아들여야 합니다. 시험은 이상이고 포기한 것은 현실입니다. 이제 현실로 돌아오십시오. 이상과 현실을 구분하는 것이 지혜입니다.

"지금 가지고 있는 자격증으로는 부끄럽고 창피해서 평생 이걸로 살아야 하나 하는 심정으로 지내야 할 것을 생각하니 암담하다"고 하셨는데, 이런 생각은 잘못입니다. 자기의 직업에 대하여 부끄러움을 갖는 것은 유신견이 강하기 때문입니다. 이런 생각이 있으면 높은 지위를 얻어도 만족할 수 없어 괴롭기는 마찬가지일 것입니다.

지위나 돈이 신분을 결정하지 않습니다. 마음가짐이 신분을 결정합니다. 무엇을 하거나 자기 일을 열심히 하는 것이 가장 훌륭한 것입니다. 지금은 원하는 것을 할 수가 없어 괴롭겠지만 시간이 지나면 좋아질 것입니다. 오히려 이런 괴로움을 통하여 겸손을 배우십시오. 이것이 더 큰 성과가 될 수 있을 것입니다.

지금 처한 현실을 영원한 것으로 생각하지 마십시오. 모든 것은 과정입니다. 지금보다 더 좋아질 수도 있고, 지금보다 더 나빠질 수도 있습니다. 그러니 우선 현재 하고 있는 일을 열심히 하는 것이 중요합니다. 그렇지 않다면 지금 하고 있는 일조차 할 수 없을지 모릅니다.

모든 것은 마음이 이끕니다. 언제나 자신의 마음을 알아차리십시오. 마음을 알아차릴 때 괴로움이 사라지기를 바라지 마십시오. 괴로움은 원래 있는 것입니다. 그러니 '지금 괴로워하고 있구나' 하고 알아차리십시오.

헤어진 친구가 생각날 때

문 ‖ 좌선할 때 예전에 헤어진 여자친구가 자꾸 떠오릅니다. 괴로워하면서도 이 느낌을 무의식중에 즐기는 것 같습니다. 어떻게 하면 이런 의식상태에서 벗어날 수 있을는지요?

♣ ♣ ♣

답 ‖ 수행 중에 망상이 일어나는 것은 당연한 일입니다. 이것을 당연한 것으로 받아들이지 못하고 잘못된 것으로 알아서는 안 됩니다. 물론 망상이 일어나는 것을 좋은 일이라고 할 수는 없습니다. 그러나 생길 만한 원인이 있어서 생긴 망상을 없애려고 해서는 안 됩니다. 그래서 단지 망상이 일어난 것을 횟수에 상관없이 계속 알아차려야 합니다. 평생 동안 해온 망상이 잠시 알아차린다고 해서 완전하게 사라질 수는 없습니다.

위빠사나는 나타난 대상을 조건 없이 알아차리는 수행입니다. 여기에 좋다거나 싫다고 개입해서는 안 됩니다. 나타난 대상에 반응하는 것은 이 대상에 집착하는 것입니다. 그래서 대상이 더 강하게 기억됩니다. 그러므로 그냥 알아차리는 것으로 그쳐야 합니다. 이렇게 알아차린 결과 사라질 만한 조건이 성숙되면 자연스럽게 사라질 것입니다. 사라지고 사라지지 않고는 자신의 집착 여부에 달려 있습니다.

잊어야 할 것을 잊지 못하는 것이 어리석음입니다. 어리석음이 갈애를 일으킵니다. 사랑하던 연인을 그리워하거나 미워하거나 모두 갈애입니다. 이 갈애가 사랑하는 사람에게는 집착으로 발전하여 좋아하고 미워하는 업을 생성합니다. 그래서 더 잊지 못하는 것입니다. 잊지 못하는 것은 자신이 기억을 끌어안고 있기 때문입니다. 사랑은 애증이 교차하는 것입니다. 좋아하기 때문에 미워합니다.

그러므로 계속해서 알아차리는 길 외에 다른 길이 없습니다. 위빠사나의 알아차림은 대상을 분리해서 알아차립니다. '그렇네', '좋아했네', '미워했네', '괴로워하네' 하고 알아차리십시오. 이렇게 알아차린 뒤에 미워하거나 좋아하는 마음을 다시 알아차리십시오 그런 뒤에 가슴으로 가서 두근거리는 느낌을 지속적으로 주시하십시오.

그러나 알아차린다고 즉시 해결되는 것이 아닙니다. 그것을 집착한 만큼 같은 힘으로 알아차려야 합니다.

묶이지 않는 사랑, 깨어 있는 삶

문 ‖ 남자친구가 평소에는 성격이 좋다가도 한번씩 말도 안 되는 이유
로 화를 내기도 하고, 화가 나면 이성을 잃을 정도로 화를 냅니다. 그
화를 받아내자니 제 자신이 너무 힘들고, 저 역시 자꾸 답답함, 좌절감,
분노, 슬픔, 패배감 등의 부정적인 감정에 빠지는 걸 느낍니다.

♣ ♣ ♣

답 ‖ 인생살이에 대한 상담은 세속에서 어떻게 하면 내가 행복하게
살 수 있는가 하는 방법을 찾는 것이며, 수행 상담은 어떻게 하면 괴로움
의 원인인 탐욕, 성냄, 어리석음을 여의고 완전한 깨달음인 열반에 들어
갈 수 있는가에 대한 상담입니다.

그래서 문제를 보는 관점이 다릅니다. 세속적 관점에서는 사랑하는
사람과 영원히 행복하게 살기를 추구하는 것이고, 출세간적 관점에서는
달콤한 사랑이라는 번뇌의 늪에 빠지지 않도록 정신을 바짝 차리고,

사랑은 하더라도 사랑에 묶이지 않는 깨어 있는 삶을 추구하는 것입니다.

세속에서 말하는 행복의 요소들은 바로 그 이면에 괴로움을 준비하고 있다는 것을 보는 안목을 길러 세속의 행복에 대한 집착을 놓을 수 있어야 합니다.

지금 남자친구 때문에 너무 괴롭지만, 그래도 남자친구와 헤어지는 것보다는 친구 관계를 유지하는 것이 더 좋아서 이런 고민을 하고 있는 것입니다. 그 남자친구가 화를 내지 않는다면 좋겠다는, 자신의 관점에서 일으킨 욕망을 가지고 그 친구에게 집착하고 있는 것입니다.

세속에서의 삶은 항상 불만족의 연속일 수밖에 없습니다. 사람들은 남자친구가 없어도 불만족이고, 남자친구가 있어도 불만족입니다. 이 남자친구가 내가 원하는 만큼 해주지 않아서입니다. 만일 내가 원하는 대로 화를 안 낸다면 그다음 단계로 좀 더 행복한 다른 요소가 모자란다고 다시 불만족을 느낄 것입니다. 이것은 도우님뿐만 아니라 모든 사람들이 가지고 있는 욕망이 일으킨 세간의 속성입니다.

그래서 부처님께서는 "오온을 가지고 사는 것 자체가 괴로움이다. 이 괴로움을 있는 그대로 보아 오온에 대한 갈애와 집착을 소멸하여 괴로움을 여읜 세계를 경험하라. 그 방법이 현재를 있는 그대로 알아차리는 수행이다"라고 말씀하셨습니다. 그래서 있는 그대로 보는 지혜가 없으면 사는 것 자체가 현재 가진 것과 상관없이 괴로움입니다.

그럼 불교 수행은 이 괴로움을 어떻게 해결할까요? 정답은 있는 그대로 알아차리는 것입니다. 행복할 때는 행복해 하고 있음을 알아차리고 그 느낌이 어떻게 변하는지 지켜보고, 괴로울 때는 괴로워하고 있다는 것을 알아차리고 그 괴로운 느낌이 어떻게 변하는지 알아차리기만 하는 것입니다. 괴로움을 행복으로 바꾸려는 목적 없이 그냥 알아차리는 것입니다.

도우님이 실제로 수행을 해서 있는 그대로 알아차린다면 괴로운 느낌이나 행복한 느낌이나 한순간에 일어났다 사라지는 현상임을 알게 될 것입니다. 그래서 어떤 느낌이 오든지 한순간의 느낌에 휘둘리지 않고 정신을 차리게 됩니다. 즉 대상에 푹 빠져 정신없이 집착하지 않는다는 것입니다.

마음은 항상 평온을 유지하고 그 결과로 느낌에 휘둘리지 않고, 지금 할 수 있는 가장 바른 행위로 나와 상대를 함께 이익 되게 한다는 것입니다.

그래서 지금 도우님께 필요한 것은 남자친구를 대하는 자신의 몸과 마음의 느낌을 있는 그대로 알아차리는 힘을 키우는 것입니다. 그러기 위해서는 번뇌 덩어리인 남자친구를 만나기 전에 먼저 자신의 호흡과 몸의 움직임 그리고 일상의 알아차림을 통해서 순간순간 올라오는 느낌이나 생각을 알아차리는 위빠사나 수행을 해야 합니다.

이처럼 어느 정도 알아차리는 힘이 쌓여야 남자친구를 만날 때도 휘둘리지 않고 알아차릴 수 있습니다. 그럼 이때 남자친구로부터 느끼는 답답함, 좌절감, 분노, 슬픔, 패배감은 도우님의 수행을 도와주는 스승이 되는 것입니다.

남자친구를 번뇌 덩어리로 만들어 계속 괴로워하면서 그것을 붙잡을 것인가, 남자친구를 법으로 알아차려 자신의 지혜를 키울 것인가는 도우님의 선택에 달려 있습니다.

술을 끊으려는 남편에게

문 ‖ 남편이 술을 끊어야겠다고 합니다. 술을 좋아하다 보니 체력에 무리가 가서 직장 일을 하기가 힘이 드나 봅니다. 그러나 늘 그렇듯이 결심이 얼마 못 가서 흐지부지될까 봐 걱정됩니다. 그래서 알아차리는 법을 알려주면 좋겠다는 생각이 듭니다. 남편에게 어떻게 도움을 줘야 할지요?

♣ ♣ ♣

답 ‖ 위빠사나 수행의 알아차림은 분명 모든 문제를 해결하고 괴로움에서 벗어나는 열쇠임에 틀림없습니다. 알아차림에 의한 지혜로 대상을 객관적으로 보는 힘이 생기면, 사람들은 각자 자신의 성향으로 매 순간을 만들며 살고, 그것이 다시 자신의 성향이 된다는 것을 압니다. 결국 각자가 자기 업의 주인임을 알게 되지요. 그러므로 수행자는 상대의 업에 개입하지 않고, 상대를 변화시키려 하지 않고, 평온하게 바라보기 때문에 상대의 문제로부터 자유롭게 됩니다.

　그러나 만일 그 상대가 가족인 경우에는 '가족'이라는 이 개념이 상대를 객관적으로 보지 못하게 합니다. 가족이라는 울타리 안에 있으면 보자마자 좋고 싫고 하는 반응이 생깁니다. 그래서 여러 가지 거룩한 이야기도, 말도 안 되는 투정도, 그럴싸한 잔소리도 해보지만 성공 확률은 거의 없습니다. 이미 말하는 사람이 상대를 바꾸고자 하는 욕망으로 들떠 있기 때문에 상대가 받아들이지 못하는 것입니다. 그래서 말한 사람이나 듣는 사람이 함께 상처받고 더욱 불선업을 키워 갑니다.

　그래서 수행자는 상대의 축적된 성향을 인정해 주고 평온한 마음 상태에서 상대를 그냥 지켜봅니다. 그럴 때 나의 평온한 마음이 자비가 되어 넘치면 그 힘에 의해 상대가 변할 수도 있습니다. 이 방법이 시간이 걸려도 상대를 변화시킬 수 있는 가능성이 있는 방법이며, 상대와 나를 보호하는 유일한 길입니다.

　금주의 문제에 있어서 위빠사나 수행자는 느낌을 알아차리는 수행을 하므로 금주를 하려는 의지만 확고하면 술을 좋아하는 습관에서 쉽게 벗어날 수 있습니다. 술에 대한 욕구가 생길 때마다 즉시 알아차리고 다시 마음, 가슴, 몸을 알아차리는 네 단계 수행을 하는 동안 술을 원하는 욕구는 어느 사이 사라져 한순간의 술에 대한 느낌에 넘어가지 않고 술에 대한 욕구를 제어할 수 있습니다.

　이렇게 느낌에 넘어가지 않고 자신을 제어할 좋은 방법이 있음에도 불구하고 수행을 할 기회가 없는 분들에게는 아무 쓸모가 없습니다.

그러므로 금주를 할 좋은 방법을 찾아 빨리 금주를 하게 하려는 것보다는 술을 좋아하는 상대의 축적된 성향을 인정하고 알아차릴 대상으로 받아들이는 것이 더 필요합니다. 수행자가 상대의 술 마시는 것에 반응하지 않고 편안한 마음으로 잘해 주다 보면 그 평온함에 의해 점차 위빠사나 수행에 대한 매력을 느낄 것입니다. 그래서 상대도 점차 수행을 할 의지를 내고 그 결과로 느낌을 잘 제어하여 스스로 금주를 할 것이라고 생각합니다.

혹시 이 글을 읽는 분들이 이런 방법에 대해 힘들고 어렵다는 부정적인 생각이 든다면 그것은 문제를 빨리 해결하려는 욕망이 앞서기 때문일 것입니다. 실제로 우리가 문제라고 느끼는 것은 문제가 아니고, 단지 문제라고 생각해서 빨리 해결하려고 하는 것이 더욱 문제입니다. 문제를 해결하려는 욕망을 알아차리고 잠시라도 있는 그대로 보는 평온함이 문제를 제대로 해결하게 합니다.

가장 좋은 노후대책은 위빠사나 수행

문 ‖ 제가 아는 사람 중에 늙어감에 대해 굉장히 혼란스러워하는 친구가 있습니다. 단순히 신체적인 쇠약뿐만 아니라 노후준비에 대해서도 많은 두려움을 느끼고 있는 것 같습니다. 수행하는 이로서 나이 듦을 어떻게 받아들여야 하고, 노후준비는 어떻게 해야 하나요?

♣ ♣ ♣

답 ‖ 생을 원인으로 한 노사라는 결과는 너무 당연한 것인데 늙음을 법으로 알아차리지 못하면 괴롭습니다. 노사를 싫어하든, 법으로 인정하든 노사는 진행됩니다. 그러나 싫어하면 노사에 휘둘려 더욱 괴롭고, 법으로 보면 늙어가도 미래를 준비하는 현재가 평온합니다. 수행자들은 어느 정도 노사를 인정하고 준비합니다만 수행을 모르는 분들은 좀 어렵지요. 자신이 늙지 않기를 바라기 때문에 좋은 방도가 없습니다.

만일 매 순간 변하는 몸과 마음을 보는 수행을 하면 늙음을 하나의 현상으로 편안하게 볼 수 있을 것입니다. 그러므로 친구에게 도우님이 경험한 수행의 이익을 설명해 주고 함께 수행하길 권하는 것이 가장 좋을 것 같습니다.

나이 먹어서 할 수 있는 가장 값진 일은 수행밖에 없습니다. 사람으로 태어난 것은 선업의 결과이지만, 사는 동안 탐욕, 성냄, 어리석음에 휘둘려 살다 죽으면 다시 사람으로 태어난다는 보장이 없습니다. 그러나 사는 동안 보시하고 계율을 지키며 수행으로 지혜를 키우면 노후뿐 아니라 내생까지도 보장을 받습니다. 지혜는 죽을 때 가지고 갈 수 있는 재산입니다.

보시하고 계율을 지키는 일은 알아차림이 있어야 합니다. 알아차림이 없으면 보시를 하고도 그 보시의 효과에 집착이 생깁니다. 계율도 알아차림이 없으면 지킬 수 없습니다. 그래서 알아차림으로 시작하는 위빠사나 수행은 모든 선업의 시작입니다. 수행만큼 확실하게 노후를 보장하는 보험이 없습니다. 매 순간을 알아차림으로 깨어 있어 탐욕, 성냄, 어리석음이 없이 관용과 자애 그리고 지혜로 산다면 그 결과는 당연히 좋은 결과를 가져올 것이기 때문입니다.

그러나 미래에 대한 계획이 필요할 때는 세워야 합니다. 그때는 알아차림과 분명한 앎으로 계획을 세우면 됩니다. 계획을 세울 때 먼저 마음을 알아차려 들뜨거나 근심 걱정이 없는 평온한 상태에서 세우고, 그 계획이 열반에 도움이 되는지, 또 다른 괴로움의 원인이 되는지를 알아차리고, 시기 상황이 적절한지 알아차려서 계획을 세우면 좋은 계획이 만들어질 것입니다. 노후를 걱정하는 마음으로 들떠서 계획하는 것보다 훨씬 바른 방법입니다.

또한 현재를 열심히 알아차리면서 생활을 한다면 자연히 선업의 결과들로 기쁘고 행복하고 평온한 노후를 맞이할 것입니다. 수행으로 얻은 지혜는 모든 것이 변하고 괴로움이며 나의 것이 아니기 때문에 어느 것에도 집착할 것이 없다는 것을 알게 해주는 이익이 있습니다. 이런 지혜는 내 앞에 일어나는 어떤 상황에도 반응하지 않고 평온하게 받아들일 수 있게 해줍니다. 지혜가 있는 사람의 노후는 아름답습니다. 자신이 편안하기 때문에 남을 편안하게 해주는 넉넉함이 있어 아름다운 노년을 만듭니다. 법을 실천하는 사람은 법에 의한 보호를 받습니다. 결국 우리가 할 수 있는 최선의 노후대책은 위빠사나 수행입니다.

큰 병에 걸렸을 때

문 ‖ 지금 수술을 기다리고 있습니다. 내 몸이지만 내 맘대로 안 된다는 무아가 쏙쏙 이해가 됩니다. 계율을 잘 지키지 않고 방종했던 업보를 받는다는 생각도 합니다.

잠잘 때 빼고 하루 종일 머릿속에 내가 갖고 있는 병과 죽음, 미래, 가족, 친구, 직장 등에 대한 생각으로 머릿속이 복잡합니다. 한편으로 어떤 일이 일어나도 모든 것이 시시해집니다. 몸에 좋은 거라고 누가 무엇을 줘도 이미 병에 걸렸는데 이런 거 먹어서 뭐하나? 하는 생각이 듭니다. 심지어 눈길에 다른 차가 내 차를 박아도 곧 죽을지도 모르는데 차 좀 부서지면 어때, 이런 식으로 변했답니다.

암은 어쩔 수 없이 받아들이지만, 죽을 때 죽더라도 그 사이에 번뇌를 줄일 수 있는 방법은 없는지 지혜로운 가르침 부탁드립니다.

♣ ♣ ♣

답 ‖ 제 스승이신 쉐우민 사야도께서는 삶과 이별할 줄 알아야 된다고 말씀하셨습니다. 그리고 사야도의 생신 축하 공양법문에서 "나는 매일 죽고 아침이면 매일 다시 태어난다"고 하셨습니다. 그리고 "사실은 매 순간 죽고 매 순간 다시 태어난다"고 말씀하셨습니다.

이 의미는 모든 것은 무상한 것이며 마음은 찰나생, 찰나멸을 한다는 것을 말합니다. 사실은 나고 죽는 것이 매 순간 일어나고 있다는 것이 부처님의 가르침입니다.

누구나 언젠가는 죽습니다. 다만 시간의 문제가 있을 뿐입니다. 백 년 뒤에 죽어도 억울하기는 마찬가지일 것입니다. 문제는 어떻게 죽느냐 가 중요합니다. 억울하고 괴롭다고 보면 답이 없고, 있을 수 있는 일이라 고 여기면 지혜를 얻는 것입니다.

『대념처경』이나 12연기에 병은 없고 생, 노, 사만 있습니다. 병은 생과 노에 포함되어 있습니다. 병은 있을 수도 있고 없을 수도 있는 것이며, 있다면 알아차릴 대상에 불과합니다. 병에 걸린 사람은 병을 문제 삼을 것이 아니라 병을 통해서 법의 성품을 볼 수 있어야 합니다. 그래야 불선업의 과보를 선업으로 바꿀 수 있습니다. 이것을 모르고 그냥 괴로워만 한다면 아무런 이익이 없습니다.

몸이 아플 때 마음까지 아프지 말아야 합니다. 아픈 것은 몸이며 마음은 그것을 지켜볼 수 있어야 합니다. 바로 이것이 위빠사나 수행입 니다. 위빠사나 수행의 시작은 몸과 마음을 분리해서 보는 것으로 시작합니다.

아플 때는 다른 욕망이 사라져서 수행이 잘 됩니다. 지금까지 가져왔
던 그런 탐욕이 사라져서 수행을 하기에 좋습니다. 그러나 지금 무슨
말로도 위로가 안 될 것입니다. 오직 스스로의 힘으로 지혜를 얻기 바랍
니다.

병으로 인해 불안하거나 두려울 때는 불안한 마음을 지켜보십시오
그리고 바로 가슴으로 가서 불안으로 두근거리는 느낌을 계속해서 주시
하십시오. 어떤 것이 되었거나 배척하지 말고 그냥 받아들이십시오.
설령 그것이 병이거나 죽음이라도 받아들여야 합니다.

누구나 죽는 것으로 그치지 않습니다. 다음 생이 있으며 행한 대로
업의 과보를 받아 태어납니다. 그러니 선하게 살아야 하며 선하다는
것은 보시, 지계, 수행이라는 것을 유념하여 실천하기 바랍니다.

빠른 쾌유를 기원합니다.

죽음을 어떻게 준비하는가

문 ‖ '옹달샘' 코너를 읽고서 마음에 와 닿는 말이 있어서 질문을 드립니다. "자신의 죽음과 이별할 준비가 되었을 때"라고 언급하셨는데, 어떻게 하면 죽음을 준비를 할 수 있을까요? 가까운 분이 돌아가시면 그렇게 괴롭고 두려울 수가 없습니다.

♣ ♣ ♣

답 ‖ 누구나 죽는다는 가장 단순한 사실을 생각하기 싫어합니다. 남의 죽음은 보이는데 자신의 죽음은 보이지 않습니다. 죽음은 두려움이고 공포이기 때문입니다. 그러나 괴로움을 극복하는 유일한 길은 괴로움을 피하려 하지 않고 있는 그대로 직시하는 것입니다.

여기서 중요한 것은 생각하기 싫어한다는 것은 피한다는 것입니다. 피한다는 것은 또 다른 형태의 화를 내는 것입니다. 그래서 이것은 불선업에 속합니다. 죽음을 좋아해서 죽는 것이나 죽음이 두려워서 생각하지 않으려고 하는 것이나 사실은 모두 같은 것입니다.

인류 역사에 태어나고 죽는 괴로움으로부터 벗어날 수 있는 길을 알려주신 분들이 역대의 부처들이십니다. 부처만 불사의 문을 열어줍니다. 그 누구도 생명의 연기를 끊는 법을 말하지 못했습니다. 그래서 부처라고 부르는 것입니다.

우리가 천상에 간다고 해서 영원히 그곳에 살 수는 없습니다. 때가 되면 어느 곳에서인가 다시 몸을 만듭니다. 부처의 깨달음은 태어나고 죽는 번뇌를 근본적으로 해결합니다. 지옥, 축생, 아귀, 아수라의 세계에서는 업에 따라 수명이 주어지고 천상인 색계, 무색계에서는 그 세계의 수명에 따라 살게 됩니다. 그러다 수명이 다하면 다시 알 수 없는 세계에 태어나야 합니다.

그래서 먼저 죽음을 두려워해야 할 것이 아니라 어느 곳에 태어나느냐 하는 것을 유념해야 합니다. 선심은 선과보를 만들고, 불선심은 불선의 과보를 만들어서 그에 따라 태어나는 세계가 다릅니다. 인간으로 태어난 것은 선과보에 의해 태어난 것입니다. 그러나 불선의 과보를 함께 가지고 있습니다. 그래서 일상적인 괴로움이 아니고 불선의 과보로 인해 심각한 좌절을 겪기도 합니다.

다음으로 아예 태어나지 않는 선과보를 만드는 것입니다. 이것이 깨달음입니다. 깨달음이란 모든 것은 변한다는 무상을 알고, 변하기 때문에 괴롭다는 것을 알고, 이런 변화에 나라는 것이 있어서 의도적으로 개입할 수 없다는 무아를 아는 것입니다. 그래서 세상은 조건과 원인과 결과에 의해 진행되고 있다는 것을 알아 인간의 집착이 무지임을 아는 것입니다. 이렇게 알면 도과를 성취하여 윤회를 끊는 흐름에 들게 됩니다.

수행을 하면서 선하게 사는 사람은 죽음이 두렵지 않습니다. 법에 대한 믿음이 있기 때문이며, 이미 삶과 죽음의 의미를 알기 때문입니다. 누구나 언젠가 죽어야 하고, 다만 시기가 다를 뿐이라는 것을 그대로 직시해야 합니다.

부모님이나 가족이 죽어서 슬플 때 자신의 죽음은 생각하지 않습니다. 모두 나라고 하는 유신견이 있어서 이런 생각을 싫어합니다. 나라는 것이 있고, 나는 항상 하고, 영원한 것이라는 생각이 있거나, 아니면 죽음 그 자체에 대해 생각하기를 거부합니다.

이런 모든 것들을 외면하지 말고 있는 그대로 받아들이는 것이 삶과 이별할 준비를 하는 것입니다. 세상은 준비된 자에게는 준비한 만큼의 보상이 따르게 되어 있습니다. 언제든지 삶과 이별할 준비가 되어 있을 때 진실한 삶을 살게 됩니다. 그러나 이때 허무나 염세에 빠질 위험이 있으므로 수행을 해야 합니다. 그래서 삶을 통찰할 수 있어야 합니다.

자신도 언젠가 죽는다는 것을 알고, 그것을 받아들이고 준비한다는 것은 두려움이 아니고 아름다움입니다. 그런 마음은 선한 마음이고, 그런 준비를 하는 사람은 그에 따른 합당한 과보가 따를 것입니다.

몸과 마음에는 자아가 없다

문 ‖ 무아의 법은 정신적인 제3의 혁명이라고 생각합니다. 자아, 진아, 참나가 있다고 생각해 왔던 것이 실재가 아닌 관념에 불과한 것이라면, 제 모든 생각들을 원점에서부터 새롭게 재정립하는 과정이 필요할 것 같습니다.

우선 지금까지 길들여진 생각과 마음이 잘못되었다는 것을 뼈저리게 알아서 생각과 마음이 확 바뀐 뒤에야 수행을 지속할 수 있지 않을까 하는 생각이 들고, 그래야만 관념이 아닌 실재로서의 무아의 법을 볼 수 있지 않을까 싶습니다. 이것이 옳은 생각인가요?

♣ ♣ ♣

답 ‖ 무아를 알려면 합당한 방법으로 노력을 해야 합니다. 그러므로 무아를 알기 위해서 자신의 마음을 확 바꾸려고 해서는 안 됩니다. 지금까지 길들여진 마음을 한순간에 확 바꾸려 한다고 해서 바뀌지 않습니다. 만약 이렇게 해서 한순간에 무아를 알았다면 생각으로 안 것이지 실재하는 진리를 안 것이 아닙니다.

무아를 생각으로 아는 것은 바르게 아는 것이 아닙니다. 지혜로 알아야 합니다. 그러기 위해서는 먼저 자신의 몸과 마음을 알아차려야 합니다. 밖에 있는 대상을 알아차리면 무아를 알기가 어렵습니다. 밖에 있는 대상을 볼 때는 내가 본다는 선입관이 앞서기 때문입니다. 그래서 수행자는 먼저 자신의 몸과 마음을 알아차리는 수행을 해야 합니다.

무아를 알기 위해서는 일정한 과정을 거쳐야 합니다. 처음에 자신의 몸과 마음을 알아차릴 때 모양을 알아차리다가 차츰 느낌을 알아차려야 합니다. 느낌을 알아차려야 무상을 볼 수가 있습니다. 무상을 본 뒤에는 반드시 괴로움이 옵니다. 이것은 지혜가 나서 알게 된 괴로움입니다. 이런 괴로움 뒤에 무아를 아는 지혜가 납니다.

무아라고 아는 것은 지혜이고, 진아라고 아는 것은 무명입니다. 무아의 법은 정신적인 혁명이 아니고 원래 있는 것이기 때문에, 이것은 진실을 아는 것입니다. 무아를 세속의 관점에서 보면 이해할 수 없습니다. 출세간의 관점에서 보아야 알 수 있기 때문에 혁명적이라고 보기보다 있는 사실을 있는 그대로 본 것입니다.

사성제의 진리나 무상, 고, 무아의 진리는 부처님이 출현하기 전부터 우리의 삶 속에서 작용하고 있었던 실재하는 것입니다. 그것을 우리가 모르고 있다가 부처님께서 발견하여 주셨기 때문에 안 것입니다. 그래서 부처님께서 말씀하신 그대로 관념이 아닌 실재를 보아야 있는 그대로의 진리를 알 수 있습니다.

무아를 알기 위해서 지금까지의 자기 생각이 잘못되었다는 것을 뼈저리게 안다고 해서 무아를 아는 것이 아닙니다. 그러므로 이론적으로 재정립한 후 생각을 확 바꾸려고 하지 마십시오. 무엇이나 단지 '그렇구나' 하고 알아차림을 계속하십시오 이렇게 실천하는 것이 수행입니다. 수행을 하기 전에 어떤 것도 전제하지 마시고 그냥 대상을 알아차리십시오.

수행을 하기 위해서 믿음을 갖는 것은 좋지만 반드시 이론의 전제가 있어야 하는 것은 아닙니다. 물론 이론의 정립은 필요합니다. 그러나 이론을 정리하기 위해서는 또 다른 힘을 써야 합니다. 또 이론에 치우치면 알음알이가 생겨 수행을 소홀히 하는 경향이 있습니다. 경전을 읽거나 법문을 듣는 것도 이론을 정립하는 과정입니다. 하지만 이것보다 더 중요한 것은 자신이 직접 수행을 하는 것입니다.

수행은 목표가 있어야 하지만 어떻게 하느냐 하는 실천방법이 가장 중요합니다. 목표를 지나치게 앞세우면 관념에 걸리고 집착하게 되어 바른 수행을 할 수가 없습니다.

다시 요약해서 말씀드리자면 무상, 고, 무아는 마음을 가지고 있는 생명들의 일반적 특성인데 이것은 위빠사나 수행의 통찰지혜에 의해서만 개발됩니다. 그리고 이런 지혜는 일정한 과정을 거쳐서 성숙됩니다. 위빠사나 수행을 시작할 때 첫 단계에서도 무상, 고, 무아를 알 수 있습니다. 이런 지혜의 단계를 '현상을 바로 보는 지혜'라고 합니다. 그러나 이것은 수행의 시작입니다. 마지막에 열반을 성취하는 단계에서 알게 되는 무상, 고, 무아를 알아야 비로소 바르게 아는 것입니다. 여기서 바르게 안 다는 것은 안 결과로 집착이 끊어지는 것을 말합니다.

정신과 물질을 분석하는 목적

문 ‖ 12연기 법문을 듣고 좌선을 하면서 집중력이 강해지고 마음이 평온해졌습니다. 그래서 제가 전공하는 학문이나 정신과 물질을 분석했다는 『아비담마』의 내용이 잘 들어옵니다.

최근에는 좌선을 하면 허리가 심하게 아파서 이걸 수행으로 고쳐봐야지 하는 생각을 하고 있습니다.

♣ ♣ ♣

답 ‖ 복잡한 구조로 된 정신과 물질에 대한 분석이 누구에게나 필요한 것은 아닙니다. 수행자는 『아비담마』에서 말하는 상징적인 의미를 아는 것으로도 도움이 됩니다. 『아비담마』의 정신과 물질에 대한 분석은 이것이 내가 아니고 이런 조건에 의해 결합되었다는 것을 밝히려는 뜻이 있습니다. 모두 무아를 알게 하기 위한 치유에 목적을 둔 분석입니다. 위빠사나 수행을 배우면 상당 부분 논장의 분석이 포함되어 있으므로 필요한 만큼 자연스럽게 『아비담마』를 이해할 수 있습니다.

법문을 듣는 것 자체는 지식입니다. 그러나 법문을 들으면서 집중이 되면 영감이 떠오르고 지혜가 납니다. 부처님 시대에도 부처님의 법문을 들으면서 많은 사람들이 그 자리에서 도과를 얻었습니다. 그러나 이런 경우는 그동안 준비가 되었기 때문이라고 알아야 합니다. 경전에서는 깨달음을 얻을 만한 각자의 조건이 성숙되었다는 내용이 생략되었습니다. 그러므로 듣는다고 모두 깨닫는 것은 아닙니다.

들고 읽는 것이 지식이지만 이런 지식의 바탕 위에서 지혜가 납니다. 이것을 문혜聞慧라고 합니다. 이런 문혜를 바탕으로 대상을 겨냥하게 되면 사혜思慧가 생깁니다. 대상을 겨냥하는 사혜가 지속되면 수행을 통해서 얻는 수혜修慧가 생깁니다. 이런 과정에 의해서만이 완전한 무상, 고, 무아의 지혜가 납니다.

이렇듯 지혜는 일정한 과정을 거쳐 성숙됩니다. 그러므로 듣고 사유하는 과정도 필요합니다. 관념을 통해서 실재하는 진실을 알 수 있듯이 지적인 사유를 통해서 조건이 성숙되면 지혜로 바뀌므로 무엇이나 다 소중한 것입니다. 그런데 여기서 사혜라는 것은 생각이 아니고 대상을 겨냥하는 수행을 하는 것이라고 알기 바랍니다.

수행자만이 집중을 하는 것이 아닙니다. 누구나 자기 분야의 일을 하면서 집중을 합니다. 그래서 누구나 집중의 효과를 얻습니다. 그러나 위빠사나 수행자는 자신의 몸과 마음을 대상으로 분리해서 알아차리는 집중을 합니다. 이렇게 체계적으로 집중의 단계를 높여 나가면 무상,

고, 무아라는 위빠사나의 지혜가 계발됩니다.

　허리는 자연 치유가 될 수도 있지만 병원 치료를 무시하지 말기 바랍니다. 몸의 병을 수행으로 치료하겠다는 것이 독선일 수도 있습니다. 수행으로 병을 치료하겠다고 하는 순간부터 수행이 잘 되지 않습니다. 그러므로 적절하게 판단하십시오. 수행을 하면 몸에 많은 증상들이 나타납니다. 어떤 것이나 알아차릴 대상입니다. 좌선을 할 때 허리에 무리가 가지 않는 자세를 취하십시오. 아프더라고 수행을 계속하면 집중의 힘으로 마음이 가벼워져서 몸도 가벼워집니다.

　누구나 일정한 목적이 있어서 수행을 시작합니다. 그러나 어떤 목적이 되었거나 수행을 계속하면 차츰 바른 방향으로 궤도 수정을 하게 됩니다. 이것이 수행의 이익입니다. 그러므로 어떤 목적을 가지고 수행을 하던 그것은 크게 문제가 안 됩니다. 중요한 것은 계속해서 수행을 하는 것입니다. 수행자에게는 모든 것이 대상입니다.

숨어 있던 마음이 보여서 괴로울 때

문 ▎ 가끔씩 보이지 않던 마음이 보여서 괴롭습니다. 정말 제가 그렇게 터무니없는 생각을 하고 사는지 미처 몰랐습니다. 그럴 때는 헛웃음이 나기도 하지만 두렵고 무서울 때도 많습니다.

어떤 사람을 미워하면서도 미워하는지 몰랐다가 갑자기 그 사실을 알게 되는 경우도 있습니다. 괜히 마음속으로 시비를 걸다가 '아차' 하기도 하는데, 이런 것들이 특정한 상황에서는 더 잘 보인다는 것이 참으로 이상하게 느껴지기도 하고 궁금하기도 합니다. 예를 들면, 선원에 가면 이런 마음이 훨씬 잘 보입니다.

궁금한 건 둘째고, 우선 괴롭습니다. 얼마나 많은 마음들이 이렇게 숨어서 나를 조정하나 싶기도 하고요. 분리해서 보라고 하시고, 그건 그 순간의 마음일 뿐이라고 하시지만, 이렇게 모르고 살다가는 자기도 모르는 사이에 마음이 꾸미는 간교한 계략에 넘어갈 것만 같습니다.

그때그때 알아차릴 수 있는 만큼만 알아차리는 것이 '답'이라는 것도 알지만 두렵고 괴로운 마음은 그치지 않습니다.

답 ‖ 먼저 '보이지 않던 마음이 새로 보이는 것'은 알아차리는 힘이 생긴 것입니다. 그런데 보인 마음이 탐욕과 성냄과 어리석은 마음이라는 것을 알았을 때 참혹한 마음이 일어납니다. 그래서 괴로움에 빠집니다. 이것은 마음을 알아차리는 수행자에게서 나타나는 일반적인 과정의 하나입니다.

이때 괴로워하는 마음을 다시 알아차려야 합니다. 헛웃음이 나고 두렵고 무서워하는 마음을 다시 알아차려야 합니다. 있는 마음을 알아차리고 난 뒤에 그 마음으로 인해 괴로운 것은 그 마음이 나의 마음이라고 알았기 때문입니다. 단지 있던 마음을 새로 일어난 마음이 알아차렸을 뿐인데 그만 나의 마음이라고 판단해 버려서 괴로운 것입니다. 마음은 계속 진행되고 있는데 마침표를 찍고 이것이 나라고 생각하면 괴롭습니다.

보지 못하던 마음이 있는 것을 안 것은 무상無常이고, 그것을 안 마음은 도道입니다. 무상은 내가 알기 이전에도 원래 있는 것이고, 도는 자신이 알아차림으로 만드는 것입니다. 이 두 가지가 모두 있을 때 무상과 도가 있습니다. 그런데 이런 것을 모르면 무상은 보았는데 도가 없는 것입니다.

무상은 보았는데 이것이 나의 마음이라고 안 것은 반쪽짜리 지혜입니다. 그러나 무상도 보고 이것을 본 것이 나의 마음이 아니라고 알았다면 완전한 도입니다. 이때의 도를 위빠사나의 도道라고 합니다. 지혜의 눈으로 보면 여기에 나의 마음은 없고 다만 무상과 도만 있습니다.

마음속으로 시비를 걸다가 '아차' 하고 알아차리는 것은 연기가 중간에서 끊어진 것입니다. 마음속으로 시비를 건 뒤에 지나고 나서 알아차리는 것은 연기가 끝에서 끊어진 것입니다. 그러나 이것이 나의 마음이 아니고 단지 매 순간 일어나고 사라지는 마음일 뿐이라고 알면 연기가 시작에서부터 끊어진 것입니다.

그리고 '특정한 상황'에서 마음이 더 잘 보일 수 있습니다. 이때 자신이 특정한 상황에 대하여 특별하게 관심을 가지고 있기 때문에 그렇습니다. 자신이 특정한 상황을 설정했다면 그만큼 관심을 가지기 마련이라서 마음이 더 잘 보이는 것은 당연한 일입니다.

문제는 선원이라는 공간입니다. 선원에 오면 알아차림이 다른 곳보다 더 많아집니다. 그래서 선원을 찾는 것입니다. 수행자는 이런 마음을 알아차려서 괴롭기 위해서 선원에 오는 것이 아닙니다. 오히려 이런 마음을 알아차려서 괴로움이 있다는 것을 알기 위해서 선원에 와야 합니다. 왜냐하면 알아차릴 법이 나타났기 때문입니다. 그러므로 지금 선원에 오면 법이 많이 나타난다고 알아차려야 합니다. 대상이 많으면 알아차릴 것도 많습니다. 이것은 괴로운 것이 아니고 오히려 좋은 것입니다.

선원에 오면 누구를 미워하는 마음이 더 잘 드러나는 것은 선원에 대한 고정관념을 가지고 있기 때문입니다. 적어도 선원에 오는 사람은 어떤 일정한 수준을 갖고 있기를 바라는 갈애가 있어서 그런 마음이 일어납니다. 마음은 대상이 없으면 일어나지 않습니다. 선원에 대해 바라는 마음이 있으면 자연스럽게 대상이 많아지고, 그래서 마음도 더 많이 일어납니다. 전혀 모르는 사람들이 각자의 축적된 성향을 가지고 모인 집단은 항상 여러 가지 문제가 있기 마련입니다.

선원은 많은 수행자들이 모이는 곳입니다. 수행자들은 모두 저마다의 문제를 가지고 옵니다. 우선은 선원에 봉사하러 오는 것이 아니고 자신의 문제를 해결하기 위해서 옵니다. 그래서 거친 마음들이 모여 차츰 순화되는 과정을 거치는 곳이 선원입니다. 선원의 이러한 구조적 특성을 알아야 합니다. 선원은 이기심 많은 사람들이 모여서 그 이기심으로 인해 괴로운 마음을 알아차리는 곳이지만, 자칫 잘못하면 오히려 세속의 모든 문제들이 고스란히 드러날 수도 있습니다. 다만 이러한 문제들을 여과하는 수행이 있어서 선원의 가치가 존중되는 것입니다.

괴로운 마음은 나의 마음이 아닙니다. 나를 괴롭게 한 상대의 마음도 그의 마음이 아닙니다. 그러므로 서로의 마음이 모두 자기의 마음이 아닙니다. 그냥 매 순간의 마음들이 조건에 의해 일어나고 사라지는 현상만 있습니다. 그러므로 이런 마음에 의해 일어난 행위도 나나 상대의 행위가 아닙니다. 다만 그 순간의 조건에 의한 행위일 뿐입니다. 위빠사나 수행은 괴로움을 해결하기 위해서 하지만 해결하는 방법이 바를 때만 해결이 됩니다. 그 바른 방법이란 해결하려고 하지 말고 그냥 그대로 지켜보는 것입니다.

괴롭고 두려운 마음을 알아차렸다고 해서 완전하게 사라지지 않습니다. 왜냐하면 아직 완전한 알아차림이 아니라서 아직 완전한 지혜가 나지 않았기 때문입니다. 그래서 없애려고 하지 말라는 것입니다. 사라질 만한 조건이 성숙되면 붙잡고 싶어도 사라집니다. 그래서 계속해서 괴로운 것은 당연한 것입니다. 다만 알아차림이 있다면 언젠가는 조건에 의해 소멸될 가능성이 큽니다. 수행은 이런 가능성의 길입니다.

괴롭지 않기를 바라지 말고, 단지 있는 괴로움을 알아차리십시오. 괴로움은 매우 위대한 법입니다. 그 괴로움을 통해서 무아의 법을 볼 수 있습니다. 그러므로 괴로움은 기회입니다. 괴로움이 자신을 해탈로 인도할 것입니다.

본능과 욕망

문 ‖ 제가 청소년이라 그런지 수행을 하면서도 성에 자꾸 이끌립니다.
한번 성에 이끌리면 아무것도 할 수 없고 오로지 성에 대한 생각만
합니다. 어떻게 하면 이성에 대한 욕망에서 자유로울 수 있는지요?

♣ ♣ ♣

답 ‖ 인간은 누구나 다섯 가지 욕망을 기본적으로 가지고 있습니다.
이것을 오욕五慾이라고 합니다. 또한 이것이 불교에서는 티끌 같은 것이
라고 하여 오진五塵이라고도 합니다.

이 오욕은 재산욕, 성욕, 음식욕, 명예욕, 수면욕입니다. 그러므로
이것은 생존의 문제와 직결되어 있기 때문에 쉽게 말할 수 있는 그런
예삿일이 아닙니다. 다시 말하자면 필요하기도 하고 문제가 될 수도
있다는 것입니다.

이것들은 알맞으면 필요한 만큼의 생존의 문제이고, 넘치면 욕망으로 감각적 쾌락을 추구하는 것이 되어 자멸의 길로 가는 것들입니다. 그래서 국가에서는 형법과 민법을 만들어서 통제하고, 사회적으로는 도덕을 강조하여 위험수위를 조절하려고 합니다. 이런 것은 각자의 문제이지만 각자의 문제는 또한 사회의 문제이기 때문에 공동의 문제이기도 합니다.

특히 성욕의 문제는 자라나는 청소년에게는 주체하기 힘든 하나의 과제입니다. 청소년 내면에서도 감성적인 본능과 이성적인 지혜의 판단이 늘 끊이지 않고 부딪치는 문제입니다.

제가 왜 이런 문제를 거창하게 말하는가 하면 이것은 어느 개인의 문제가 아니므로 큰 시각을 갖고 냉철하게 판단해 보자는 장을 만들기 위해서 하는 말입니다. 자신만의 문제가 아니라고 생각해야 시야가 트이고 자신의 함정에 빠지지 않습니다.

본능은 있다고 무조건 휘두르라는 것이 아닙니다. 필요할 때 알맞게 쓰는 경우와, 아니면 짐승처럼 본능대로 사는 경우가 있습니다. 전자는 지혜이고 후자는 무지입니다. 전자는 살면서 성인처럼 사는 사람이고 죽어서도 천상에 가거나 열반을 성취할 수 있는 사람입니다. 그러나 후자는 살아서 짐승처럼 사는 사람이고 죽어서도 짐승이 될 확률이 높은 사람입니다.

　본능이 욕망으로 발전하면 감각적 쾌락을 추구하게 되는데, 이것은 행복이 아니고 불행을 만드는 씨앗이 됩니다. 감각적 쾌락은 아무리 많이 가져도 부족한 것이라서 끝없이 추구해야 되기 때문에 문제입니다. 그래서 작은 출발이 큰 불행과 파멸을 가져오기 때문에 아예 싹을 만들지 말아야 하는 것입니다.

　성적 욕망은 억제하려고 하면 할수록 더 왕성해집니다. 그렇다면 억제하지 말고 마음먹은 대로 행동해야 하는 것일까요? 아닙니다. 이때 수행을 해야 합니다. 이런 유의 감정은 한순간의 느낌이란 것을 알아야 합니다. 사실 이런 성적 욕구는 한순간의 짜릿함인데 이것이 오래 계속되는 것으로 이해하기 쉽습니다. 바라는 욕망에 비해서 매우 짧은 한순간의 것이지 이것이 영원하거나 그렇게 대단한 것도 아닙니다. 그래서 이때의 이런 느낌을 알아차려야 합니다.

　성적 욕망, 술을 마시는 일, 도박, 오락 등등의 일들이 사실은 한순간의 짜릿한 감정을 충족시키기 위한 것이라는 것을 알아야 합니다. 노력하는 것에 비해 얻는 것은 매우 적은 것들입니다. 그래서 이때 이것을 바라는 마음을 알아차려야 합니다. 그리고 바라는 마음을 알아차린 뒤에 이것을 바라는 느낌을 알아차려야 합니다.

　결국 마음이 요구하는 것인데, 마음은 느낌에 의해 이런 요구를 하게 됩니다. 그렇기 때문에 이때 이런 마음이 일어난 것을 알아차리고 나서 다시 이런 느낌을 알아차려야 합니다. 한순간의 느낌만 알아차릴 수 있으면 됩니다. 사실 모든 욕망이나 범죄는 한순간의 느낌 때문입니다.

마음이나 느낌을 알아차리기가 어려우니 얼른 이런 마음을 알려고 노력해 보고 나서 바로 가슴으로 가서 콩닥거리는 느낌을 잡아서 주시하십시오. 이때 가슴에는 콩닥거리는 느낌이나 격하게 뛰는 호흡이 있을 것입니다. 그리고 맥박도 거칠게 뜰 수 있으니 그중에 하나를 가만히 붙잡고 주시해야 합니다.

욕망은 뱀의 대가리 같습니다. 잘못하면 뱀에 물리게 되고, 뱀을 잘못 건드리면 더 성이 나기 마련입니다. 그래서 잘 다루어야 합니다.

성적 욕망은 결코 억제되어야 할 대상이 아니라 알아차려야 할 대상입니다. 성적 욕망도 알아차릴 대상이므로 하나의 법法입니다. 실재하는 엄연한 법이므로 법이 나타났으니 소중하게 주시해서 그 성품이 무엇인지를 알아야 합니다. 그렇지 않으면 한순간에 무너지거나, 아니면 오히려 스스로 좋아해서 어서 오라고 반기게 됩니다.

본능이란 것은 에너지입니다. 잘 사용하면 활력이고, 예술이고, 성공입니다. 그러나 잘못 사용하면 실패와 비난, 좌절과 고통의 굴레입니다. 그리고 최후에는 병과 비참한 죽음뿐입니다. 수행을 하는 것도 이런 본능적 에너지의 힘으로 하는 것입니다. 같은 것을 어떻게 쓰느냐에 따라 결과는 크게 다릅니다. 같은 물을 먹어도 뱀은 독을 만들고 소는 우유를 만듭니다.

좋지 않은 감각적 쾌락은 반드시 그냥 물러나지 않습니다. 온갖 후유증을 남기고 떠납니다. 누구나 감각적 쾌락을 추구한 만큼의 대가를 지불해야 합니다. 술을 먹을 때도 술을 기분 좋게 먹은 만큼 이튿날 고생하는 것은 경험할 수 있는 일입니다. 시쳇말로 공짜가 없습니다. 어떤 감각적 쾌락이 되었거나 기분은 잠깐이고 그에 따르는 대가는 실로 씻을 수 없이 오래 계속되는 것입니다. 그래서 몇 곱의 괴로움으로 갚아야 합니다. 이것이 감각적 쾌락의 폐해입니다.

이런 모든 것들에 대해서 이론적으로 아무리 말을 해도 소용이 없습니다. 단 한순간이라도 실천적 경험을 하는 일이 중요합니다. 말로는 무엇을 못하겠습니까? 스스로 본인이 노력은 안 하고 안이하게 좋은 결과만 얻으려 한다면 이것이 바로 범죄입니다. 또한 한번에 모든 것을 이루려는 것도 위험한 생각입니다. 우리가 노력을 한다 해도 온전하게 하지를 못합니다. 방법의 문제도 있으며 습관의 문제도 있습니다. 이런 원인을 본인은 자세하게 알 수 없으므로 그저 계속 반복해서 노력하는 것입니다. 그러면 길이 열립니다.

어떤 욕망이 되었건 이런 일들에 대해 전혀 고민할 것 없습니다. 수행으로 실천해 보십시오. 한 번에 안 되면 다음에 또 하면 됩니다. 다음에 안 되면 또 그다음에 하면 됩니다. 언제고 실천하는 것만이 답을 얻을 수 있는 유일한 길입니다. 이생에 안 되면 다음 생애라도 꼭 해야 하지 않을까요?

더불어 사는 길

문 ‖ 직장 후배가 있는데 조금 버릇이 없습니다. 그러다 보니 그 후배만 보면 심장이 뛰고 기분이 나빠집니다. 이럴 경우 알아차림을 어떻게 해야 되는지 알고 싶습니다.

♣ ♣ ♣

답 ‖ 직장 후배가 버릇이 없다는 것은 내 생각입니다. 버릇이 없다고 생각하는 잣대도 내 잣대입니다. 버릇이 없을 수도 있겠지만 그것은 그의 일입니다. 또 버릇이 없을 수도 있는 그 직장 후배는 부처님이라고 해도 고칠 수 없습니다. 왜냐하면 오랫동안 축적된 성향이기 때문입니다. 그래서 그는 그의 삶을 살고 있는 것입니다. 그가 그렇게 살도록 개입하지 마십시오. 말해서 고쳐질 수 없는 일입니다. 설령 피해가 있더라도 내가 걸리지 않으면 됩니다. 지금 그가 문제가 아니고 내가 걸려 있는 것이 문제입니다. 그리고 그 피해는 내가 보고 있는 것입니다.

그렇다고 방관하라는 것이 아닙니다. 내가 지적을 해서 그가 들을 수 있으면 적절하게 말해 줄 수도 있습니다. 그러나 그가 받아들이려 하지 않으면 말할 필요가 없습니다. 그러면 관계만 더 악화됩니다. 악화된 관계는 돌이키기 어려우며 내가 구업을 지을 수도 있습니다. 이때 화를 내는 마음으로 말하면 안 됩니다. 그러므로 말을 할 때는 지금 내가 무슨 마음으로 말하는가 알아차리고 해야 합니다. 만약 미워하는 마음이 있으면 말하지 말아야 합니다. 말하고 나면 주워 담을 수가 없어서 말한 책임을 스스로 져야 합니다.

지금 직장 후배라고 하였는데 후배라는 생각도 문제일 수 있습니다. 이것은 고정관념입니다. 후배인데 선배 대접을 안 해주어서 기분이 나쁠 수도 있습니다. 여기에 철저하게 나라고 하는 자아가 개입된 것입니다. 기분이 나쁜 것도 모두 자아의 관점에서 본 생각이며, 후배라는 관념이 개입되었을 것입니다. 그 사람이 선배였다면 어떠했을까요?

대상을 볼 때 마음이 대상으로 가면 차별이 일어납니다. 이때 그를 보는 내 눈에 마음을 두고 봐야 합니다. 그리고 어떤 감정이 일어나면 얼른 미워하는 그 마음을 알아차리고 가슴으로 가서 미워하는 마음으로 인해 일어난 느낌을 주시해야 합니다. 다시 말하면 밖에 있는 대상에서 빨리 자신의 마음과 가슴의 느낌으로 전환해야 합니다.

아닌 말로 위빠사나 수행자가 버릇없는 후배 하나로 괴로움을 겪어야 합니까? 그것이 도저히 받아들일 수 없는 일입니까? 그렇지 않습니다.

받아들일 수 있는데 내가 미워하는 것을 좋아하고 있습니다. 이것은 일종의 자아 개념이며, 미워하는 것을 좋아하는 자학적인 갈애 현상입니다. 한 인간이 다른 한 인간을 미워하는 것이나 한 집단이 다른 한 집단을 미워하는 것이나 모두 여기에 해당됩니다. 미워하는 것을 즐기고 있는 것입니다. 그렇게 하여 자신의 존재에 대한 자아를 확립합니다. 이것은 매우 위험하며, 불선업이며, 낮은 단계의 선하지 못한 마음입니다. 그리고 이것은 세속 사람들이 가진 보편적인 마음이기도 합니다.

이때는 상대를 계속해서 보지 말고 상대를 미워하는 내 마음을 보는 것이 위빠사나 수행입니다. 그리고 즉시 가슴으로 가서 콩닥거리는 느낌을 주시하거나 거칠게 일어나고 꺼지는 호흡을 주시해야 합니다. 수행자에게 장애는 알아차릴 대상이며, 장애가 있어서 내가 수행을 하게 되는 것이고, 의식이 고양될 수 있는 기회이기도 합니다. 문제를 해결하여 더 좋아질 수 있다면 오히려 문제가 스승입니다. 처음에는 이런 수행이 잘 안 됩니다. 이것은 지극히 당연한 것입니다. 그러나 이렇게 하려고 계속 노력해야 합니다. 노력도 하지 않고 일거에 해결하려고 하는 것이 가장 큰 탐심입니다.

위빠사나 수행자는 대상에 자신의 감정을 개입시키지 않아야 하지만, 이미 대상에 반응을 했다면 반응한 것을 알아차리는 것이 바른 수행입니다. 이때의 알아차림이란 마음을 보고 나서 자신의 가슴으로 가라는 것입니다. 이렇게 구체적인 방법들이 제시되었는데도 실행하지 않고 계속 미워한다면 자신에게 문제가 있는 것을 분명하게 알아야 합니다.

지금 버릇없는 후배가 문제가 아니고 미워하고 있는 자신이 문제입니다. 버릇이 없는 사람이나 버릇이 없는 것을 미워하는 사람이나 똑같습니다. 뭐가 다릅니까? 버릇없는 사람보다 나은 사람이 되려면 그를 연민의 정으로 받아주어야 합니다. 이것이 관용입니다. 모든 일에는 관용만이 가장 이상적인 해결방법입니다. 관용만이 내가 살고 그도 사는, 더불어 사는 길입니다.

성공과 행복은 알아차림으로

문 ‖ 이제 막 사회생활을 시작했습니다. 그래서 어떻게 새로운 일을 해나가야 할지 걱정도 되고 두렵기도 합니다. 제가 위빠사나 수행을 배우기는 했지만 아직 제대로 의미를 파악하지 못하는 것 같습니다.

♣ ♣ ♣

답 ‖ 위빠사나 수행은 혼자서 하기가 어렵기 때문에 직접 지도를 받으면서 배워야 합니다. 책으로 배우는 것은 한계가 있습니다. 외국어나 음악, 운동을 선생님으로부터 배워야 하듯이 수행도 그냥 되지 않습니다.

현재 위빠사나 수행에 대해 궁금한 상태로는 위빠사나 수행에 대하여 말씀드려도 이해하지 못합니다. 그러니 원하는 위빠사나 수행처에 가서 직접 배우면서 이런 질문을 하면 훨씬 이해가 빠를 것입니다. 이런 배움을 바탕으로 사회생활을 하면 좋은 결과가 있을 것입니다.

어떤 것을 배우려 할 때 배우려고 하는 마음을 알아차리면 매우 좋습니다. 그러면 꼭 배워야 할 것을 배우려 하는지, 아니면 불필요한 것을 배우려 하는지 판단하는 힘이 생깁니다. 또한 이런 알아차림은 배우다가 싫증이 나서 그만두려고 할 때도 해야 합니다. 누구나 처음에는 좋은 의도를 가지고 시작하지만 얼마 지나지 않아 관심을 잃고 맙니다.

배우려 하는 마음을 알아차리면 욕심으로 하는지 필요해서 하는지 판단할 수 있습니다. 하려는 마음은 의도입니다. 의도가 없으면 무엇도 하지 못합니다. 그러나 불필요한 의도를 내면 이것이 욕심입니다. 순수한 의도와 욕심을 구별하기는 어렵습니다. 그래서 알아차림이 필요한 것입니다.

바른 알아차림이 있으면 욕심이 아닙니다. 욕심은 불필요한 것을 하려고 하며, 정도를 넘어서 지나치게 바라는 마음입니다. 누구나 이 욕심으로 살고 있습니다. 그러나 이 욕심 때문에 괴로움을 겪는 것을 모르고 삽니다.

두려울 때는 두려워하는 마음을 알아차리십시오. 미래는 설렘과 함께 두려움이 있습니다. 두려워하는 마음이 있으면 안정이 되지 않아 일을 그르칩니다. 그래서 지나간 과거는 생각하지 말고, 오지 않은 미래도 생각하지 말아야 합니다. 오직 현재의 몸과 마음을 알아차려서 굳건한 마음으로 사회생활을 하기 바랍니다.

　남이 싫어하는 것을 하지 말고, 남이 좋아하는 것을 하십시오 남이
피하는 궂은일, 어려운 일을 스스로 선택해서 하십시오 남보다 더 열심
히 노력하십시오. 그리고 반드시 정직하게 생활하십시오. 부지런하고
정직한 사람에게 기회가 옵니다. 성공과 행복은 스스로가 알아차려서
만드는 것입니다.

일방적인 말은 공허한 메아리

문 ‖ 저는 상대를 고려하지 않고 제 생각과 주장만 내세울 때가 많습니다. 제 생각을 숨기지 않고 정확하게 얘기한다는 것이 오히려 상대에게 상처를 주기도 한다는 것을 알고 있습니다. 그래서 말을 조심하려고 노력을 해보지만, 의식도 하기 전에 말이 자동적으로 나와 버리곤 하는 일이 반복됩니다.

♣ ♣ ♣

답 ‖ 말을 할 때 주의해야 할 점이 많습니다. 그러나 아래와 같이 말을 하거나 들으면 크게 문제될 것이 없습니다.

첫째, 남이 말하면 듣는다.
둘째, 물으면 대답한다.
셋째, 남이 좋은 말을 하면 받아들인다.

공식적인 자리에서도 어느 특정인을 대상으로 말을 할 때와 불특정 다수에게 말을 할 때 다르게 해야 합니다. 말이라는 것은 상대가 있기 마련이므로 상대에 따라서 달라야 합니다. 어떤 효과를 얻기 위해서 말을 하는 것이라면 상대의 입장을 배려하는 것이 좋습니다. 그렇지 않고 일방적으로 말하면 상대가 상처를 받을 수 있습니다. 그래서 말을 하지 않은 것만 못할 때가 있습니다. 이것이 말이 갖는 특성입니다.

상대가 어려움을 호소할 때도 함부로 말해서는 안 됩니다. 상대는 자기편이 되어달라는 뜻으로 억울함을 호소하는 것이지 '당신이 잘못되었다'는 말을 들으려고 상의하는 것이 아닙니다. 이런 마음을 모르고 상대의 허물을 말했다가는 관계가 나빠지거나 싸울 수도 있습니다. 또 내가 하는 말이 상대의 입장을 완전하게 이해하고 하는 경우도 드뭅니다. 그리고 오해로 인해서 말하는 경우도 허다합니다. 이래저래 말은 문제가 있기 마련입니다.

그래서 말할 때 이쪽에서 말하는 것을 상대가 어떻게 받아들이는가를 판단해서 해야 합니다. 그러나 누구도 진정한 충고를 받아들이지 못합니다. 그래서 상당 부분 상대의 말을 들어주는 것으로 화답하는 것이 최고일 때가 있습니다. 정신과 의사들은 환자의 말을 들어주고 돈을 받는데 환자는 자기 말을 들어주므로 의사를 좋아하는 경우도 생깁니다.

말을 할 때는 누구나 자기의 의견을 말하는 것이므로 자신의 신념이나 철학, 경험을 말하기 마련입니다. 여기에서 반드시 '나'라고 하는 아상이 붙습니다. 그래서 잘난 체를 하기가 쉽습니다. 이것은 말이 갖는 불가피성입니다. 누구나 적당한 영웅심과 성취감과 잘난 체를 하기 위해서 말을 하는 경우가 허다합니다. 그래서 상대의 입장을 헤아리기보다도 자기도취에 빠져 말하기 때문에 여러 가지 문제가 야기됩니다.

저 역시도 면담을 할 때 상대의 문제가 보이지만 우회적으로 말하는 경우가 많습니다. 바로 말을 하면 당신 무지하다는 말밖에 할 말이 없습니다. 그러나 모르는 것은 허물이 아닙니다. 바르게 말을 해주어도 받아들이지 않으려고 하거나 반발하는 것이 바로 허물입니다. 그러나 어떤 경우에는 안타까운 마음이 들고 진정으로 애정을 가지게 되는 경우가 있습니다. 그래서 약간 송곳으로 정곡을 찌르듯이 강하게 말해 주면 바로 반발합니다. 여기에는 나라고 하는 자아가 있기 때문입니다. 저는 자아를 부수라고 하는 말인데 자아를 가지고 들으니 교감이 될 수가 없는 것입니다. 이래서 도와주려고 말하고 본전도 못 건지는 경우가 있습니다.

그러므로 수행자가 말을 할 때는 자신이 하는 말의 내용과 목소리를 알아차리면서 해야 하며 말을 듣는 상대의 표정을 함께 읽으면서 해야 합니다. 그렇지 않고 일방적으로 말을 하면 이는 오직 자신의 얘기일 뿐이며, 상대와는 무관한 공허한 메아리가 될 수 있습니다. 말은 연극배우의 독백이 아닌 다음에야 상대가 있다는 것을 염두에 두어야 합니다. 상대를 훈계할 때도 상대의 입장을 배려해야 말의 효과가 있습니다.

자동적으로 말을 한다고 하지만, 절대 자동적이라는 것은 없습니다. 우리가 눈꺼풀 한 번을 움직일 때도 모두 마음이 개입됩니다. 마음이 워낙 빠르게 일어나고 사라져서 마음이 하는 것임을 모르는 것입니다. 그러나 모든 일은 마음이 시켜서 하는 것입니다.

누구나 마음이 생각한 것을 말로 표현합니다. 그래서 마음에 없는 말은 할 수가 없습니다. 여기에는 빠른 집중력이 있습니다. 기본적인 집중에 의해 빠르게 말을 하면서 빠르게 다음 말을 생각해 냅니다. 이 모든 것을 마음이 합니다. 그러므로 자신도 모르는 말을 할 수가 없습니다. 그러므로 자동적으로 나오는 말은 없습니다. 다만 이러한 마음의 구조를 모르기 때문에 자동적이라고 생각하는 것입니다. 자동적이라는 표현은 일상적으로 해오던 대로 하는 습관적이라는 말이 더 어울릴 것입니다. 무의식이라고 해도 의식 하에 하는 것이기 때문입니다.

현대의 심리학이 불교의 심리학이라 불리는 『아비담마abhidhamma』의 극히 일부분밖에 미치지 못합니다. 지금까지 제가 말씀드린 여러 가지 말도 모두 『아비담마』에 근거해서 드린 말씀입니다. 『아비담마』에는 마음을 자세하게 분석하여 일점 의혹이 없이 밝혀져 있습니다. 이처럼 불교의 정수는 심리학입니다. 모든 것을 마음이 이끈다고 하는 것도 이런 관점입니다. 기회가 있으면 『아비담마』를 읽어 보시기 바랍니다.

사실 수행자가 『아비담마』를 꼭 배워야 할 필요는 없습니다. 그런데 『아비담마』에서 말하는 진리를 전혀 모르면 수행에 발전이 더딥니다.

그래서 많은 위빠사나 스승들이 이미 『아비담마』에 입각하여 수행방법을 개발하고 법문을 하기 때문에 모든 수행자가 꼭 복잡한 『아비담마』라는 학문을 직접 해야 하는 것은 아닙니다. 그렇지만 심리학을 하는 분이나 남을 지도하는 사람에게는 필요한 학문입니다.

습관을 바꾸는 열쇠

문 ‖ 위빠사나를 알아서 좋아진 점이 있다면 '화'를 내는 횟수가 줄고, 강도도 약해졌다는 것입니다. 그러나 술, 담배, 오락게임, 쇼핑, 게으름, 사람에 대한 집착 등과 같은 좋지 않은 습관이나 되풀이되는 망상들은 잘 떨쳐지지 않습니다. 그 순간 알아차려서 '이러면 안 되지' 하면서 자꾸 반복되니까 스스로도 괴롭습니다. 알아차리는 힘이 약해서일까요? 조언을 부탁드립니다.

♣ ♣ ♣

답 ‖ 위빠사나 수행 안에는 우리들의 좋지 못한 습관을 해결할 수 있는 만능열쇠가 들어 있습니다. 그럼에도 불구하고 오랫동안 몸에 밴 습관들에서 쉽게 벗어날 수 없는 것도 현실입니다.

이미 습관이 되었다는 것은 그동안 그런 행위를 자주 해왔다는 것이고, 그 결과로 쌓인 습관의 힘이 이제 수행을 막 시작해서 생긴 알아차림의 힘보다 훨씬 강하기 때문에 알면서도 제어가 안 된다는 것입니다.

다시 말하면 우리의 알아차림은 이제 막 걷기 시작한 어린아이의 걸음처럼 불안정해서 자주 대상에 걸려 넘어집니다. 그럴 때마다 우리가 할 수 있는 일은 넘어지면 넘어진 것을 다시 알아차리면서 일어나는 것입니다. 이 말은 자주 넘어지면서 점차 넘어지지 않는 알아차림의 힘을 키워 갈 수 있게 된다는 뜻입니다.

여기에서 중요한 것은 수행자가 잘못된 습관을 바꾸기 위해서 알아차림을 하는 것이 아닙니다. 알아차림을 제대로 한 결과 잘못된 습관에서 저절로 점차 벗어나게 되는 것이라는 바른 이해가 필요합니다.

우리에게 감각적 쾌락을 추구하는 욕망(술, 담배, 오락게임, 쇼핑, 게으름, 사람에 대한 집착 등)이 있을 때마다 '음~ 그랬네' 하고 알고 말아야 합니다. 동일한 생각의 반복에 빠지는 것도 그 생각을 했음을 알고 말아야 합니다. 마치 남의 일 구경하듯이 그런 현상이 있음을 알아차리기만 하고 시비하지 않아야 합니다. 이것을 나의 좋지 못한 성향이라고 생각하고 없애려고 하는 것은 알아차릴 대상(법)을 수용하지 못하고 성내는 마음입니다.

이렇게 자신의 모습에 반응한 마음은 그런 습관들에게 불을 붙여 더욱 거세지는 역할을 합니다. 욕망은 욕망이 없어지길 바라는 마음이 자양분이 되어 오히려 바라는 마음을 키우고, 화를 내는 성향도 화를 낼수록 더욱 세력이 커져 별일 아닌 일에도 화를 내는 사람으로 만들어 갑니다.

이와 마찬가지로 알아차림도 알아차림을 한 번씩 반복할 때마다 방금 알아차린 힘이 밑거름이 되어 더욱 잘 알아차려집니다. 자신의 잘못된 습관을 싫어하고 없애려 하면 이미 수행자의 마음이 평정을 잃었기 때문에 대상을 있는 그대로 볼 수 없어 제대로 된 알아차림이 되지 않습니다.

수행자는 어떤 좋은 결과를 바라거나 나쁜 습관을 없애려고 알아차림을 하는 것이 아니고 그냥 그런 대상이 있어서, 이 순간의 실재하는 현상이기 때문에, 법이기 때문에 알아차림을 하는 것이라는 수행에 대한 바른 이해가 필요합니다.

알아차림을 했는데도 없어지지 않고, 그 성향이 다시 나타나면 아직 없어질 조건이 성숙되지 않은 것입니다. 이때 수행자는 알아차려야 할 법을 하나 만난 것입니다. 그래서 다시 알아차림을 합니다. 이런 과정이 반복되면 언젠가는 그런 습관에서 벗어나 있는 자신을 발견할 것입니다.

마치 도우님이 위빠사나 수행을 한 뒤 화를 좀 덜 내는 것을 느끼는 것처럼, 언젠가는 모든 번뇌에 휘둘리지 않고 바르게 대처하는 자신을 보게 될 것입니다. 수행은 번뇌만 해결하는 것이 아닙니다. 깨끗한 마음의 작용인 알아차림이라는 만능열쇠는 열반으로 들어가는 문을 열어줍니다. 그 결과로 생사의 윤회에서도 벗어나는 성인이 됩니다. 그 무엇도 바라지 않는 평온한 마음으로 알아차림을 시작하길 기원합니다.

행위자와 행위, 관념과 실재

문 ‖ "사람을 보지 말고 그 행위를 보라. 그렇지 않으면 자기 자신을 다른 사람과 비교하게 된다"라는 문장이 너무 좋습니다. 관념과 실재에 관한 글이라고 생각되는데요, 상세한 설명 부탁드립니다.

♣ ♣ ♣

답 ‖ "사람을 보지 말고 그 행위를 보라"는 말은 관념을 보지 말고 실재를 보라는 말입니다. 즉, 사람(관념, 모양, 겉모습, 눈에 보이는 것)에 마음을 빼앗기지 말고, 실재(그 순간의 마음과 마음의 작용, 물질)를 보라는 말입니다.

불교 수행의 핵심은 "관념을 보지 말고 실재를 보라"는 것입니다. 어떤 사람이 무슨 말을 했을 때, 어떤 사람(명칭, 관념)은 중요하지 않고 그 말의 내용(실재)이 중요하다는 것입니다. 그런데도 우리는 보통 이것이 누구의 말이니까 믿어도 된다, 유명한 사람의 말이니까 옳다, 부도덕한 사람의 말이니까 틀렸다, 등등 말의 내용을 미리 판단해 버리는 것은 관념(선입견)에 빠져 실재를 볼 기회조차 놓쳐버린 것입니다.

우선 남의 말을 들을 때, 말하는 사람(모양)에 마음이 가 있으면 자신도 사람이기 때문에 비교하게 되고, 그 사람의 말에 미리 자기의 판단을 넣어 듣게 되어 상대방의 말의 내용(실재)을 제대로 들을 수 없게 한다는 것입니다.

그러나 사람(모양, 관념)을 배제하고 말의 내용에 마음을 기울이면 말하는 자와 말을 듣는 자의 구별 없이 말의 내용(실재)에 접근할 수 있다는 것입니다. 말하는 자는 관념이고 말의 내용은 실재입니다.

손가락으로 달을 가리키는데 달을 보지 못하고 손가락만을 본다는 말이 있습니다. 여기서 손가락은 관념이며 달은 실재입니다. 손가락은 달을 표현하기 위해 있는 도구입니다. 이와 같이 관념은 실재를 표현하기 위한 도구이지 관념이 곧 실재는 아닙니다.

그러나 우리는 손가락만을 보고 관념에 빠져 달을 보지 못합니다. 어쩌면 달을 보는 눈이 없습니다. 관념과 실재를 구분하는 안목이 없기 때문입니다. 우리는 살아오면서 얻은 수많은 지식들이 모두 관념화되어 저장되어 있다가 어떤 대상을 만나면 그에 대한 정보들이 우르르 올라와 관념에 휘둘리고, 현재의 실재를 보지 못하게 합니다.

수행은 이런 관념의 틀을 깨고 실재를 있는 그대로 직관하는 과정입니다. 그래서 "행위는 있어도 행위자는 없다"는 말이 행위는 실재이고, 행위를 한 사람은 관념이라는 말입니다. 즉, 행위를 하는 고정된 실체로 서 행위자는 없다는 말입니다. 단지 행위를 한 사람을 표현하기 위해(사회 통념상 구분하기 위해) 행위자라는 이름을 붙였을 뿐이라는 말입니다. 행위 는 매 순간의 물질과 정신이 상호작용하여 만들어지는 것이지, 어떤 고정된 실체로서의 행위자가 행위를 하게 하는 것이 아니라는 말도 됩니다. 그래서 행위자는 없다는 것이 진리(실재)입니다.

우리는 이것을 이해하기가 어렵습니다. 그동안 관념의 세계에서 관념이 전부인 줄 알고 살아왔고, 실재를 통찰하는 세계를 만난 지가 얼마 되지 않았기 때문입니다.

우리는 매 순간 몸과 마음과 마음의 작용이라는 조건에 의해 한순간 의 현재를 만들며 살아갑니다. 이것이 우리가 '나'라고 이름 붙이는 '나'의 실재입니다. 그러나 몸과 마음으로 행위를 이어가는 이런 현상을 표현하 기 위해 나, 너, 여자, 남자, 아무개라는 관념을 도입하여 이름을 붙여주는 것입니다.

그러므로 나, 너는 관념이지 실재가 아닙니다. 그러나 우리들은 이 '나'를 실재(자아)로 알고 살아온 것이 사실이며, 이것이 유신견이며, 모든 번뇌의 뿌리라는 것을 통찰하여 유신견에서 벗어나는 것이 불교 수행입 니다.

사실 '관념과 실재'는 수행을 하면서 점차 그 뜻이 바르게 이해되어
지는 부분입니다. 이론적으로 이해하는 것은 역시 또 하나의 관념이며,
오직 수행을 통해서 이해될 때 실재를 제대로 이해하게 됩니다. 그래서
지금 이해하려고 애쓰지 말고, 몸으로 부딪쳐 실제로 수행을 하는 것이
우선입니다. 그 결과로 자연스럽게 이해되길 기원합니다.

삶의 의지처

 제가 요즘 위빠사나 수행을 알고 나서 많은 혼란에 빠졌습니다. 불교는 '참나'를 찾는 것을 목표로 하는 수행의 종교라고 알아왔는데, 위빠사나 수행법의 견해에 따르면 순간순간의 마음이 있을 뿐 '참나'라는 것은 없다는 것이 아닌지요? 이러한 견해를 받아들이려니 하나의 의지처가 사라져버리는 듯 공허한 느낌이 닥쳐옵니다.

또 하나는 타종교인들도 자신의 종교적 신념, 교리와 갈등 없이 수행이 가능할까 하는 의문입니다. 제가 얼마 전 성당에 다니는 아내와 약속을 하나 했습니다. 저도 성당에 나갈 테니, 아내도 저와 함께 위빠사나 선원에 나가기로 한 것입니다. 아내도 흔쾌히 동의했습니다만, 남편을 배려하는 마음에서 그랬을 것입니다.

아내가 선원에서 수행을 하다가 종교적 정체성에 혼란이 오고, 가정에 문제만 일으키는 결과가 되지 않을지 고민입니다. 그럴 바에는 저 혼자 수행하는 것이 오히려 낫지 않을까 생각도 해보게 되는데, 어떻게 하는 게 좋은지 조언을 부탁드립니다.

♣ ♣ ♣

답 ‖ 누구나 자신이 가지고 있는 가치체계가 무너지는 것에 대하여 두려움을 느낍니다. 이것은 '나'라고 하는 자아를 가지고 있기 때문입니다. 바로 이런 견해 때문에 인간이 괴로움을 겪는 것입니다. 기존의 의지처가 사라졌으면 당연히 새로운 의지처를 찾아야 합니다. 이제 정법을 의지처로 삼고, 자기 자신을 의지처로 삼아야 합니다. 두려움과 공허한 느낌이 왔다는 것은 기존의 잘못된 가치관이 무너지는 매우 중요한 순간입니다. 이런 진통 없이 새로운 사상, 바른 법을 찾을 수는 없습니다. 고통과 진통 없이는 어느 무엇도 이룰 수 없습니다.

마찬가지로 타종교를 가진 사람이 위빠사나 수행을 할 때 종교적 신념과 교리에 갈등이 없기를 바라서는 안 됩니다. 이것은 어디까지나 본인의 문제입니다. 아직 위빠사나 수행을 할 수 있는 조건이 성숙되지 않았으면 부처님이 지도를 한다고 해도 바른 법을 받아들이기 어렵습니다. 그렇다고 해서 아무런 시도도 하지 않는다면 이는 더 불행한 일입니다.

제 경우에도 초기에 미얀마에서 귀국하여 아내가 다니는 성당을 나갔습니다. 오직 아내를 위해서 그랬습니다. 그런데 선하게 사는 문제에 있어서는 신부님의 강론과 제가 배운 수행이 같았습니다. 이것이면 된 것입니다. 이 이후에 오는 교리상의 문제는 인간이 사는 세상에서 부딪치지 않을 수 없는 불가피한 것들입니다. 이때 지혜가 있다면 지엽적인 것은 뛰어넘을 수 있습니다. 위빠사나 수행은 특별하게 종교적 의식을 요구하지 않기 때문에 크게 부딪치지 않으리라 생각됩니다.

천주교는 2천 년의 전통을 가진 종교이고 세계화된 종교리서 상딩히 열린 마음을 가지고 있습니다. 성경을 쉬운 우리말로 번역하여 사용하는 과정이나 시대가 요구하는 새로운 수행법을 수용하는 자세에 있어서도 매우 전향적입니다. 특히 천주교의 묵상기도는 위빠사나와 유사하다는 수녀님의 말씀도 들었습니다. 그러므로 아내의 갈등에 대한 것은 크게 염려하지 않아도 될 것 같습니다. 이는 아직 오지 않은 것을 걱정하는 것입니다. 만약 갈등이 생겼다면 그때 풀면 됩니다.

여기서 가장 중요한 것은 위빠사나 수행을 통하여 자신이 변하는 것입니다. 그래서 변한 자신의 모습으로 아내에게 확신을 주는 것입니다. 이것보다 더 좋은 방법은 없습니다. 사실은 이것이 수행의 기본 구도입니다. 부부가 함께 수행을 할 수 있다면 이것보다 더 좋은 일은 없습니다. 그러면 부부의 행복이 가정의 행복으로 사회의 행복으로 발전됩니다.

먼저 자신이 조건을 성숙시켜야 합니다. 그리고 상대가 선택하느냐 하지 않느냐 하는 문제는 온전하게 상대의 문제입니다. 그러므로 아무리 좋은 것이라고 해도 상대에게 억지로 강요해서는 안 됩니다. 이것이 정법수행의 기본입니다. 원하지 않는 것을 주려 할 때 오히려 정법이 훼손되는 부작용이 있습니다.

게으름은 가장 큰 무지

문 ‖ 아침에 일어날 때마다 기분이 우울하고 불안해서 호흡을 잘 볼
수 없습니다. 어젯밤 꿈에는 호주로 이민 간 친구가 오랜만에 서울에
왔는데, 여기저기 쇼핑하느라 나를 모른 척했습니다. 나는 밤새 친구와
몇 마디라도 나누고 싶어 졸졸 쫓아다니다 깨어나는 꿈을 꾸었습니다.
너무나 허전하고 슬프고 공허합니다.

그리고 병원에 입원하신 아버지는 의사 선생님 말씀이 폐종양일
확률이 크다고 합니다.

무서움, 외로움, 공허감, 무기력, 게으름, 불안감, 초조감과 같은 감정
들이 시도 때도 없이 일어납니다. 견디기 힘든 지금의 상황에 저항해
보고자 무엇인가를 끊임없이 갈망하고, 구원해 줄 누군가를 찾아도 보지
만, 출구가 전혀 보이지 않습니다.

저는 어릴 때부터 많이 아파서 언제나 어머니의 보호 아래 성장했습
니다. 오십이 다 되어가는 나이에도 아직 다 크지 못한 어린아이 같은
기분입니다. 내성적이고 자신감 없는 성격으로 인해 친구들과 원만한
관계도 맺지 못하고, 학교생활이나 사회생활을 다른 사람들처럼 정상적
으로 하지 못한 것 같습니다. 항상 남의 눈치를 살피다 보니, 제 의지로

살아가는 것 같지 않습니다.

　수행도 한 발만 걸쳐놓고, 어려운 상황을 회피하려고만 하고, 이런 상황이 너무 싫다고 안 된다고 저항만 하고, 인정하지 못해서 너무 괴롭고 힘듭니다.

　남들 사는 것처럼 제대로 한번 살아보지 못하고, 괴로워서 잠만 자고, 공부도 경제적 능력도 없고, 몸은 아프고, 어찌 살아야 할지 앞날에 대한 불안도 있고, 부모님은 점점 늙어 가시고 편찮으시고……; 이런저런 걱정들로 머리가 터질 것 같습니다.

♣ ♣ ♣

답 ‖ 이 글을 읽는 사람도 우울합니다. 어제오늘의 괴로움이 아니고, 탈출구가 보이지 않기 때문입니다. 그렇다면 길이 없는 것일까요? 아닙니다. 가장 좋은 길이 있습니다. 주어진 여건을 있는 그대로 받아들여서 알아차리는 것입니다. 그래서 수행을 해야 합니다. 이것은 한 인간이 겪는 고통이 아니고 모든 사람이 겪는 그런 고통입니다. 사람들이 모두 달라 보여도 크고 작은 같은 고통 속에서 살아갑니다. 문제는 이런 고통을 해결하는 방법을 알고 있는가, 알면 과연 바르게 대처하는가, 하는 것입니다.

　아침에 일어날 때 불안한 것은 저녁에 잠들 때 불안한 상태로 잠을 잔 것과 관련이 있습니다. 저녁에 잠자리에 들기 전에 먼저 현재의 마음을 알아차리십시오. 그런 뒤에 호흡을 알아차리면서 잠에 드십시오. 아침에 일어나서도 먼저 마음을 알아차리십시오 얼마간 현재의 마음을 알아차린 뒤에 호흡을 알아차리고 일어나십시오 괴로움이 많은 사람은 마음을 알아차리는 수행을 많이 해야 합니다. 괴로운 것은 마음이기 때문입니다.

그동안 선원에 나와서 수행을 배우고도 실천하지 않고 막연하게 개선되기를 바라서는 안 됩니다. 수행을 하려는 굳은 의지를 가지고 노력해야 합니다. 이미 답이 무엇인지 알면서도 실천하지 않고 괴로워만 하면 과연 누가 구원을 해주겠습니까?

자신의 문제는 자신의 마음이 해결할 수밖에 없습니다. 본인이 말했듯이 상당 부분 스스로 노력하지 않고 포기하면서 살아왔기 때문에 괴로움이 큰 것입니다. 있는 현실을 회피하지 말고 겸허하게 받아들이는 알아차림이 필요합니다. 게으름은 가장 큰 무지이며 불선업입니다. 이런 불선업을 계속하면서 어떻게 상황이 개선되기를 바랄 수 있겠습니까?

꿈은 꿈일 뿐입니다. 꿈은 평소의 자신의 마음 상태가 반영된 것입니다. 그렇지 않아도 사는 것이 괴로움인데 거기다 꿈꾸는 일까지 포함시켜 괴로울 것 없습니다. 오히려 꿈을 통하여 평소의 마음이 어떤지를 알고 마땅한 대처를 해야 합니다.

현재 처한 모든 결과는 자신이 만든 것입니다. 누구를 원망할 것 없습니다. 현재의 상황이 견디기 어려우면 다음에 이런 상황이 계속되지 않도록 대책을 세워야 합니다. 그렇지 않으면 같은 일들이 연속될 뿐입니다. 이것이 원인과 결과입니다. 그런데 마땅한 대책은 세우지 않고 이런 상황에서 벗어나기만 기대해서는 안 됩니다.

선원에 오면 반드시 면담을 받으십시오. 그리고 마음을 알아차리는 수행을 배워서 실천하십시오. 마음을 알아차리는 수행을 배울 수 있는 기회를 소중히 생각하십시오. 조건은 충분히 준비되었는데 자신이 선택하지 않아서 취하지 못하고 있는 것을 아십시오. 부처님의 가르침이 아니고서는 어디에서도 완전한 답을 얻을 수 없습니다. 자신이 노력한 만큼 괴로움에서 벗어날 수 있습니다.

고정관념을 넘어서

문 ‖ 저는 사람을 많이 대하는 직업에 종사하고 있습니다. 그러다 보니 고객 한 사람 한 사람을 대할 때마다 '이 사람은 성질이 더럽겠구나', '눈초리를 보니 고약한 사람이야', '가까이 하기 싫은 사람이군', '편안한 느낌을 주는 사람이네' 이런 식으로 선입관을 가지고 쳐다보는 습관이 저도 모르는 사이에 배어 있습니다.

제 자신에게도 별로 좋지 않은 습관이란 걸 알기에 고치려고 노력해 보지만, 사람을 보는 순간 번개처럼 일어나는 일인지라 잘 고쳐지지 않습니다. 이것을 극복할 수 있는 지혜로운 가르침을 부탁드립니다.

♣ ♣ ♣

답 ‖ 수행자의 자세와 직업인의 자세가 다르지 않습니다. 수행은 바르게 생활하는 것을 말합니다. 수행자의 생활이 있고, 직업인의 생활이 따로 있는 것이 아니므로 하나로 보셔야 합니다. 때로는 상대를 평가하고 분석하는 것이 필요도 하겠지만, 그렇게 하면 이익을 얻기보다 손해가 많습니다. 매사를 그런 식으로 산다면 자애롭지 못한 사람이 됩니다. 그래서 좋은 것은 취하고 나쁜 것은 내치는 이기심이 생길 수 있습니다.

먼저 자신이 가지고 있는 선입관은 모두 관념입니다. 이런 선입관을 가지고 대상을 대하는 것이 직업인으로서나 수행자로서 모두 부적절합니다. 이것이 왜 부적절한지 충분히 납득이 되어야 고정관념이 개선될 수 있습니다. 고정관념의 피해자는 자기 자신입니다. 특히 사람의 외모를 가지고 평가한다는 것은 불선업에 속합니다. 이런 행위는 아무런 이익이 없고, 오직 자신을 괴롭게 할 뿐입니다. 그래서 이것은 나쁜 습관입니다. 나쁜 습관은 나쁜 성격입니다.

불선업을 행하면 반드시 불선의 과보를 받습니다. 그래서 생각과 말과 행위로 일으킨 결과를 자신이 받습니다. 문제는 이런 잘못된 견해가 더 견고해져 간다는 것입니다. 이런 성향은 이번 생뿐만 아니라 다음 생까지 상속되어 계속됩니다. 사실은 현재도 과거의 그런 영향을 받고 있다는 것을 알아야 합니다.

위빠사나 수행을 하면서 대상을 알아차리는 일차적인 목적은 대상을 있는 그대로 본다는 것입니다. 이것을 청정하다고 합니다. 여기에 좋다거나 나쁘다는 견해가 개입되지 않고 단지 대상으로 본다면 우선 자신의 마음이 고요해져 평온을 얻을 수 있습니다. 이런 평온 속에서만 지혜가 계발됩니다. 이렇게 했을 때 가장 이익을 얻는 것은 자신입니다. 자신의 마음이 고요해지면 이 마음이 상대에게도 전해져서 사람들에게 좋은 영향을 줄 것입니다. 그러면 하고 있는 일에도 도움이 될 것입니다. 자신도 좋고 남도 좋은 일처럼 더 중요한 것이 어디 있겠습니까?

습관적으로 사람을 평가할 때는 먼저 평가한 마음을 알아차리십시오 어느 사람을 대하거나 상대를 분석하는 것은 그 순간에 알아차리지 못한 것입니다. 그래서 이것은 수행이 아닙니다. 많은 사람들이 독을 가지고 있는 것은 사실입니다. 그러나 상대가 가진 독에 걸리지 않기 위해서는 자신의 마음이 상대를 평가하지 말아야 합니다. 만약 자신이 상대를 평가했다면 상대의 독과 자신의 독이 마주쳐 좋지 않은 파장이 생깁니다. 그러나 상대가 독을 가지고 있다고 하더라도 내가 분별을 일으키지 않아 상대에 걸리지 않으면 그것은 단지 상대의 문제일 뿐입니다. 이것이 부처님의 가르침입니다.

사람이 산다는 것은 여섯 가지 감각기관이 감각대상과 부딪친다는 것입니다. 이때 느낌이 일어납니다. 그런데 느낌이 좋다거나 싫다는 느낌으로 발전하여 문제를 일으킵니다. 그래서 어떤 대상을 만나더라도 먼저 대상을 알아차려야 합니다. 만약 습관적으로 상대를 평가했다면 바로 평가한 자신의 마음을 알아차리고 상대로 간 마음을 자신의 마음과 몸으로 돌려야 합니다.

선원에 오면 이렇게 실천하는 방법을 배울 수 있습니다. 한두 번이라도 간단한 기본방법을 배우고 나면 글로 읽는 것보다 효과가 있을 것입니다.

가슴이 덜컹거리고 얼굴이 빨개질 때

문 ‖ 저는 조그만 일에도 가슴이 덜컹거리고, 얼굴도 잘 빨개지는 타입입니다. 특히 발표할 때나 회의석상에서나 누군가 제 말에 반대 의견을 말하면 얼굴이 금방 빨개져 버립니다. 이것을 고칠 수 있는 방법은 없는지 조언을 부탁드립니다.

♣ ♣ ♣

답 ‖ 우선 지금 고민하는 문제를 고칠 수 있는 별다른 신통한 방법이 없다는 것을 먼저 이해하고, 얼굴이 빨개지는 것을 고치고 싶다는 마음을 일단 접는 것만이 문제를 해결할 수 있는 유일한 방법입니다.

조그만 일에도 가슴이 덜컹거리거나 얼굴이 잘 빨개지는 타입이란 말은 이미 습관이 되었다는 뜻입니다. 이것은 부딪치는 대상에 욕심이나 성냄으로 휘둘릴 때 나타나는 현상입니다. 즉 대상을 알아차리는 훈련이 되어 있지 않아 대상을 보자마자 즉각 반응해 버린다는 뜻도 됩니다. 이렇게 습관이 되어 나타날 수밖에 없는 현상을 싫어하고 없애려 하면 오히려 그런 성향에 영양분을 공급하는 격입니다. 그 이유는 이런 현상이 없었으면 좋겠다고 바란 만큼 화가 나기 때문에 더 심하게 반응해 버립니다.

그래도 붓다의 가르침 속에는 이런 성향에서 벗어날 수 있는 신통한 방법이 들어 있습니다. 어떤 싫은 현상에도 그냥 남의 일 보듯이 그런 일이 있구나 하고 알아차리고 마는 방법입니다.

즉, 얼굴이 빨개지는 것을 문제 삼지 않는 것입니다. '좀 빨개지면 어때! 음, 좀 빨개졌네. 그럴 수도 있지' 하고 현재 있는 현상을 그냥 받아들여 문제 삼지 않는 것입니다. 그리고 그 순간의 마음이나 몸의 느낌을 알아차리는 길밖에 없습니다. 그러다 보면 빨개질 만큼 빨개지다가 사라질 때가 되면 사라질 것입니다. 가슴이 덜컹거릴 때도 덜컹거리는 가슴의 느낌 자체를 알아차릴 좋은 대상으로 삼아 알아차려 그 느낌이 사라질 때까지 지켜보십시오.

발표 때나 회의석상에서 내 말이 통하지 않으면 얼굴이 붉어지는 것은 자신을 내세우고 인정받고 싶은 마음의 표시입니다. 사실 누구에게나 있는 마음입니다. 우리들은 모두 어리석음을 바닥에 깔고 살기 때문에 아만심(자존심)을 가지고 있습니다. 이 아만심이 원인이 되어 새로운 탐욕, 성냄, 어리석음을 일으킵니다.

그래서 아만심이 있을 때도 즉시 알아차릴 대상으로 삼아버리는 것입니다. '음, 지금 내가 잘났다고 시위하고 있네!' 하고 자신을 알아차리는 순간 아만심에 의한 성냄은 사라집니다. 그리고 그 자리를 알아차린 마음이 차지합니다. 알아차린 마음은 대상을 수용해서 반응하지 않는 선한 마음입니다.

이렇게 어떤 성향이든지 나타날 때마다 알아차리면 그 성향은 알아차린 만큼 힘을 잃어가고, 그 대신에 알아차리는 힘이 쌓이고, 선한 마음에 의한 선업이 쌓여 갑니다. 선업은 다시 새로운 선업을 불러옵니다. 그러면 점차 번뇌로부터 멀어집니다.

문제란 없습니다. 문제라고 생각하는 것이 문제입니다. 몸과 마음에서 나타나는 현상은 어떤 것이든지 '내 문제'이기 전에 알아차릴 대상인 '법'일 뿐입니다. 그냥 '법'이라고 알아차리면 어떤 문제든지 문제가 아니게 됩니다. 그래서 알아차리고 더 이상 시비하지 않는 것이 문제를 벗어나는 가장 신통한 방법입니다.

그냥 빨개지는 것을 '법'으로 받아들여 알아차리고 시비하지 않기를 바랍니다.

이완은 선이고 긴장은 불선이다

문 ‖ 가까운 도반 중에 남을 비판하거나 자신을 과시하는 버릇이 있는 사람이 있습니다. 좋을 때는 한없이 좋은데 만나고 나면 피곤합니다. 만나지 않으면 그만이라고 생각할 수도 있는데, 그것이 쉽지가 않습니다.

♣ ♣ ♣

답 ‖ 선하고 선하지 못한 것의 차이는 여러 가지로 구별해 볼 수 있습니다. 그중의 하나가 선한 사람은 긴장을 하지 않습니다. 그러나 탐욕과 성내는 것이 습관적인 사람은 항상 긴장을 하면서 삽니다. 긴장을 한다는 것은 마음이 긴장하는 것이며, 그 결과로 몸이 긴장되는 것을 말합니다. 이런 긴장의 결과는 부정적인 것들뿐입니다. 실패와 좌절과 인간관계의 파괴와 병을 얻는 일일 것입니다.

긴장은 잘하려고 하는 욕망이 지나쳐서 생긴 것이며, 미워하거나 화를 낼 때도 그 마음에 의해 몸이 긴장합니다. 그래서 긴장을 불선업이라고 볼 수 있습니다. 그러나 필요한 만큼만 바라는 사람은 긴장하지 않습니다. 왜냐하면 마음이 너그럽기 때문입니다. 나를 받아들이고 남을 받아들여서 항상 균형 감각을 가진 사람은 분수를 알아서 긴장하지 않습니다. 이런 사람은 몸과 마음이 이완되어 있습니다. 그래서 이것을 자유, 평화, 행복이라고 부를 수 있습니다. 우리가 말하는 도道라고 하는 것이 바로 이런 것입니다.

긴장하는 상태에서는 무엇이나 효율적인 것을 기대하기가 어렵습니다. 왜냐하면 불선업이기 때문입니다. 그래서 하는 일의 능률도 오를 수 없습니다. 모든 예술이나 운동이나 이완으로 시작되는 것이 이런 이유입니다. 우리가 하는 노동 역시도 긴장을 풀어야 생산성이 향상되고 즐겁게 일할 수 있습니다. 하물며 수행에 있어서야 더 말할 나위가 없습니다. 인간이나 집단이나 국가 간에도 긴장은 냉전이며 호혜적인 것은 자애입니다.

이처럼 긴장을 한다는 것은 불선업의 행으로 마음이 일으키는 것인데 그 종류가 많습니다. 먼저 탐심과 성냄, 어리석음이 가장 큰 이유입니다. 그리고 이것들과 함께 양심이 없는 것, 수치심이 없는 것, 들떠 있는 것, 자만심을 가지고 있는 것, 잘못된 사견을 가지고 있는 것, 질투하는 것, 인색한 것, 후회하는 것, 의심하는 것 등을 꼽을 수 있습니다. 이것들은 함께 나타나는 것들이 있고, 때때로 혼자서 나타나는 것들도 있습니다.

선하다는 것은 긴장하지 않는 것이며, 깨끗한 것이며, 아름다운 것이라고 말합니다. 선업의 행은 여러 가지가 있습니다. 수행자는 무엇이 선한 행인지 알아야 합니다. 선한 행은 선하지 못한 것의 반대로 보면 됩니다. 선한 행을 이끄는 것은 먼저 믿음과 알아차림이며, 이것이 선행되면 다른 많은 것들이 함께 뒤따릅니다. 그래서 믿음을 가지고 알아차리는 수행이 필요한 것입니다.

여기에 함께 따르는 것들이 중립입니다. 중립은 부처님 사상의 핵심이 되는 중도를 말합니다. 그리고 몸과 마음의 평안, 몸과 마음의 경쾌함, 몸과 마음의 부드러움, 몸과 마음이 일을 받아들여 감당하기에 적당함, 몸과 마음의 능숙함, 몸과 마음의 바름입니다. 이런 것들은 하나가 선한 마음 하나에 항상 함께 따라다니는 행위들입니다.

이외에 선업의 행으로 따로 떨어져서 나타나는 것들이 있는데 계율을 지키는 것, 연민과 함께 기뻐하는 것, 그리고 마지막으로 지혜의 기능[慧根]을 들 수가 있습니다. 이러한 몸과 마음에 대한 분석은 부처님께서 설하신 『아비담마』에 근거한 것입니다.

부처님의 이러한 복잡한 분석은 몸과 마음이 무엇인지를 알아서 치유를 하고자 하는 의도로 말씀하신 것입니다. 이것을 분석적 치유라고 합니다. 이러한 분석에 의해 이것을 대상으로 알아차렸을 때를 법의 치유라고 말합니다.

우리가 세상을 살면서 많은 부류의 사람들을 만납니다. 그중에 양보하고 남을 이해하고 받아들이는 사람을 선한 사람이라고 말합니다. 이런 사람이 되는 것에도 여러 가지 유형이 있습니다. 그중에 하나는 긴장하는 것이 싫어서 스스로 양보하고 스스로 용서하고 삽니다. 긴장해서 생기는 갈등구조에서는 자신이 괴롭고 불편하기 때문에 스스로 긴장을 풉니다.

그러나 불선업을 가진 사람은 긴장을 즐깁니다. 그래서 남과의 관계에서 끝없는 대립의 각을 세웁니다. 이런 사람들은 오히려 대립함으로써 존재 의미를 확인하고 삽니다. 그래서 긴장하는 것이 불편하지 않습니다. 그리고 남을 의심하고 비판을 할 때 쾌감을 느낍니다. 이때 뇌하수체에서는 아드레날린이라는 독이 분비됩니다. 독이 분비되어 몸 안에 있는 독에 자극을 줍니다. 그래서 쾌감이 생기는 것입니다. 이런 쾌감 때문에 갈등과 불목을 스스로 조장하고 이것을 즐깁니다.

이런 불선업의 뿌리는 어리석은 무지로 인한 것입니다. 그리고 이런 불선업의 결과는 비극적이고 종국에는 파멸을 가져옵니다. 남이 나를 싫어하고 가족이나 이웃이나 사회로부터도 소외됩니다. 결국 자기 자신도 자신을 믿지 못하고 자신이 스스로를 버리게 됩니다.

그러나 이런 것이 모두 남의 얘기라고만 말할 수는 없습니다. 문제는 이러한 불선업이 자신에게도 있다는 사실입니다. 선하지 못한 마음은 크고 작은 차이가 있을 뿐 자신에게도 항상 내재되어 있는 마음입니다. 그래서 누가 되었거나 먼저 자신의 마음을 알아차릴 필요가 있습니다.

그리고 뒤이어 자신의 몸으로 돌아오는 과정을 거쳐야 합니다. 이것이
몸을 알아차리는 수행을 하는 것입니다.

　일단 자신의 몸으로 돌아온다는 것은 위빠사나 수행에서 매우 중요
한 의미를 갖습니다. 알아차릴 대상을 몸으로 선택하여 가슴의 느낌을
주시하거나 호흡을 주시해야 합니다. 이렇게 문제를 해결하는 방법이
제시되어 있지만 이것을 활용하지 않습니다. 이는 수행을 하려는 마음을
새로 내지 않기 때문입니다.

　나와 남의 관계에서 생긴 문제라고 할지라도 그 해결의 열쇠는
오직 자신의 마음에 있습니다. 결코 답을 상대로부터 구할 수는 없습니
다. 그래서 어떤 일이나 자신의 마음부터 알아차려야 합니다. 괴로울
때는 지금까지 배운 대로 마음을 알아차리고 가슴으로 가서 느낌이나
호흡을 알아차리는 방법을 사용하고 있었는지 생각해 봐야 합니다. 아무
리 많은 얘기를 듣고 아무리 많이 알아도 단 한 번의 실수행과 비교될
수 없습니다.

　괴로운 대상이 자신이거나 남이거나 간에 수행을 하는 방법은 똑같
습니다. 먼저 마음을 알아차리고 나서 가슴으로 와서 느낌을 주시하는
것입니다. 이렇게 수행을 할 때 알아차림을 끊임없이 반복해야 합니다.
이제 막 알아차리는 수행을 시작하고 벌써부터 좋은 결과를 기대하는
것은 욕망이라고 알아야 합니다. 우리의 관념은 뿌리가 깊습니다. 그래
서 알아차림도 거듭거듭 끊임없이 반복되어야 하고 또한 오래 지속되어

야 합니다.

　남에 대해서도 마찬가지입니다. 상대라는 대상에 빠지지 말고 자신의 몸과 마음으로 돌아오는 것부터 시작해야 합니다. 그러나 이것이 잘 안 될 때는 만나지 않는 것이 서로에게 좋습니다. 이런 때는 과감하게 만나는 것을 끊어야 합니다. 우리는 아직 아라한이 아니기 때문에 자신을 보호할 힘이 많지 않습니다. 그래서 때로는 격리가 최상의 방법일 수도 있습니다.

　불선업을 행하는 사람이 싫으면서도 계속 만나는 것은 자신도 한편으로는 불선업의 마음에 호의를 가지고 있다는 것입니다. 만약 그렇다면 그 만남이 괴롭기는 하지만 심각하지는 않은 상태임을 알 수 있습니다. 그래서 진정으로 괴로워하지 않고 감상적으로 괴로워하는 것입니다. 이런 괴로움은 사치입니다. 우리가 세상을 살면서 잘못된 일이라고 확신을 갖는다면 단연코 끊어버립니다. 그래서 가장 먼저 자신의 마음부터 알아차려야 합니다.

　주석서에서는 수행을 위해 많은 조건을 제시하는데, 나쁜 영향을 주는 사람은 피해야 한다고 밝히고 있습니다. 그리고 좋은 영향을 주는 사람을 사귀기기 위해 노력하라고 말합니다. 도반은 매우 중요한 관계입니다. 그래서 좋은 도반을 얻으면 전부를 얻었다고 말합니다. 바꾸어 말하면 이는 잘못된 도반을 만나면 전부를 잃을 수도 있다는 말이기도 합니다.

이 세상의 삶은 짧습니다. 이 찰나와 같은 세상을 살면서 좋은 사람이 있어도 시간이 없어서 못 만나고 삽니다. 하물며 장애를 주는 사람과 만난다는 것은 수행자의 삶이 아닙니다. 만나지 않으려는 것도 괴로움이라면 그 사실조차도 알아차릴 대상입니다.

'지금 내가 그 사람 때문에 괴로워하고 있네!' 하고 알아차리고 마십시오. 그리고 괴로워하지 말고 알아차리는 마음이 시키는 대로 따라가십시오. 우리가 무엇 때문에 이런 일로 괴로워하고 살아야 한단 말입니까?

자식은 내 분신이 아니다

문‖ 세 살 난 아들과 있다 보니 정말 마음속에 전쟁이 난 것 같습니다. 강한 탐심이 일어나고, 강한 진심이 일어나고, 아이가 잘못하고 있는 걸 보면서 성내지 말아야지 하는 마음으로 그냥 지켜보기도 하고, 그러다가 버릇이 잘못될까 봐 큰 소리로 혼내기도 합니다.

사랑하고 안고 뽀뽀하는 마음은 탐심이고, 화내고 야단치는 마음은 성냄인데, 그 사이를 왔다 갔다 하느라 정신이 없습니다. 아이와 함께 있을 때는 알아차림을 하기가 정말 어려운 것 같습니다. 아이들을 어떻게 교육시켜야 할지 조언을 부탁드립니다.

♣ ♣ ♣

답‖ 우리는 아이들을 교육시키는 것이 아니고 자신의 분신이라는 생각으로 사육하고 있지 않은가 봐야 합니다. 아이는 아이의 축적된 성향을 가지고 태어났습니다. 그래서 엄마와 성격이 다르고 능력이 다릅니다. 아이는 아이대로 존중받고 자기대로 살 권리도 가지고 있습니다.

우리는 교육이라는 이름으로 자신의 감정을 드러냅니다. 그래서 항상 화를 냅니다. 화는 욕망 때문입니다. 바라는 마음이 지나치면 화가 납니다. 교육에서 가장 나쁜 것이 지도자가 화를 내는 것입니다. 이쪽에서 화를 내면 상대도 긴장하므로 무슨 말을 하는지 새겨들을 수가 없습니다. 그래서 똑같이 흥분한 상태가 됩니다. 또한 잘못한 일이 있을 때 부모가 화를 내면 아이들은 그것으로 속죄를 받았다고 생각하게 됩니다. 그래서 반성을 하지 않습니다.

유럽 여행 중에 한국인 가정에서 민박을 한 적이 있었습니다. 유럽에서 한국인 자식들이 한국인 부모가 화를 내는 것에 대하여 문제를 삼고 있다는 이야기를 들었습니다. 유럽에서 자라는 한국 아이들이 한국인 어머니가 화를 내면, 왜 우리 어머니는 화부터 내는지 모르겠다고 말하면서 오히려 조용하게 제발 화부터 내지 말라고 말한다고 합니다.

우리는 정이 많아서 정을 많이 주고, 그것이 충족되지 않으면 오히려 화를 내는지 모릅니다. 그래서 화는 바라는 것이 안 되었을 때 내는 것입니다. 교육은 바라기보다 알맞게 보살피는 것입니다. 그래서 상대를 존중해 주어야 그 아이가 남을 존중할 줄 압니다.

화는 화를 낸 사람에게 먼저 피해가 갑니다. 자신의 감정과 아이의 문제는 혼돈하지 말아야 합니다. 교육은 필요한 것이며, 화는 교육이 아닙니다. 선업善業은 부드러운 것이고, 불선업不善業은 거친 것입니다. 교육에서는 항상 부드러운 선업이 효과가 있습니다.

자식을 분신으로 보지 말고, 그냥 보호하고 교육해야 할 한 어린이로 보기 바랍니다. 부처님께서는 일방적으로 말씀하시지 않고 이것과 저것이 있다, 선택은 네가 해라. 이렇게 교육시키십니다. 아무리 말해도 결국 자신이 받아들이지 않으면 그만이기 때문에 처음부터 자신이 선택하도록 기회를 주는 것이 효과적입니다. 그래서 양자를 선택할 때 좋은 것을 선택하도록 도와주는 것이 교육입니다.

부록_마음을 알아차리는 수행에 대하여

1

지금부터 제가 미얀마의 마하시 센터와 쉐우민 센터에서 수행한 과정과 마음을 알아차리는 수행에 대하여 말씀드리겠습니다.

처음 미얀마에 수행하러 갔을 때는 마하시 센터에서만 약 4년간 있었습니다. 그 후 마음을 알아차리는 수행을 하는 곳으로 알려진 쉐우민 센터로 갔습니다. 쉐우민은 양곤의 외곽 미야옥갈라에 자리 잡고 있는데, 하늘을 찌를 듯이 높은 나무가 우거진 시골이었습니다.

마하시에서 처음 수행을 할 때는 집중이 매우 잘 되었습니다. 하루 종일 좌선 중에는 일어남, 꺼짐을 보고, 경행할 때는 오른발 왼발을 볼 수 있었습니다.

수행 초기에 우 자띨라 사야도께 인터뷰를 할 때 "호흡이 일어나고 꺼지는 것을 보고 무상을 알았습니다"라고 말씀드렸습니다. 한국에서 다른 수행도 했고, 위빠사나 수행 경험도 있었고, 또 무상에 대해서 들은 말이 있어서 무상이 보인 것 같기도 했습니다.

그랬더니 사야도께서 이렇게 말씀하셨습니다.

"그것은 세간의 지식이고, 이제 여기 왔으니 출세간의 법을 보아라."

이 말씀을 듣고 며칠 간 얼굴이 화끈거렸습니다. 정말 그때의 심정은 쥐구멍이라도 들어가고 싶은 참혹한 마음이었습니다. 양심은 있었나 봅니다. 그때 제 나이 오십이었고, 그간 여러 가지 수행을 했던 경력도 인정받고 싶었는데, 그것을 지적 받은 것입니다.

수행을 하러 온 지 며칠도 안 되는 수행자가 벌써 무상을 말하니 과연 저를 어떻게 보셨을까 하는 마음에 부끄러웠습니다. 사야도의 그 한마디 말씀에 제 이상이 무참히 깨지고 말았습니다. 그래서 부끄러운 마음으로 새롭게 마음을 다잡고 차분히 수행을 시작했습니다.

지나고 보니 이때 제가 화를 내지 않고 오히려 마음을 잘 고쳐먹었던 것이 매우 중요한 기회였다는 것을 알았습니다. 수행을 하다 보면 이런 경우가 많습니다. 그러면 수행에 흥미를 잃고 포기하는 경우가 많습니다. 그때마다 위험은 밖에 있는 것이 아니고 자신의 마음에 있습니다. 외부로부터 오는 문제도 자신의 마음이 수용을 하면 아무것도 아닌 일이 됩니다.

미얀마에서 처음에 수행을 할 때, 한국에서 수행을 한 경험은 하나도 생각나지 않았습니다. 오직 기억나는 것은 수행을 하다가 죽지 않으니 걱정하지 말라는 말이었습니다. 그래서 통증 때문에 괴로워도 죽지는 않겠지 하고 두려움 없이 알아차리니 이내 수행을 할 수 있는 몸이 만들어졌습니다. 그러니 한 시간 좌선을 쉽게 할 수 있었습니다.

이렇게 수행을 하며 인터뷰 때 스승에게 보고하면 왜 좋은 것만 보고하느냐고 해서 당황하기도 했습니다. 어떤 때는 한 시간 내내 호흡만 볼 때도 있었습니다. 그래서 통역에게 계속 호흡만 보는 것이 좋은 것이냐고 묻기도 했습니다. 처음에는 호흡을 그렇게 오래 보는 것이 좋은 것인 줄 몰랐습니다. 그리고 나중에 호흡을 알아차리다 보면 대체 이것이 누구의 호흡인지도 모르고 그냥 보기만 했습니다.

수행에 대하여 이론적으로 아는 것도 없었고, 매일같이 호흡만 보다 보니 나 자신이 한심하기도 하고, 무엇에 속고 있다는 느낌도 들고, 혹시 이것이 호흡을 보는 종교가 아닌가 할 정도였습니다. 그러나 속아도 부처에게 속으니 크게 손해 볼 것 같지 않다는 생각이 들었습니다. 우선 선원에서 돈을 내라고 하지 않고 공짜로 밥 먹여 주지, 재워 주지, 더구나 인터뷰까지 해줘서 의심이 나도 그냥 넘길 수 있었습니다.

더구나 비구계를 받고 승려생활을 하는데, 미얀마 후원자가 있어서 일용품 일체를 공급받고 있었습니다. 참으로 불국토에서 과분한 대우를 받으니 사실은 수행을 안 할 수도 없었습니다. 그리고 수행을 하는 일 외에는 달리 할 일도 없었습니다.

한국에서는 한문 때문에 불교가 접근하기 어려웠는데, 미얀마에 가니 또 어려운 빨리어가 기다리고 있었습니다. 법문이나 인터뷰 때 쓰는 빨리어를 몰라서 대충 이해하는 것도 괴로움 중의 하나였습니다. 그래서 법문을 들어도 개요만 알았지 정확히 알 수도 없었습니다.

가령 우뻬카upekkha라는 말이 평등이란 것을 몇 달이 지나서야 알 정도였습니다. 면담을 할 때 무슨 말인지 몰라도 수행에는 지장이 없었지만 약간 갑갑하기는 했습니다. 그러나 수행자에게 이런 경우는 어쩔 수 없는 일입니다. 누구나 처음부터 모두 알고 시작하지는 않기 때문입니다. 오히려 모르기 때문에 수행이 더 잘 될 수도 있습니다.

그렇다고 수행이 잘 되기만 한 것은 아닙니다. 수행의 속성은 잘 안 되는 것이기 때문입니다. 잠시 잘 되면 하루가 안 되고, 하루 잘 되면 며칠이 안 됩니다. 잘 되면 바로 좋아하기 때문에 금방이라도 법을 얻을 것 같은 착각을 하게 됩니다. 좋아하면 알아차림을 놓치고 아만심에 빠집니다. 그리고 큰 것을 바라기 때문에 몸과 마음이 경직됩니다. 이것도 세월이 지나고 안 얘기이지 당시에는 알 수가 없습니다. 그래서 모르기 때문에 고민하고 고생하지 않을 수 없는 과정을 거칩니다.

수행 중에 좋아하는 마음이 생기면 그 순간에 수행은 퇴보해 버립니다. 중요한 것은 잘 되거나 잘 안 되거나 간에 바른 견해를 가지고 하는가, 바른 방법으로 하는가, 하는 것입니다. 결국 이것이 수행의 성패를 좌우하는 중요한 마음가짐입니다. 이 말의 뜻은 수행자는 무엇이나 대상일 뿐이고, 그 대상은 좋은 것만이 아니고 안 좋은 것도 하나의 대상이라는 견해를 말합니다. 그러나 이것이 결코 쉽지 않습니다. 우리는 좋으면 좋아하고 안 좋으면 싫어하는 것밖에 모르고 살아왔습니다. 이는 우리가 모든 것을 대상으로 보지 않았다는 뜻입니다.

처음에는 무엇이 좋은지 나쁜지도 몰랐습니다. 남들은 수행 중에 고통스런 느낌이 많다고 하는데, 나는 언제 저런 것 좀 해보나 하고 부럽기까지 했습니다. 좌선 중에 생기는 이러한 단순한 통증을 빨리어로 '둑카웨다나 *dukkha-vedana*'라고 하니까 수행을 잘하면 생기는 무슨 대단한 현상처럼 동경하기도 했습니다.

어쨌거나 이렇게 4년 정도 수행하면서 생긴 것은 자동적으로 붙는 명칭이었습니다. 마하시에서는 처음 수행을 시작할 때부터 명칭을 사용했기 때문에 매우 집중이 잘 되었다는 것도 나중에 알았습니다.

　그 뒤 쉐우민 또야(숲)에 와서 마음을 보는 수행을 시작했습니다. 쉐우민 본원은 문명에서 원시로 온 것처럼 열악한 환경이었습니다. 또 어찌나 계율이 엄한지 생활이 쉽지 않았지만 오직 마음 보는 것에 대한 관심으로 불편함을 견디며 지냈습니다. 건물 아래층에서 자면 얼굴 위로 위층 마루 바닥 틈에서 모래가 부슬부슬 떨어졌습니다. 쉐우민 본원은 철길 옆에 있었고, 공항과 가까운 늪지대이며 빈민가와 붙어 있는 곳이었습니다.
　가장 고통스러운 것은 개인용 명상모기장을 사용하지 않아 그냥 모기밥이 되면서 수행을 하는 일이었습니다. 그래서 인터뷰가 주로 모기 이야기입니다. 그래도 사야도는 '따끔' 하는 느낌을 알아차리고 그때 싫어하는 마음을 보라고 합니다. 그래서 화가 날 때도 많았습니다. 나도 모르게 '딱' 하고 손으로 치면 조용한 곳이어서 소리가 크게 납니다. 그러면 누가 보지 않나 얼른 주위를 돌아봅니다.
　산다는 것이 괴로움이었지만 오직 청정하신 쉐우민 우 꼬살라 사야도와 뛰어난 젊은 제자 우 떼자니아 사야도만 보고 행복 반, 불행 반의 생활을 했습니다. 참으로 스승과 법이 좋다 보니 열악한 환경은 별 의미가 없었습니다. 한국에 와야 할 일도 많았지만 이때를 놓치면 영원히 오지 않을 것 같아서 지내다 보면 1년이 금방 지나갔습니다.

　그런데 쉐우민에서는 명칭을 붙이지 못하게 했습니다. 그간에는 눈만 뜨면 호흡의 일어남, 꺼짐이요 오른발, 왼발이었는데 명칭을 붙이지 말라고 하니 무척 걱정이 되었습니다. 아무리 해도 명칭이 떨어지지 않아서 그동안 참으로 심각하게 중독되었다는 것을 알았습니다. 사야도가 보라고 하는 마음은 보이지 않지, 붙는 명칭은 떼라고 하지, 그래서 비밀스럽게 명칭을 붙이며 나름대로 적당히 수행을 했습니다.

마음을 보라고 하지만 마음이 그렇게 쉽게 보이지는 않습니다.

마하시에서 수행을 하면서 명칭 때문에 약간 장애가 있었지만 스승으로부터 특별한 말씀도 없었고, 붙는 명칭을 달리 어떻게 할 도리가 없어서 그냥 붙였던 것인데, 이제 붙이지 않으려니 떨어지지 않아 문제였습니다.

마하시에서 호흡을 알아차릴 때 일어남, 꺼짐으로 명칭을 붙이는데 꺼졌을 때 '일어남'을 하고 일어났을 때 '꺼짐'이라고 명칭을 붙이는 경우도 많았습니다. 그리고 경행을 할 때도 왼발을 움직일 때 '오른발'이라고 하고, 오른발을 움직이면서 '왼발'이라고 하기도 했습니다.

마하시에서 수행을 오래하다 보니 매너리즘에 빠지는 경향이 있었습니다. 그러나 당시에는 이런 상태로부터 벗어나는 것이 쉽지 않은 일이었습니다.

이런 마하시의 습관이 쉐우민에 와서도 그대로 계속되었습니다. 그간에 대상을 정확히 보고 대상과 아는 마음을 일치시키지 않고 오직 명칭만 볼 때가 허다했습니다. 이것이 건성으로 수행을 하는 것인데, 염불 외우는 것같이 하고 있다는 것을 알았지만 달리 어떻게 할 방법이 없었습니다.

수행이란 대상과 그것을 아는 마음이 일치하는 것인데, 명칭이 붙으면 대상과 아는 마음, 명칭 이 세 가지가 일치해야 하므로 실재를 보기가 어려웠습니다. 그래서 알게 모르게 명칭에 대해 불편한 심기가 생기기 시작했으나 명칭은 떨어지지 않았고 마음도 보이지 않았습니다. 마음은 비물질이고 미세한 것인데 관념적인 명칭을 붙이니 명칭을 보느라 미세한 마음을 볼 수가 없었습니다.

그렇게 두 달 정도 고생하다가 어느 날부터 마음을 보기 시작했습니다. 참으로 한순간에 제 마음이 보였으나 명칭은 떨어지지 않았습니다. 이제야 아직도 명칭이 떨어지지 않는다고 하소연을 하니, 스승께서 그럼 그때 명칭을 붙이는 마음을 보라고 했습니다. 그래서 명칭이 붙을 때 명칭을 붙이는 마음을 보니, 바로 그것이 탐심이었습니다. 지금까지는 명칭이 그냥 붙는 줄 알았는데 사실은 제가 좋아해서 붙이고 있었던 것입니다. 그제야 '내가 명칭에 집착하고 있었구나!' 하고 알았습니다.

신기하게도 바로 그 순간부터 명칭이 씻은 듯이 사라져 버렸습니다. 마음을 본다는 것이 바로 이런 것이구나 하고 놀라지 않을 수가 없었습니다. 모두 마음이 하는 것이란 말이 실감이 났습니다. 어쩌면 그토록 질기게 붙던 것이 한순간에 떨어질 수 있는지, 이것이 지혜라는 것이구나 하는 생각을 했습니다. 지혜는 어두운 방에 전깃불이 켜진 것과 같아서 한순간에 끊어버리는 힘이 있다는 것을 분명하게 알았습니다.

마음을 알아차린다는 것이 참으로 특별한 효과가 있음을 경험하고 수행에 관해서 새로운 인식이 생겼습니다. 무엇보다 수행이 매우 자연스러워졌습니다. 인위적으로 하면 근엄하고 딱딱해지는데, 마음을 알아차리니 물 흐르듯이 부드러웠고, 지나치게 천천히 할 필요도 없었습니다. 지금까지 알아차리기 위해서는 무조건 천천히 해야 한다는 강박관념이 있었는데 이제 그 무거운 짐을 덜었습니다. 수행은 어떻게 해야만 한다는 고정관념에서도 놓여날 수 있었습니다. 사실 단체생활을 할 때 남을 의식해서 천천히 하는 경우도 많은데 이제 그럴 필요도 없어졌습니다.

마음을 알아차리니 지나치게 천천히 하는 것이 오히려 인위적이고 억지임을 알았습니다. 집중이 되어 자연스럽게 천천히 하는 경우는 괜찮지만, 알아차리기 위해서 꼭 천천히 해야 한다는 것은 잘못된 생각임을 알았습니다. 또 빠르게 움직여도 더 많이 알아차릴 수 있으며, 오히려 천천히 하려고만 하면 마음이 대상에 붙어 있기를 싫어한다는 것도 알았습니다.

이렇게 알고 나니까, 그냥 일상의 움직임 속에서 자연스럽게 알아차리기만 하면 되었습니다. 지금까지 알아차리기 위해 인위적으로 한 것이 너무 교과서적이었습니다. 그것은 원칙적이지만 융통성이 없어 답답하다는 뜻입니다. 그렇게 되면 수행의 발전이 없습니다. 책에 있는 말은 원론입니다. 책은 전체적인 틀에서 완성된 말을 하기 때문에 융통성이 없으며, 순간순간 활용할 수 있는 다양한 수행방법에 대한 견해가 없습니다. 그러나 수행에서 원칙적인 것도 필요합니다. 그래서 스승이 있어야 하며, 어떤 경우에는 다른 스승에게서 배우는 것도 필요합니다.

수행은 있는 것을 있는 그대로 보는 것이지, 인위적으로 억제해서는 안 됩니다. 어떤 형태로든 억제를 하면 그것에 대한 반작용이 있는 법입니다. 강하게 작용하면 우선은 정제된 것 같아 보이지만, 사실은 하고자 하는 욕구가 잠재의식 속으로 들어가서 때를 기다리는 것입니다. 그리고 억눌렀기 때문에 전보다 더 강하게 튀어나올 준비를 하고 있습니다. 그러다가 자신의 의지와 상관없이 터져 나옵니다. 사실 이것이 우리가 살고 있는 모습이 아닌지요? 이것이 마음입니다. 이 마음을 우리가 평소에 억제해서 그렇게 조건을 형성한 것입니다.

성직자나 고결한 직무를 가진 분들이 의외의 스캔들에 휘말리는 것을 볼 수 있습니다. 욕망이든 그 무엇이든 나타나는 대상을 있는 그대로 받아들여서 알아차리지 못한 결과입니다. 거미줄에 걸리지 않는 바람처럼 알아차리지 못하고 억제만 했기 때문입니다. 사회의 통념으로 보면 비난 받아 마땅하지만 인간적으로 보면 삶을 사는 바른 방법을 몰랐을 뿐입니다.

바로 여기서 인간은 선한 마음과 선하지 못한 마음을 항상 함께 가지고 있다는 것을 알 수 있습니다. 무엇이나 억제하면 억제한 것보다 더 큰 반발력을 가지고 튀어 오릅니다. 다른 사람이 보는 무대 위에서 지나치게 선을 강조하면 커튼 뒤에서는 공허한 마음과 갈등이 생기기 마련입니다. 그래서 그 갈등을 견디지 못해 발작적으로 지탄을 받는 일을 할 수도 있습니다. 이런 번뇌는 참으로 고독합니다. 이것은 유명하거나 성스러운 직업을 가진 사람들의 공통점입니다.

수행을 한다는 것은 바로 이럴 때 이런 마음을 다시 한 번 그대로 보는 것입니다. 위빠사나의 핵심은 억제해서 보지 말라는 것입니다. 이것이 부처님께서 강력하게 말하고자 하는 법입니다.

2

마음을 알아차리는 수행을 하고 얼마 만에 마음을 볼 수 있는가는 사람마다 다릅니다. 1년이 지나도 보지 못하는 경우가 있으며, 처음 한순간에 볼 수도 있습니다. 시간은 사람에 따라 다르며 관념적인 것에 불과합니다.

또 마음을 알아차렸다고 해서 계속 마음이 보이는 것도 아닙니다. 마음을 보려는 노력을 해야 마음을 볼 수 있으며, 그렇지 않으면 볼 수가 없습니다. 그러므로 마음을 알아차리는 스승으로부터 지속적으로 지시를 받고 상담을 해야 됩니다.

처음에 마음을 보니 내 마음이 너무 추악해서 견딜 수 없었습니다. 내 마음이라고 하는 것이 하는 일이라고는 바라고 화내고 미워하는 것밖에 없었습니다. 그동안 위빠사나뿐 아니라 이것저것 다른 수행도 했는데 지금까지 내가 이런 사람이었나 하고 생각되니 살고 싶지 않은 혐오감도 생겼습니다. 공들인 것이 빗나갔을 때의 좌절이라서 더 화가 났습니다. 그래서 잠시 수행을 쉬기도 했습니다. 더 수행하고 싶지 않아서 귀국을 할까도 생각했습니다.

스승께 그런 사실을 말씀드렸더니 그것이 누구 마음이냐고 하셨습니다. 그렇습니다. 그것이 내 마음이 아니고 그 순간의 마음인데 그만 내 마음으로 생각하고 있었습니다. 평소에 나라고 하는 것이 내가 아니라는 무아를 알고 있었지만 완전하게 알지 못해서 그만 좌절했던 것입니다.

모르면 당하고 알면 당하지 않습니다. 수행이란 좌절하는 그 마음을 봐야 하는데 그만 결론을 내고 주저앉아 버렸던 것입니다. 사실 이것은 알아차림을 놓치고 망상을 피우는 것에 불과합니다. 그럼에도 이 사실에 마음은 금방 숨이 넘어갈 듯이 소란을 피웁니다. 그래서 스승이 필요합니다. 우리가 남의 일은 바르게 참견을 하는데 자기 일은 도무지 꽉 막혀서 벗어나지를 못합니다.

이와 같이 마음을 알아차리기 시작하면 누구나 자기 자신에 대해 혐오감을 느낍니다. 지금까지 자신은 백마를 탄 정의의 기사로만 알았는데 사실은 음흉한 흑기사였습니다. 나라는 존재가 보잘것없음을 알고 나니 몹시 실망이 컸습니다.

그러나 오히려 이것이 기회라고 알아야 합니다. 내 마음이 어떤 것인지 그 실상을 안 것보다 더 좋은 일이 어디 있겠습니까? 그러나 좌절하고 말았다는 사실은 아직 마음이 무엇인지를 모르기 때문입니다. 이때 이 과정을 슬기롭게 알아차리면 오히려 마음이 무엇인지 더 자세히 알 수 있습니다. 이때 그 마음이 내 마음이 아니라는 것을 알아야 합니다.

마음은 매 순간 빠르게 일어났다가 사라지고 또 일어났다가 사라집니다. 거기에 주인으로서의 나의 마음은 없습니다. 순간순간 새로운 마음만 있을 뿐입니다. 과연 어느 순간의 마음이 진정한 나의 마음일까요?

이것이 무아를 말하는 것인데, 무아는 생각으로는 이해가 안 됩니다. 삼법인 중에서 무상과 고는 이해가 갈 듯한데 무아에 대해서는 쉽게 이해가 되지 않습니다. 이 법은 매우 본질적인 법이고 어렵습니다. 또 생각으로는 무아를 말하다가도 실제에 부딪치면 무아라는 생각을 하지 못합니다.

아라한이 되어야 무아를 완전하게 이해할 수 있습니다. 그리고 수행을 통해서만 무아를 바르게 이해해 나갈 수 있습니다. 그러므로 무아에 대해 지나치게 고심하지 마시기 바랍니다. 수행자들이 때로는 아직 의식이 미치지 못해서 이해할 수 없는 문제를 가지고 너무 고심하는 경우도 있습니다. 이것도 탐심이라고 알아야 합니다.

쉐우민에서 이렇게 마음을 알아차리는 수행을 하는데 얼마 지나지 않아서 이제는 "아는 마음을 알아차려 보라"는 것입니다. 우선 용어부터 복잡했습니다. 마음은 마음인데 또 아는 마음을 보라고 하니 처음에는 감이 잡히지 않았습니다.

마음은 미묘하고, 섬세하고, 보이지 않는 것인데 도대체 아는 마음을 아는 것이 무엇인지 신비롭기만 했습니다. 그러나 무엇이나 모르면 커 보이는 법입니다. 천신만고 끝에 아는 마음을 아는 상태로 보기 시작했는데, 알고 나니 그렇게 싱거울 수가 없었습니다. 그저 간단한 하나의 수행방법이었을 뿐입니다.

제가 수행 중에 아는 마음을 아는 것을 본 것은 다음과 같은 방법을 통해서였습니다. 누구나 오직 이 방법을 통해서만 아는 마음을 알 수가 있습니다.

수행 중에 알아차리고 있을 때가 있고, 또는 알아차리지 않을 때가 있습니다. 그래서 알아차림을 강화하려는 노력의 일환으로 '지금 내 마음이 무엇을 하고 있는가?' 하고 현재의 마음을 봅니다. 또는 '지금 무슨 일을 하고 있는가?' 하고 새로 마음을 내서 봅니다.

바로 이것입니다. 이것이 '아는 마음을 아는 상태'로 들어가는 관문입니다. 수행 중에 어느 때 마음을 새로 내서 지금 내 마음이 무엇을 하는가를 점검합니다. 이렇게 점검하다 보면 어떤 경우에는 알아차림을 놓치고 망상을 하는 경우도 있고, 통증과 싸우는 경우도 있고, 졸음에 빠지기 직전에 놓여 있기도 하고, 그냥 멍청하게 앉아 있는 경우도 있습니다. 그러면 그런 상태를 알아차리고 다시 한 번 알아차림을 새롭게 합니다. 이것은 언제나 현재로 돌아와서 마음을 점검하는 매우 좋은 수행방법입니다.

요약하면, 지금 내 마음이 무엇을 하고 있는가를 보면, 망상에 빠져 있을 때는 망상에 빠진 줄을 알고, 졸고 있을 때는 졸고 있는 줄을 압니다. 그리고 알아차리고 있을 때는 지금 알아차리고 있구나! 하는 것을 확인하고 이것을 압니다. 이것이 아는 마음을 안다는 것입니다. 현재 알아차리지 못하고 있었다면 이 기회를 통해서 다시 알아차립니다. 그러나 만약 알아차리고 있었다면 계속해서 더 자세히 알아차리게 되는 것입니다.

그러면 이 방법이 왜 필요한 것일까요? 이처럼 알아차리고 있을 때 다시 알아차리면 훨씬 자세히 보이고 밀밀하고 성성적적하게 볼 수 있습니다. 그래서 보통의 알아차림보다 대상이 강력해지며 정확히 밀착됩니다. 이것은 마치 망원렌즈로 사물을 당겨서 보는 것과 같습니다.

수행을 할 때 기본적으로 필요한 것이 있습니다. 바로 알아차림과 집중과 노력입니다. 이 세 가지 수행조건을 알맞게 갖추어야 제대로 된 수행을 할 수 있습니다.

여기에 추가할 것이 있다면 믿음과 지혜입니다. 앞에서 확신에 찬 믿음이 이끌어주고 가운데에서는 알아차림과 집중과 노력이 조화를 이룹니다. 그리고 이 세 가지가 적절하게 균형이 맞으면 비로소 지혜가 생깁니다. 이것을 다섯 가지 근기, 즉 오근五根이라고 하며, 모두 행行에 속합니다.

언제나 이 세 가지가 균형을 이루지 못하면 수행의 발전이 없습니다. 그런데 알아차림은 아무리 많아도 부족하므로 항상 알아차림이 약해지기 마련입니다. 그러므로 끊임없이 새로 마음을 내야 합니다. 그래야 알아차림을 지속할 수 있고 자연스럽게 고요한 집중이 생기며 지혜가 납니다.

알아차림에 의해 고요한 집중이 생기려면 알아차림이 더 강화되어야 합니다. 고요해지면 알아차림과 혼침이 종이 한 장 차이로 붙어 있기 때문입니다. 깊은 집중에 빠지면 한순간에 잠으로 떨어집니다. 집중에도 강도가 있기 때문에 어떤 집중의 상태인가에 따라 졸음이냐 깨어서 아느냐 하는 칼날 위에 있는 것과 같습니다. 그래서 집중력이 생기면 이때 또다시 아는 마음을 아는 알아차림이 필요합니다.

위빠사나 수행은 사마타 수행과는 달리 한 대상에 지나치게 집중하면 안 됩니다. 왜냐하면 대상 자체가 몸과 마음인데, 이것을 아는 것은 느낌입니다. 그런데 이 느낌은 매 순간 변하고 있기 때문에 제대로 알아차리면 깊게 들어갈 겨를이 없습니다. 그러므로 자연스럽게 찰나집중이 되지 않을 수 없는 것입니다. 그러므로 위빠사나의 집중은 깊은 집중이 아니고 찰나집중이어야 됩니다. 이런 집중에 의해서 대상의 성품을 알아서 지혜가 납니다. 그래서 항상 마음을 새로 내야 하는 이유가 여기에 있습니다.
깊게 들어가면 선정의 상태가 되어 고요함과 멈춤만 있습니다. 이것이 사마타 수행입니다. 이 수행은 깊게 집중하여 대상과 하나가 되는 주관적인 수행입니다. 그리고 지혜를 얻기보다 우선 고요함이 목적입니다. 그리고 고요함을 얻고 나서 위빠사나의 지혜수행으로 바꿀 수가 있습니다. 그러나 위빠사나는 대상과 아는 마음으로 분리해서 주시하는 객관적인 수행입니다.
수행은 알아차리는 대상이 재미가 있어야 합니다. 단조로우면 마음이 잠시도 머물지 않고 달아납니다. 그래서 재미를 위해 대상의 변화를 보아야 합니다. 대상의 변화를 보면 새로운 것이 계속 일어나기 때문에 흥미를 잃지 않습니다. 대상의 변화를 보면 수행의 진전이 매우 빨라집니다. 대상의 변화를 본다는 것은 대상의 일어남과 사라짐을 보는 것이기 때문에 무상을 알 수 있고 지혜가 생깁니다. 대상의 변화 속에 대상의 성품이 있습니다. 또 대상의 변화를 보면 내 마음이 어떻게 반응했는가도 알 수 있습니다. 대상을 좋아하거나 싫어하는 것을 알아차리는 것도 대상을 통해 일어난 마음의 변화를 보는 것입니다.

수행은 누가 가져다주는 것이 아니고, 항상 스스로 활로를 열어 앞으로 나아가야 합니다. 이 말은 수행이란 자동차를 타고 자신이 운전을 해서 나아가야 하는 것을 말합니다. 오직 자신의 직접적인 참여가 수행입니다. 운전을 한다는 것은 교통법규를 지키면서 온갖 상황을 스스로 대처해야 하는 것을 말합니다.

게으른 사람은 수행을 못합니다. 그러나 게을러서 어쩔 수 없다고 포기 해서는 안 됩니다. 이때는 게으름을 피우는 자신의 마음을 알아차리면 됩니다. 알아차림은 모든 불가능을 가능하게 하는 특별한 힘이 있습니다. 그래서 수행은 가장 적극적이고, 가장 긍정적인 삶을 사는 사람의 것입니다.

다시 한 번 요약하면, 마음을 늘 새로 낸다는 것이 오직 아는 마음을 아는 길로 가는 통로임을 알아야 합니다. 그리고 이렇게 마음을 새로 내는 것이 노력하는 것으로 수행에서 에너지의 역할을 하는 요소입니다. 그러나 이런 마음을 새로 내기란 무척 어렵습니다. 더구나 좌선 중에는 마음을 새로 낸다는 것이 쉽지가 않습니다. 눈을 감고 좌선을 시작하면 오직 새로 운 세계, 새로운 흐름이 펼쳐지기 때문에 무엇을 어떻게 의도적으로 하기 가 쉽지 않습니다. 그러나 어려워도 마음을 새로 내야 합니다. 이것을 발심發心한다고 합니다. 이렇게 마음을 새로 내는 것이 진정한 의미에서 노력입니다.

수행자가 경험하는 것은 모두 새로운 것입니다. 똑같은 호흡을 보아도 그것은 같은 호흡이 아닙니다. 새로 일어난 호흡입니다. 이와 같이 수행은 경험하지 않은 신천지를 가는 것이기 때문에 안내자 없이는 바르게 갈 수가 없습니다. 그냥 버려두면 수행자는 99퍼센트 잘못 가게 되어 있습니다. 오직 혼자서 갈 수 있는 분은 부처님 한 분이십니다. 스스로 깨달음을 얻어서 삼마삼붓다라고 합니다.

스승 없이는 어렵다는 말은 중요합니다. 의식이 깨어서 알아차림이 있을 때는 선업의 마음이지만 알아차림이 없을 때는 불선업의 마음입니다. 그러나 알아차리는 마음이 항상 지속될 수 없기에 선업의 마음은 잠시입니다. 또 선한 상태의 알아차림을 한다고 해서 바른 방법으로 수행을 하기도 어려운 일입니다. 수행을 하면 매 순간 그리고 도처에 장애가 있습니다. 이러한 장애를 극복하면 장애가 없을 때보다 더 좋지만 거의 대부분 장애에 걸려 넘어지고 맙니다. 의식이 고양되어 지혜가 나는 길은 멀지만 잘못되는 것은 한순간입니다.

불선업의 마음 상태에서는 고정관념의 지배를 받기 때문에 탐진치가 내 마음의 실체입니다. 그러므로 면담이 없으면 제대로 수행을 할 수 없습니다. 내가 한다는 아만심으로 하면 바르게 수행할 수가 없습니다.

그러므로 지금까지 살아오면서 가지고 있는 고정관념에 대해 확신을 갖지 말아야 합니다. 지식은 잘못된 정보로 저장될 수 있습니다. 지혜에 의해 저장된 정보만 바른 것입니다. 평소 우리의 견해는 탐진치의 상태에서 형성된 고정관념일 가능성이 많습니다. 그러니 자신의 견해에 대해

지나치게 고집을 피울 일이 아닙니다.

　새로운 좋은 경험은 기쁨을 주기도 하지만 아만심을 수반하기도 합니다. 수행이 잘 된다거나 새로 지혜가 나면 좋아하고 한순간에 교만해지지만 이때의 마음은 미세해서 잘 알 수가 없습니다. 사실 잘 안 될 때보다 잘 될 때가 더 위험합니다. 좋아하면 잘 되던 수행이 잘 안 됩니다. 그래서 이런 때마다 '지금 내 마음이 좋아하고 있구나!' 하고 알아차려야 합니다. 좋아한다는 것은 알아차림을 놓친 것이고 탐심이 일어났다는 말입니다. 그러나 이런 탐심의 상태를 알 수가 없으므로 수행이 안 되는 이유를 알기가 어렵습니다. 그래서 얼마간 수행이 왜 안 되는지 이유도 모르고 고생합니다.

　지금까지 아는 마음을 아는 것이 무엇인지에 대하여 말했습니다. 그러나 중요한 것은 이것을 안 뒤에 다른 많은 의문이 풀렸다는 사실입니다.

3

쉐우민 또야의 우 꼬살라 사야도께서는 마하시 사야도의 제자로 마하시에서 수행을 하셨습니다. 그 뒤 마하시를 떠나 쉐우민 숲으로 가서서 마음 보는 심념처 수행을 집중적으로 하셨습니다.

　쉐우민 사야도는 지금까지 미얀마에서 유일하게 마음 보는 수행을 하신 것으로 알려져 있습니다. 이 말은 제자들에게 마음을 보는 수행에 대하여 공식적으로 가르침을 폈다는 말입니다. 그러나 제자를 많이 두지는 않으셨습니다. 미얀마에서 우 조띠까 사야도가 마음 보는 수행을 한다고 알려져 있는데, 제자를 두고 있지 않고 공개된 수행법의 자료가 없어서 알 수 없습니다.

간혹 이런 질문을 받습니다.

"위빠사나 수행이 신, 수, 심, 법이라는 네 가지 대상을 알아차리는 수행이므로 당연히 네 가지 안에 마음에 대한 것이 있는데 무슨 마음을 보는 수행이라고 말합니까?"

그렇습니다. 틀린 말이 아닙니다. 그것도 마음을 보는 수행입니다. 그러나 여기서 말하는 마음을 보는 수행을 한다는 것은 네 가지 대상 중에서 마음이 마음을 주 대상으로 보는 것을 말합니다. 우리가 하고 있는 사념처 수행은 대체로 마음이 몸을 보는 것에 국한되어 있습니다. 마음이 있어서 몸을 보기 때문에 이것도 마음 보는 수행이라고 말할 수는 있습니다. 그러나 여기서 말하는 마음 보는 수행이란 마음이 마음을 대상으로 하는 수행방법을 말합니다. 여기에는 보는 마음과 대상으로서의 마음이 있습니다. 이때는 대상이 되는 마음이 법에 속합니다.

이 심념처 수행방법을 구체적으로 말씀하시는 스승이 쉐우민 사야도 이십니다. 마하시 방식에 마음을 알아차리는 방법이 포함된 수행법이 쉐우민 방식이라고 보면 됩니다. 물론 다른 사야도께서도 마음에 대한 말씀도 하시지만 사념처를 종합적으로 지도하고 계십니다.

사념처 수행이 신수심법이므로, 그 안에 당연히 마음을 알아차리는 방법이 있습니다. 다만 호흡을 위주로 하기 때문에 특별하게 마음을 주 대상으로 삼지 않고 있을 뿐입니다. 마하시에서는 제한적으로 앎을 하는 두 가지 방법을 사용하고 있습니다. 이때의 '앎'은 아는 마음을 말합니다.

하나는 대상이 분명하지 않을 때 그것을 아는 '앎'을 하는 경우입니다.

다른 하나는 몸이 사라지고 호흡이 사라졌을 때 볼 것이 없으므로 마음을 대상으로 하는 경우입니다. 이때도 '앎'을 하라고 합니다.

'앎'에 대하여 잠시 말씀드리겠습니다.

제가 처음에 마하시에서 수행을 할 때 55일 만에 호흡이 사라졌습니다. 그런데 그 뒤에 앎을 보라고 했습니다. 앎이 뭐냐고 물으니 그냥 아는 마음이라고 했습니다. 이것이 마하시 사야도께서 밝힌 앎을 보는 수행방법이었습니다.

그러나 마음을 본 적이 없기 때문에 '앎'이라는 단어에 매달려 이것이 무엇인지를 종잡을 수 없었습니다. 그래서 계속 사야도와 통역에게 도대체 앎이 무엇이냐고 물어도 아는 마음이라고만 말할 뿐이었습니다.

그때 나에게 '앎'이라는 것은 실재하는 현상이 아니고 일종의 화두였습니다. 무엇인지 모르겠기에 어떤 때는 '앎', '앎'을 외우다가 다시 '아는 마음', '아는 마음' 하고 염불을 외웠습니다. 그래도 무엇인지 감이 잡히지가 않았습니다.

그때까지 항상 움직이는 대상인 호흡만 보다가 갑자기 호흡이 사라지니 불안하고 두려운 마음이 생겨서 일부러 호흡을 만들어서 하기도 했습니다. 그런데 또 호흡이 사라졌습니다. 없어진 호흡을 일부러 만들면 안 된다고 하는데 볼 것이 없어서 불안했습니다. 그러나 만들어서 해도 이내 사라지고 말았습니다. 이미 호흡뿐 아니라 몸의 느낌도 사라져서 아무것도 대상으로 삼을 수 없었습니다.

그러다가 약간의 문제가 생겼습니다. 인터뷰 때 사야도와 통역이 저를 보고 웃으면서 저에 대한 이야기를 길게 말하는 것 같았습니다. 두 분의 대화가 계속된 뒤에 말이 없어서 무슨 말을 했느냐고 물으니 아무것도 아니라고 했습니다. 그래서 재차 무슨 말을 했느냐고 다그쳤더니 사야도께서 한 3일 정도만 잘하면 될 것 같다는 말씀을 하셨다는 것입니다.

이때 그만 '3일'에 걸려 넘어지고 말았습니다. 그렇다! 3일만 잘해 보자. 뭐가 오는지는 모르겠지만 하여튼 뭔가 좋은 것이 올 것이다, 이런 마음을 먹게 된 것입니다.

그래서 '앎'이 무엇인지도 모르고 강하게 밀어붙였습니다. 그러다 하루가 지나고 이틀이 지나고 사흘이 지나면서 뭔가가 오면 이것이구나 하고 즐기게 되었습니다. 처음에는 가늘고 약한 예리한 느낌이 올라왔는데, '이것이 이제 왔구나!' 하고 반기다 보면 사실은 아무것도 아니었습니다. 처음에는 뭐나 되는 줄 알고 또 오기를 기다렸습니다. 그러다 나타나면 그것을 반겼습니다. 이런 현상이 되풀이되더니 작은 외길 같은 느낌이 나중에는 뻥 뚫린 대로처럼 거침없이 쑥쑥 올라왔습니다. 그러다가 나중에 이것이 상기가 되어 수행을 할 수가 없었습니다.

최초에 있었던 작은 느낌이 상기의 조짐인 것을 몰랐습니다. 그래서 항상 반겼습니다. 이런 상기 현상이 생기니 이제는 아무것도 할 수가 없었습니다. 머리끝으로 강한 기운이 뻗치면 그만 두려움에 놀라서 얼른 집중을 포기했습니다. 이 현상은 좌선을 할 때나 경행을 할 때나 일상의 알아차림을 할 때나 계속되었습니다. 이렇게 중증의 상태가 되어서야 이것이 상기인 줄을 알았습니다.

머리끝으로 강한 기운이 뻗쳐 올라오면 머리가 터지지나 않을까, 이러다 정신이상이 생기지나 않을까 하는 불안한 마음에 아무것도 할 수가 없었습니다. 정말 이것처럼 기분 나쁜 것이 또 어디 있겠습니까? 이렇게 수행을 하다가 죽을 수도 있구나 하는 절박한 상황에 처하게 되었습니다. 인터뷰 시간이 되면 계속 이런 상기 현상을 말해도 사야도께서는 그냥 알아차리라는 대답뿐이었습니다. 한국인 통역에게 물으면 용을 써서 그렇다고만 합니다.

용을 썼는지 모르지만 이제는 치료방법이 없어 문제였습니다. 그러니 낯선 땅에서 말도 통하지 않고 참으로 고립무원이었습니다. 이제는 수행이 문제가 아니고 병이 문제였습니다. 차츰 수행을 하지 않을 때도 이런 현상이 생기기 시작했습니다.

그래서 선원의 후미진 한곳으로 가서 노래하는 새들도 보고, 흔들리는 나뭇잎을 보기도 하였습니다. 토란 잎 위에서 햇살을 받아 보석처럼 반짝이는 물방울을 보기도 하고, 때로는 마음속으로 노래도 흥얼거리기도 했습니다. 바람이 불면 풀잎들이 가지런히 누워서 일렁이는 물결을 보기도 했습니다. 눈을 감고 고개를 들어 싱그러운 바람에 전해 오는 꽃향기가 얼굴을 스치면 흠씬 남국의 정취에 빠지기도 했습니다. 이런 모든 행위는 어쨌거나 수행으로부터 벗어나서 자유롭게 되려는 노력이었습니다. 이제는 수행을 안 하려고 노력하는 형국이 되었고, 오직 상기가 오지 않도록 하려는 마음만 있었습니다.

그러나 이것도 하루 이틀이지 결국 물러날 수 없는 양자간의 선택만 남았습니다. 수행을 포기하고 귀국을 하거나, 아니면 죽어도 좋으니 정면으로 돌파해 보자는 생각이 들었습니다. 그래서 내린 결론이 나이 오십에 살 만큼 살았고, 돈도 명예도 얻어 봤고, 해볼 것도 다 해봤는데 삶에 무슨 미련이 있느냐는 생각이었습니다. 또 이 병을 가지고 귀국을 해도 문제가 해결되지는 않는데, 죽거나 살거나 여기서 해결하자는 생각을 했습니다.

그래서 죽기를 각오하고 조용히 앉아서 좌선을 했습니다. 그랬더니 아니나 다를까 강한 기운이 머리 위로 솟구쳤습니다. 전에는 그런 현상이 생기면 얼른 포기하고 수행을 하지 않았는데 이제는 두려움 없이 가만히 그런 현상을 지켜보았습니다. 이런 현상이 머리까지 올라온 뒤에 어떻게 될 줄 알았더니 머리에 가만히 머물고 있었습니다. 상기도 머물고, 지켜보는 저도 가만히 주시했습니다. 일종의 겨루기였지만, 저는 조건이 없이 그냥 지켜보았습니다.

죽기를 각오하니까 두려워할 것도 없었습니다. 이렇게 얼마간 강한 기운이 버티다가 제가 반응을 하지 않으니까 제풀에 스러지듯이 안개처럼 살며시 머리 한쪽 아래로 내려왔습니다. 참으로 긴장된 순간이었지만 저도 배수진을 친 입장이라 더 물러설 곳이 없었습니다. 그러더니 머리가 맑아지고 상쾌한 기분이 계속되었습니다. 그러고 난 뒤에는 상기가 나타나지 않았습니다.

두려움 때문에 문제를 피하면서 고통에서 벗어날 수 없었는데 한순간의 선택으로 의외로 쉽게 해결되었습니다. 살기를 각오하면 오래도록 죽어서 지내고, 죽기를 각오하니 한순간에 문제가 해결되었습니다. 참으로 싱겁게 끝났습니다. 그러나 이런 감상에 젖을 시간도 없었습니다. 이제 상기가 해결되니 수행이 더 가속화되었으며, 모든 것이 지나간 한순간의 현상일 뿐이었습니다. 새로 수행을 하느라 언제 상기가 있었는가에 대한 기억도 없었습니다.

이 과정에서 문제가 되었던 것은 '앎'이었습니다. 아는 마음이 무엇인지를 몰라 헤매다가 밀어붙인 결과가 상기였습니다. 나중에 안 이야기로 한국인들이 이 대목에서 상기가 많이 온다는 것을 알았습니다. 미얀마 수행자들은 상기가 잘 오지 않는다고 합니다. 우리처럼 용을 쓰지 않기 때문입니다. 과연 사야도의 말씀이 옳았습니다. 결국 알아차리는 것 외에는 다른 대안이 없었습니다. 다만 두려움 때문에 피하거나 없애려 하거나 해서 치유가 어려운 것이었습니다.

문제는 '앎'에 대한 것입니다. 이처럼 몸의 호흡을 위주로 알아차리다가 호흡이나 몸이 사라졌을 때 마음을 대상으로 하지 않을 수 없기 때문입니다. 그래서 호흡을 위주로 알아차림을 하더라도 평소에 앎에 대한 훈련이 필요합니다. 아무튼 이런 현상은 앎에 대한 이해가 부족했기 때문이었습니다. 그리고 3일이라는 말에 걸려서 넘어진 것입니다. 이것이 바라는 마음으로 탐심이었습니다.

앎은 아는 마음입니다. 이때 마음은 비물질이라서 물질을 보는 것처럼 보려고 하면 안 됩니다. 예를 들면 호흡이 사라진 뒤에 앎을 할 때는 호흡이 사라진 것을 아는 앎을 할 수도 있습니다. 또 수행 중에 아무것도 없다는 것이 잘못된 인식입니다. 이런 경우에는 아무것도 없다는 것을 아는 앎을 하면 됩니다.

마음을 알아차리려고 할 때 특별한 것을 알려고 하면 안 됩니다. 마음을 알아차리면 마음이 없습니다. 그러나 바로 지금 내가 마음을 보려고 하고 있구나 하고 아는 것이 보려고 하는 현재의 마음을 보는 것입니다. 관觀이라는 한자 때문에 본다는 말을 쓰는 것이지, 사실은 '느낀다' 또는 '안다'고

하는 것이 적절합니다.

몸과 호흡이 사라지고 볼 것이 없어서 앎을 할 때도 대상으로 할 것이 많습니다. 고요한 것도 대상입니다. 그리고 덤덤한 것도 대상입니다. 이것은 몸의 느낌이 아니라 마음의 느낌입니다. 그리고 현재로 와서 현재를 보는 것도 대상입니다. 또 마음은 흐름입니다. 현재라는 시간에 마음을 고정하면 마음이 마음을 알아차리는 것이 됩니다. 이 현재라는 시간은 계속 흐르고 있습니다. 그래서 이때는 흐름을 대상으로 보면 됩니다.

마음을 알아차리는 수행방법은 다양합니다. 마음을 알아차리는 것이 복잡할 것 같아도 그렇지 않습니다. 공식은 하나입니다. 마음을 알아차리기 위해서 마음을 새로 낸다는 것입니다. 마음은 원래 간단치 않기 때문에 그것에 접근하는 방법이 다양할 뿐입니다. 마음은 모두 121가지가 있지만, 이것은 상황에 따른 마음일 뿐 마음은 언제나 하나입니다.

쉐우민에서 아는 마음을 아는 것은 마하시 사야도께서 말씀하신 앎과 같은 것인데 수행방법에 따라서 약간 다르게 사용합니다. 쉐우민에서 말하는 것은 새로 마음을 내서 현재 있는 마음을 알아차리는 구체적인 방법을 말합니다.

이것을 좀 더 자세히 말하면, 알아차린다는 뜻의 노팅noting 하는 것을 다시 지켜본다는 뜻의 워칭watching 하는 것이라고 말할 수 있습니다. '알아차리는 것을 다시 지켜보는 것'입니다. 이것이 '아는 마음을 아는 것'과 같습니다. 집중력이 있고 마음에 대해 알고 있으면 이해하기 쉽습니다.

주석서에서 말하기를 마음이 존재하는 한순간, 한 생각의 지속기간은 빛이 번쩍하는 순간의 백만 분의 일보다 적다고 합니다.

쉐우민에서 말하는 아는 마음을 아는 것과, 마하시에서 말하는 앎에 관한 방법이 같은 유형이라는 것은 제가 마하시와 쉐우민에서 모두 수행을 했기 때문에 판단할 수 있습니다. 두 곳에서 수행을 경험하고 나서 비로소 스승들의 수행방법이 서로 약점이 보완되어 있다는 것을 확인할 수 있었습니다.

마하시에서는 먼저 사마타 수행을 거치지 않고 처음부터 위빠사나로 수행을 합니다. 이것을 순수 위빠사나라고 합니다. 그러나 수행 초심자들의 경우는 처음부터 위빠사나로 시작하는 것이 어려울 수도 있습니다. 마음이 자꾸 달아나서 집중이 되지 않기 때문입니다. 그래서 마하시 사야도께서 일차적으로 대상에 집중을 유도하기 위해서 명칭을 사용했음을 알았습니다. 명칭을 붙이면 초기에는 매우 효과적으로 대상을 알아차릴 수 있습니다.

그러나 쉐우민 사야도께서는 별도로 마음을 알아차리는 수행을 하시다 보니 명칭이 장애가 된다는 것을 아셨습니다. 왜냐하면 느낌이나 마음은 미세하고 실재하는 것이지만 명칭은 거칠고 관념적인 것이기 때문입니다. 결국 명칭이 느낌이나 마음을 알 수 없도록 가로막습니다.

그래서 명칭이 없이 마음을 알아차리는 수행을 하는데 여기에도 문제가 있습니다. 명칭 없이 알아차림을 하다 보니 대상을 지속해서 알아차리기가 매우 어려웠습니다. 제 경우도 명칭을 붙였을 때는 대상을 오래 알아차릴 수 있었는데, 이제 명칭이 없으니 마음이 대상에 오래 붙어 있지 않았습니다.

위빠사나 수행에서 가장 중요한 것이 대상을 지속적으로 주시하는 것입니다. 이것을 빨리어로는 아누빠사나(anupassanā, 隨觀)라고 합니다. 그런데 마음을 보기 시작하니 뿌리를 볼 수 있어서 수행 효과가 탁월하지만 오래 대상을 주시하기가 어려웠습니다. 그래서 이런 것을 보완하기 위해서 생긴 방법이 아는 마음을 아는 것으로 수행을 하는 것입니다. 이렇게 아는 마음을 아는 상태로 수행을 하니 대상이 끊어지지 않아서 오랫동안 알아차림을 유지할 수 있었습니다.

이렇게 두 분 사야도께서 수행방법을 보완하여 지도해 주신 사실에 대하여 알고 나니 존경심이 절로 우러났습니다. 이렇게 진심으로 공경하는 마음이 되니 부처에 대한 믿음, 법에 대한 믿음, 상가에 대한 깊은 믿음이 일어났습니다. 이것이 불법승 삼보에 대한 믿음입니다. 수행을 하다 보면 부처와 스승들에 대한 공경심으로 초기에는 눈물이 나기도 합니다. 이것이 법열입니다.

4

닙바나(열반)에 드는 수행과정은 네 가지가 있습니다. 처음에 사마타를 하고 나서 위빠사나로 넘어오는 방법, 위빠사나를 하다 사마타로 들어가는 방법, 사마타와 위빠사나를 섞어서 하는 방법, 처음부터 위빠사나로 출발해서 위빠사나로 들어가는 방법이 있습니다. 이 네 번째를 순수 위빠사나라고 하는데, 이것이 현재의 마하시 방식입니다. 여기서 주목할 것은 어느 방법이나 위빠사나를 통하지 않고는 열반에 이를 수 없다는 사실입니다.

마하시 사야도께서는 순수 위빠사나 방법을 하셨기 때문에 초기에 집중의 어려움이 있다는 것을 아시고 사마타 방법의 하나인 명칭이라는 빤냐띠paññatti를 사용하셨던 것입니다. 그러니까 순수 위빠사나지만 약간 보완을 하는 차원에서 사마타적 요인인 명칭을 사용하신 것입니다. 이런 수행방법에 대한 선택은 오직 수행자들을 돕기 위한 사야도의 자애로운 선택이셨습니다.

그러나 명칭 때문에 실재하는 성품인 빠라마타paramatha를 볼 수 없다는 사실이 문제가 되었습니다. 그래서 마하시에서도 수행이 향상되면 꼭 명칭을 고집하지는 않습니다. 그러나 언제부터 명칭을 사용하지 말라는 기준이 없으므로 각자가 적당히 알아서 명칭을 사용하지 않으면 됩니다.

그러나 오랫동안 명칭을 사용해서 자기도 모르는 사이에 저절로 붙는 것이 문제입니다. 저의 경우에 비추어 보아도 한때 명칭으로 재미를 단단히 보았는데, 그것을 버려야 할 때를 몰라 오히려 명칭이 장애가 되었습니다. 이런 생각을 더 확실히 한 것은 아는 마음을 아는 것을 보고 나서입니다.

명칭을 붙이지 않고 마음을 보니 전혀 다른 차원으로 느낌과 마음을 볼 수 있어 스승께 매우 감사하였습니다.

그런데 이렇게 몇 년 동안 마음 보는 수행을 하면서 느낀 것은 집중이 잘 안 된다는 것입니다. 그래서 뭔가 채워지지 않는 불만족이 한 자락 깔리기 시작했습니다. 깊은 집중력이 생기지 않는 것 때문이었습니다.

명칭을 쓸모없는 것이라고 헌신짝처럼 버리고 마음만 보았는데, 돌이켜보니 그 잘 되던 집중이 잘 안 되었습니다. 나중에 이 사실을 알았습니다. 그래서 마음 보는 수행법에 서서히 불만이 생기기 시작했습니다. 명칭을 붙이던 그때의 집중력이 그리워지기 시작한 것입니다. 그러던 차에 어느 날 아는 마음을 아는 것을 보기 시작하면서부터 놀라운 집중력이 생기기 시작하여 비로소 알아차림을 오래 계속할 수 있었습니다.

마하시 방법에서는 초기에는 명칭을 붙이는 것이 효과가 있지만 언제부터 명칭을 사용하지 말아야 하는지가 문제였습니다. 수행자가 소멸의 지혜의 단계에 가면 저절로 명칭이 떨어진다고 하는데 그것도 사람 나름입니다.

쉐우민에서는 마음을 보기 위해서 명칭을 붙이지 말아야 한다고 합니다. 명칭을 붙이면 마음을 보아야 할 때 명칭을 봅니다. 그리고 마음 보는 수행을 하면 결국 언젠가는 아는 마음을 아는 것을 보아야 제대로 마음 보는 수행을 할 수 있다는 것을 알았습니다. 집중력 때문입니다.

쉐우민의 우 꼬살라 사야도께서는 제게 특별한 가르침을 주어 매번 막힌 물꼬를 터주셨습니다. 한번은 귀국인사를 하면서 질문을 하였습니다.

"제가 수행을 하면서 명칭을 안 붙이니 마음을 볼 수가 있어서 매우 좋았습니다. 스승님께 감사드립니다."

"……"

"그런데 명칭을 안 붙이니 대상을 오래 알아차릴 수가 없어서 여러 가지로 고심했습니다. 대상을 오래 볼 수 있는 무슨 방법이 없는지 궁금합니다."

"왜 오래 보려고 하느냐? 있는 그대로 보아라."

이렇게 사야도께서는 단 한마디로 왜 오래 보려고 집착하느냐고 하셨습니다. 알아차림을 놓치지 않고 오래 유지하는 것이 수행자의 일차적 목표인데도 그냥 보면 되지 왜 오래 보려고 하느냐는 말씀에 정신이 번쩍 들었습니다. 오래 볼 수 없으면 볼 수 없는 것을 알아차리면 되지 어떻게든지 오래 보려고 하고, 또 그렇게 보아야 된다는 강박관념을 지적하신 것입니다. 저는 알아차림을 지속하는 특별한 묘수라도 배울 수 있지 않을까 하는 기대를 가지고 말씀드렸는데, 스승은 제가 가지고 있는 불만이 탐욕임을 말씀하셨습니다.

사실 이것이 가장 큰 묘수였습니다. 우리는 늘 특별한 것을 찾지만, 특별한 것이란 현재의 상태를 있는 그대로 보는 것일 뿐 다른 것이 없습니다. 그러나 이것이 얼마나 중요한 것인지를 알기가 어렵습니다. 그래서 자꾸 법을 다른 데서 구합니다. 있어도 보지 못하는 것은 아직 지혜가 성숙되지 않아서 그렇습니다.

이 말을 듣고 귀국을 하는 비행기 안에서 '아! 훌륭하신 스승님이시여!' 하고 쉐우민 사야도께 내내 깊은 존경심이 우러났습니다. 누구나 가장 중요하다고 여기는 것까지 집착이니 버리라고 하는 말을 누구에게서 들을 수 있단 말인가 하고 생각했습니다.

또 한 번은 수행 중에 쉐우민 사야도께 이렇게 질문을 했습니다.
"호흡이 사라졌습니다. 이제는 어떻게 해야 할지를 모르겠습니다."
그랬더니 이렇게 답변하셨습니다.
"호흡은 사라지지 않는 것이다. 있는 호흡을 알아차려라."
그래서 약간 격앙된 목소리로 얼굴을 붉히며 다시 말씀드렸습니다.
"호흡이 사라져 볼 수가 없는데, 없는 호흡을 어떻게 보라는 것인지요?"
이때 제가 퉁명스럽게 목소리를 높이니 사야도께서는 저를 흘끔 쳐다 보셨습니다. 그리고 잠시 생각하신 뒤에 말씀하셨습니다. 원래 사야도는 시선을 내리깔고 말씀을 하십니다.

"아는 마음을 보아라."

저는 다시 이렇게 질문했습니다.

"아는 마음을 우리말로는 '앎'이라고 하는데, 뜻이 애매해서 무슨 말인지 잘 모르겠습니다."

이 질문은 평소에 앎에 대해서 미진한 마음을 가지고 있었기 때문이었습니다. 그러자 스승은 다음과 같이 말씀하셨습니다.

"나중에 일어난 마음이 먼저 일어난 마음을 보아라."

다시 질문을 드렸습니다.

"제가 이 문제로 고통을 겪은 적이 있습니다. 다시 한 번 자세하게 말씀해 주시기 바랍니다."

그랬더니 다시 이렇게 답변하셨습니다.

"마음을 새로 내서 보아라."

지금까지 앎에 대한 막연한 생각이 확연하게 정리되었습니다. 그리고 마음을 알아차리기 위해서는 마음을 새로 낸다는 말을 듣고 마음에 대해서 분명하게 이해가 되었습니다. 사실 오랫동안 수행을 하면서 마음을 새로 내라는 말은 처음 들었습니다. 우리가 마음을 보기가 어려운데, 그 이유 중의 하나가 마음을 보려고 마음을 새로 내지 않았기 때문이라는 것을 이론적으로 분명하게 알 수 있었습니다.

수행 중에는 항상 문제가 있기 마련입니다. 이제 마음을 보는 수행을 오랫동안 하다 보니 오직 마음으로만 보려고 하는 경향이 생겼습니다.

그래서 앞서 밝힌 것처럼 오래 집중이 되지 않았습니다. 마음 보는 수행이 좋은 것이고 수준이 있는 것이라는 생각에 이제 심념처만을 고집했습니다. 물론 심념처만 해서 수행이 효과가 있으면 더할 수 없이 좋겠지만 마음만 붙잡고 있으니 어딘가 부실한 면이 생겼습니다.

예를 들어 전면에서 알아차리는 것은 마음이 마음을 대상으로 했을 때 알아차리는 방법인데 집중력이 좋을 때는 괜찮지만 집중력이 없을 때는 대상이 분명하지 않습니다. 그래서 이때는 호흡이 있는 배로 간다든가 몸의 느낌으로 가야 합니다. 그런데도 마음만 보고 있으면 이내 알아차림과 집중력이 약해지고 맙니다.

수행을 할 때는 아무리 좋은 수행방법이라도 노력이 없으면 안 됩니다. 그리고 한 방법을 사용함에 있어서도 오직 한 가지 방법만을 고집하면 안 됩니다. 위빠사나는 다양한 수행대상과 수행방법이 있다는 것이 최대의 강점이므로 수행방법도 때에 따라서 탄력적으로 운용되어야 합니다. 그런 점에서 수행은 혼자서 만들어가는 작품에 속합니다. 여기서 가장 중요한 것이 노력입니다. 노력이 받쳐주지 않으면 알아차림은 한순간도 계속될 수 없습니다. 노력은 인내가 있어야 합니다. 그래서 인내가 열반으로 이끈다고 말합니다.

한번은 쉐우민의 우 꼬살라 사야도께 몸을 알아차리는 수행과 호흡을 주시하는 것에 대해 질문을 드렸습니다.

"마음을 알아차리는 심념처 위주로 수행을 하니 자꾸 몸의 느낌이 약해지는 것 같습니다. 아무래도 몸에 대한 알아차림이 소홀해집니다."

그러자 사야도께서는 다음과 같이 말씀하셨습니다.

"몸을 알아차리는 신념처 수행이 중요한 것이야."

이렇게 말씀하시는 노 스승의 깊게 들어간 눈에는 자애로움이 그득하셨습니다. 그리고 단호함이 있었습니다. 이것이 열반하시기 전에 마지막으로 스승을 뵌 순간이었습니다.

당시에 저는 거의가 전면에서 마음으로 알아차림을 하고 있었는데 사야도의 이 말씀에 사념처 신, 수, 심, 법의 고른 활용이 필요하다는 것을 알았습니다. 마음 보는 수행도 중요하지만 마음 보는 수행과 함께 몸을 알아차리는 수행도 매우 중요하다는 것을 알았습니다.

더구나 마음을 알아차리는 수행을 하시는 쉐우민 사야도의 "몸을 알아차리는 신념처가 중요한 것이야"라는 말씀을 듣고 정신이 번쩍 들었습니다. 그래서 더욱 신념처의 필요성을 절실히 느꼈습니다. 그렇다! 마음을 본다고 몸 보는 것을 소홀히 했구나! 하고 생각했습니다.

쉐우민 사야도께서는 마음 보는 방법을 알려주신 것 이외에 가슴에서 느낌을 보는 방법도 알려주셨는데, 이 느낌 보는 방법과 고엔까 수행법의 느낌을 보는 방법을 접목하니 훌륭한 수념처vedananupassana 수행법이 되었습니다. 이렇게 하나씩 염처별로 나누어서 수행을 해보니 이것이 바로 경전에서 말하는 사념처를 염처별로 나누어서 하는 수행방법임을 알게 되었습니다. 주석서에서는 수행자의 근기에 따라 염처별로 나누어서 수행을 하도록 제시하고 있습니다.

마음을 알아차리는 수행을 할 경우에는 호흡을 우선하지 않습니다. 호흡은 항상 볼 수 있는 것이고, 호흡이 아닌 느낌, 통증 등등 다른 대상이 나타나서 마음이 그곳으로 갔으면 그것을 알아차리라고 합니다. 그리고 그것들이 없어졌을 때 다시 호흡을 알아차리면 됩니다. 이것이 순수 위빠사나의 자연스러운 수행방법입니다.

수행은 자기에게 맞는 방법을 개발하는 것이 필요합니다. 이것이 방편이고 테크닉입니다. 방편이란 수행을 돕는 유익한 방법을 말합니다. 사람마다 근기가 다르기 때문에 방편이 필요합니다.

마지막으로 미얀마 수행에 대하여 말씀드리자면, 미얀마라고 해서 모든 것이 그냥 성취되지 않습니다. 물론 미얀마에 가지 않는 것보다 가서 수행을 하는 것이 훨씬 유익합니다. 그러나 미얀마에 간다고 다 되는 것은 결코 아닙니다. 어떤 마음으로 가는가, 어떤 수행방법과 스승을 선택하는가, 통역은 있는가 하는 것 외에도 문제들이 많이 있습니다.

사실 미얀마에 오는 많은 수행자가 제대로 수행을 하기가 쉽지 않습니다. 각자 나름대로 여러 가지 문제를 안고 있습니다. 수행방법의 문제, 통역의 문제, 기후와 각자의 개성의 문제, 도반의 문제 등등으로 쉽게 공부할 수가 없는 경우를 많이 보았습니다. 자기는 수행을 잘하고 싶어도 여건이 허락되지 않는 경우도 많습니다. 더구나 스승의 수행지도에 대한 문제도 있을 수 있습니다. 지나치게 엄격하거나 또 다른 문제도 있을 수 있습니다.

또 여행 삼아 오는 경우도 있고, 한국에서 수행을 한 것을 인정받기 위해 오는 경우도 있습니다. 어떤 경우는 미얀마에 와서 한국 수행법과 비교만 하려고 하는 경우도 많습니다. 사람 사는 세상에 별일도 많겠지만, 이런 문제들을 슬기롭게 대처하지 못한다면 꼭 미얀마에 가야 할 이유가 없습니다. 그곳에서 제대로 수행을 하지 않는 사람은 귀국을 해서 그나마 하던 수행도 계속하지 않는 경우가 많습니다.

그래서 무조건 미얀마에 가는 것은 바람직하지 않습니다. 더 중요한 것은 한국에서처럼 자세하게 가르쳐 주는 곳이 없다는 것입니다. 그저 간단한 인터뷰만 있는데, 그것도 한국어 통역이 없으면 안 됩니다.

한번은 어떤 수행자가 쉬우민에서 몇 개월 수행하고 떠나면서 마음을 어떻게 보느냐고 물어 올 때도 있었습니다. 아무튼 처음에는 몸의 호흡을 알아차리는 신념처를 충실하게 할 필요가 있습니다. 그리고 나서 마음을 알아차리는 수행을 하면 유익할 것입니다. 그러나 이것은 어디까지나 제 개인적인 소견입니다.

제 자신은 아직도 갈 길이 멀고 배워야 할 것이 많습니다. 앞으로 차츰 더 좋은 방법을 연구하고 발전해 나가도록 노력하겠습니다.

지금까지 마하시와 쉬우민의 수행방법을 말함에 있어서 정확하게 알지 못하고 사실이 아닌 것을 말하여 허물이 있었다면 용서하여 주시기 바랍니다. 제 개인적인 소견을 강조하여 말씀드려서 죄송합니다. 모든 수행자들께서 열심히 정진하여 도과를 얻어 열반을 성취하시기 바랍니다.

후기

이 책은 인터넷 다음daum 카페 '상좌불교 한국 명상원'의 위빠사나 수행에 대하여 묻고 답하기 게시판에 있는 글을 편집한 것입니다.

2003년 10월, 이 카페가 생긴 이래 수행에 대하여 묻고 답하기 게시판에 올라오는 수행자들의 수많은 질문에 대하여 한국 명상원의 묘원 선원장님께서 통찰지혜로 명쾌한 답변을 해주고 계십니다.

그래서 저희들은 이 게시판을 24시간 가동하는 온라인 면담실이라 부릅니다. 스승과의 면담은 위빠사나 수행에서 아주 중요한 역할을 합니다.

왜냐하면 우리는 오랫동안 잘못된 견해와 어리석음에 가려져 있어서 비록 정법을 만났다 해도 혼자 힘으로 바르게 수행할 수가 없기 때문입니다. 그래서 반드시 바른 견해를 가진 스승의 도움이 필요합니다. 이 세상에서 홀로 깨달을 수 있는 분은 오직 부처님 한 분뿐입니다.

그러나 현실적으로 수행자들이 일주일에 한두 번씩 명상원에 나가 스승과 면담할 기회를 가진다는 것은 그리 쉬운 일이 아닙니다. 그런데 인터넷상에서 이런 문답을 할 수 있어 얼마나 다행인지 모릅니다. 이 자리를 빌려 법에 대한 열정으로 자상한 답변을 해주신 묘원 법사님께

감사의 말씀을 드립니다.

위빠사나는 붓다께서 깨달음을 얻은 수행방법이며 상좌부 불교의 핵심을 이룹니다. 미얀마, 태국, 스리랑카 등 남방으로 전해진 상좌불교는 초기 불교의 모습을 그대로 간직하고 있다고 알려져 있습니다.

그동안 우리나라는 중국을 통해 들어온 대승불교 사상이 불교의 전부인 줄 알았는데, 1988년 처음으로 위빠사나가 소개되면서 큰 지각변동이 일어났습니다. 비로소 우리는 정법수행을 접할 수 있었고, 종전의 좁은 시야를 버리고 전체적이고 균형 잡힌 관점에서 붓다의 가르침이 무엇인지를 인식할 수 있었습니다.

우리는 부처님의 원래 가르침이라는 팔정도 위빠사나를 만난 것을 더없는 행운이라 생각하며, 열과 성을 다해 부처님의 메시지를 전해 주시는 스승님을 만나 무척 행복합니다.

다만 이 글이 양극단을 벗어난 중도의 관점에서 나온 지혜의 글이라 처음에는 다소 어렵고 밋밋할지도 모르겠습니다. 그러나 거듭해서 읽으면 우리 시대 최고의 스승이신 부처님의 지혜를 어렴풋이나마 느낄 수가 있으리라 생각합니다.

그리고 이 책에 있는 '부록'은 묘원 법사님의 위빠사나 수행 기록입니다. 찬찬히 읽으면 수행 전반에 대한 이해의 폭을 넓히는 데 큰 보탬이 되리라 생각합니다.

저희 명상원에서는 부처님의 괴로움을 소멸하는 가르침인 팔정도 위빠사나 수행에 대한 내용을 모든 사람들과 함께 나누기를 원합니다. 이 책에 실린 글은 게시판에 올라온 글의 아주 일부분에 불과합니다. 명상원 사이트에는 이보다 훨씬 많은 문답자료가 있습니다.

카페에 올린 수많은 질문과 답변 가운데 수행자 여러분들이 특히 궁금해 하는 부분을 고르고 정리하는 데 많은 시간과 노력을 기울여 주신 황영희, 박은현 님께도 감사드립니다.

이 책이 이 땅에 사는 모든 사람들에게 부처님의 지혜를 듣고 실천하는 작은 계기가 되어 모두 괴로움을 벗어난 지고의 행복을 얻을 수 있는 원인이 되기를 바랍니다.

편집부 합장

와서 보라_ 위빠사나 수행 문답집

2010년 4월 15일 1판 1쇄 인쇄
2010년 4월 20일 1판 1쇄 발행

지은이 묘원
편집 한승희 | 표지 이희재
펴낸이 곽준 | 펴낸곳 (주)행복한 숲
출판등록 2004년 2월 10일 제16-3243호
주소 서울시 강남구 논현동 98-12 청호불교문화원 나동 306호
전화 (02) 512-5255 | 팩스 (02) 512-5856
이메일 sukha5255@hanmail.net   http://cafe.daum.net/vipassanacenter
ISBN 978-89-93613-05-6 (03220)
값 15,000원

잘못된 책은 바꾸어 드립니다.

♣──

사단법인 상좌불교 한국 명상원은 위빠사나 수행을 원하는 모든 분들을 위해
언제든지 문을 열어놓고 있습니다.
주소_서울 강남구 논현동 98-12번지 청호불교문화원 나동 306호
Tel 02-512-5258 http://cafe.daum.net/vipassanacenter